【学研ニューコース】

問題集 中学国語

Gakken

学研ニューコース

中学国語 問題集

もくじ

「解答と解説」は別冊になっています。
本冊と軽くのりづけされていますので，
はずしてお使いください。

本書の特長と使い方

特長

ステップ式の構成で無理なく実力アップ	充実の問題量＋定期テスト予想問題つき	スタディプランシートでスケジューリングもサポート

1項目4ページ構成

【1見開き目】

テストに出る！　重要ポイント

各項目のはじめには，その項目の重要語句や要点が整理されています。まずはここに目を通して，テストによく出るポイントをおさえましょう。

Step 1　基礎力チェック問題

基本的な問題を解きながら，各項目の基礎が身についているかどうかを確認できます。
わからない問題や苦手な問題があるときは，「得点アップアドバイス」を見てみましょう。

ヒント　問題を解くためのヒント。

【2見開き目】

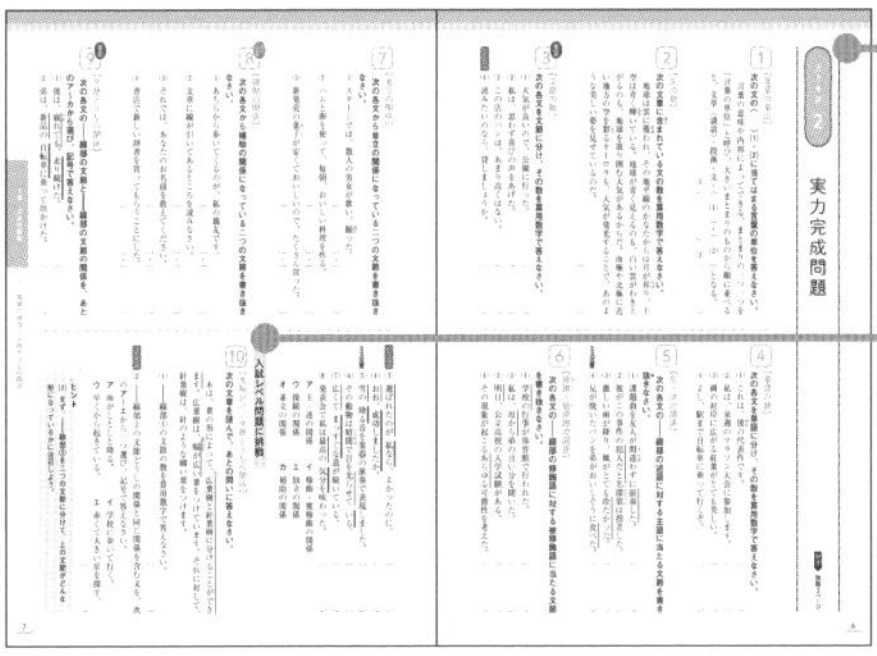

Step 2　実力完成問題

標準レベル～やや難しい問題を解いて，実戦力をつけましょう。まちがえた問題は解き直しをして，解ける問題を少しずつ増やしていくとよいでしょう。

入試レベル問題に挑戦

各項目の，高校入試で出題されるレベルの問題に取り組むことができます。どのような問題が出題されるのか，雰囲気をつかんでおきましょう。

よくでる　定期テストでよく問われる問題。
ミス注意　まちがえやすい問題。
ハイレベル　発展的な問題。
重要　特に重要な問題。
思考　応用して考える必要のある問題。

数項目ごと

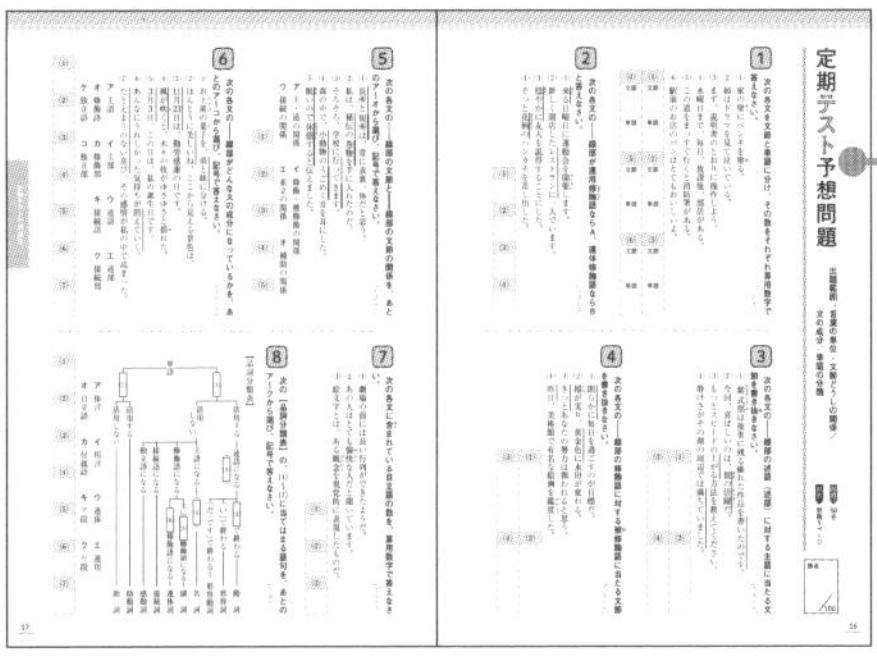

定期テスト予想問題

学校の定期テストでよく出題される問題を集めたテストで，力試しができます。制限時間内にどれくらい解けるのか，テスト本番に備えて取り組んでみましょう。
巻末には，高校入試対策テストもあります。

スタディプランシート【巻頭】

勉強の計画を立てたり，勉強時間を記録したりするためのシートです。計画的に勉強するために，ぜひ活用してください。

1 言葉の単位・文節どうしの関係

攻略のコツ 文節の分け方を正しく理解してから、文節どうしの関係をとらえよう。

リンク ニューコース参考書 中学国語 24～29ページ

テストに出る！ 重要ポイント

言葉の単位

言葉の単位には、**文章（談話）・段落・文・文節・単語**がある。

❶ **文節**……意味を壊《こわ》さず、発音しても不自然にならないように、文をできるだけ短く区切ったひと区切り。文中に「**ネ**」「**サ**」「**ヨ**」などを入れてみて、自然に切れるところが文節の切れ目になる。

❷ **単語**……意味のある言葉としては、これ以上分けることができない、**最も小さい単位**。

例 ノート｜に（ネ）明日（ネ）する（ネ）こと｜を（ヨ）書い｜て（サ）おく｜よ。

（文節／単語）

「～する」に「こと」「もの」などが続く場合は、文節に区切る。

「～て」に「いる」「みる」「おく」などが続く場合は、文節に区切る。

文節どうしの関係

❶ **主・述の関係**（主語・述語の関係）

例 私が（主語）荷物を持つ（述語）。　主・述の関係　誰《だれ》が→どうする

話が（主語）とても長い（述語）。　何が→どんなだ

私が（主語）当番だ（述語）。　誰が→何だ

※主・述の関係のパターンには、ほかに「何（誰）が―ある・いる・ない」がある。

❷ **修飾《しゅうしょく》・被《ひ》修飾の関係**

例 雨が激しく（連用修飾語）降る（被修飾語・用言）。　修飾・被修飾の関係

冷たい（連体修飾語）雨（被修飾語・体言）。　修飾・被修飾の関係

※用言とは、「どうする」「どんなだ」を表す単語、体言とは、「何」を表す単語。（↓12ページ）

❸ **接続の関係**

例 急いだので、（接続語）間に合った。　接続の関係

❹ **独立の関係**

例 ああ、（独立語）楽しかったなあ。　独立の関係

❺ **並立の関係**

例 白くて小さな花が咲《さ》く。　並立の関係　必ず連文節になる。

❻ **補助の関係**

例 ゆっくり考えてみる。　補助の関係　必ず連文節になる。

※連文節とは、二つ以上の文節がまとまって、一つの文節と同じ働きをするもの。（↓8ページ）

Step 1 基礎力チェック問題

解答 ▶ 別冊2ページ

1 【言葉の単位】

次の〔　　〕に当てはまる語句の記号を選びなさい。

(1) 言葉の単位のうち、最も大きい単位は〔ア 文章　イ 段落〕である。

(2) 言葉の単位のうち、最も小さい単位は〔ア 文節　イ 単語〕である。

2 【言葉の単位】

次の各問いに記号で答えなさい。

(1) 「父はガレージで作業をしている。」を正しく文節に分けたものはどれか。〔　　〕

ア 父はガレージで／作業を／している。
イ 父は／ガレージで／作業を／している。
ウ 父は／ガレージで／作業を／して／いる。
エ 父は／ガレージで／作業／を／して／いる。

(2) 「今から駅に行く。」を正しく単語に分けたものはどれか。〔　　〕

ア 今から／駅に行く。
イ 今から／駅に／行く。
ウ 今／から／駅に／行く。
エ 今／から／駅／に／行く。

3 【文節どうしの関係】

次の〔　　〕に当てはまる語句の記号を選びなさい。

(1) 主・述の関係において、「何が」を表す文節を〔ア 主語　イ 述語〕という。

(2) 「兄の部屋はいつもきれいだ。」の――線部の文節を〔ア 主語　イ 述語　ウ 修飾語《しゅうしょく》　エ 接続語〕という。

(3) 「ゆらゆらとガラスの風鈴《ふうりん》が軒先《のきさき》で揺《ゆ》れる。」の――線部の修飾語に対する被《ひ》修飾語は〔ア ガラスの　イ 風鈴が　ウ 軒先で　エ 揺れる〕である。

4 【文節どうしの関係】

次の各問いに記号で答えなさい。

(1) 次の――線部の文節と＝＝線部の文節が並立の関係になっているものはどれか。〔　　〕

ア 買い物には姉が 行く。
イ この 映画が見たい。
ウ 友人と 宿題をする。
エ 本と ペンを買う。

(2) 次の――線部の文節と＝＝線部の文節が補助の関係になっているものはどれか。〔　　〕

ア その話は、知って いる。
イ 家に ある本を貸す。
ウ 大きくて 新しいビルだ。
エ その店にはよく 行く。

得点アップアドバイス

2 (1) 「～て」に「いる」が続く場合は、文節に区切ることに注意する。

4 (1) 並立の関係は、文の中で対等な役割で並んでいる文節どうしの関係。
(2) 補助の関係において、意味を補う働きの下の文節は、もとの言葉の意味が薄《うす》れている。

ヒント **文節と文節のつながりを考える**
文節どうしの関係を考えるときは、それぞれの文節がどのようにつながっているのかを考えよう。

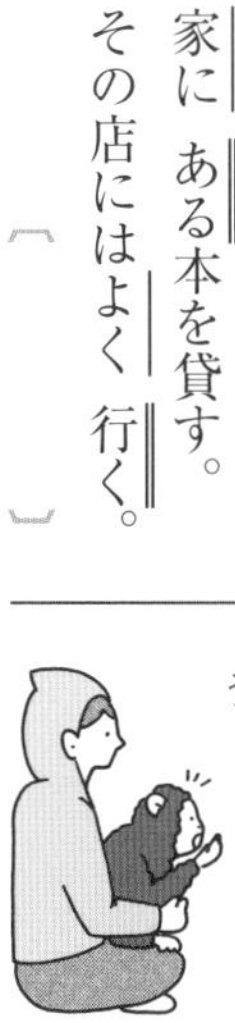

Step 2

実力完成問題

解答 別冊2ページ

1 【言葉の単位】

次の文の（　）(1)・(2)に当てはまる言葉の単位を答えなさい。

言葉の意味や内容によってできる、まとまりの一つ一つを「言葉の単位」と呼び、大きいまとまりのものから順に並べると、文章（談話）・段落・文・（(1)）・（(2)）となる。

(1)〔　　〕 (2)〔　　〕

2 【文の数】

次の文章に含《ふく》まれている文の数を算用数字で答えなさい。

地球は雲に覆《おお》われ、その地平線のかなたからは月が昇《のぼ》り、上空は青く輝《かがや》いている。地球が青く見えるのも、白い雲がわき上がるのも、地球を取り囲む大気があるからだ。南極や北極に近い地方の空を彩《いろど》るオーロラも、大気が発光することで、あのような美しい姿を見せているのだ。

〔　　〕

3 重要 【文節の数】

次の各文を文節に分け、その数を算用数字で答えなさい。

(1) 天気が良いので、公園に行った。〔　　〕

(2) 私は、思わず喜びの声をあげた。〔　　〕

(3) この店のパンは、あまり高くはない。〔　　〕

ハイレベル (4) 読みたいのなら、貸しましょうか。〔　　〕

4 【単語の数】

次の各文を単語に分け、その数を算用数字で答えなさい。

(1) これは、彼《かれ》の代表作です。〔　　〕

(2) 私は、来週のマラソン大会に参加します。〔　　〕

(3) 湖の対岸に広がる紅葉がとても美しい。〔　　〕

(4) よし、駅まで自転車に乗って行くぞ。〔　　〕

5 【主・述の関係】

次の各文の――線部の述語に対する主語に当たる文節を書き抜《ぬ》きなさい。

(1) 課題曲を友人が間違《まちが》わずに演奏した。〔　　〕

(2) 彼がこの事件の犯人だと名探偵《めいたんてい》は指差した。〔　　〕

(3) 激しい雨が降り、風がとても冷たかった。〔　　〕

ミス注意 (4) 兄が焼いたパンを弟がおいしそうに食べた。〔　　〕

6 【修飾《しゅうしょく》・被《ひ》修飾の関係】

次の各文の――線部の修飾語に対する被修飾語に当たる文節を書き抜きなさい。

(1) 学校の行事が体育館で行われた。〔　　〕

(2) 私は、母から弟の言い分を聞いた。〔　　〕

(3) 明日、公立高校の入学試験がある。〔　　〕

(4) その現象が起こるあらゆる可能性を考えた。〔　　〕

7 【並立の関係】

次の各文から並立の関係になっている二つの文節を書き抜きなさい。

(1) ステージでは、数人の男女が歌い、踊《おど》った。
（　　・　　）

(2) ハムと卵を使って、毎朝、おいしい料理を作る。
（　　・　　）

(3) 新発売の菓子《かし》が安くておいしいので、たくさん買った。
（　　・　　）

8 よくでる 【補助の関係】

次の各文から補助の関係になっている二つの文節を書き抜きなさい。

(1) あちらから歩いてくるのが、私の親友です。
（　　・　　）

(2) 文章に線が引いてあるところを読みなさい。
（　　・　　）

(3) それでは、あなたのお名前を教えてください。
（　　・　　）

(4) 書店で新しい辞書を買ってもらうことにした。
（　　・　　）

9 重要 【文節どうしの関係】

次の各文の――線部の文節と══線部の文節の関係を、あとのア～カから選び、記号で答えなさい。

(1) 彼は、疲《つか》れても、走り続けた。
（　　）

(2) 弟は、新品の自転車に乗って出かけた。
（　　）

ハイレベル (3) 選ばれたのが私なら、よかったのに。
（　　）

(4) おお、成功しましたか。
（　　）

(5) 雪の降る音を楽器の演奏で表現しました。
（　　）

ミス注意 (6) その動物は暗闇《くらやみ》で目を光らせている。
（　　）

(7) 広くてまっすぐな道が続いている。
（　　）

(8) 発表会で私は最高の気分を味わった。
（　　）

ア 主・述の関係　イ 修飾・被修飾の関係
ウ 接続の関係　エ 独立の関係
オ 並立の関係　カ 補助の関係

入試レベル問題に挑戦

10 【文節分け／文節どうしの関係】

次の文章を読んで、あとの問いに答えなさい。

木は、葉の形によって、①広葉樹と針葉樹に分けることができます。広葉樹は、②幅《はば》が広い葉をつけています。それに対して、針葉樹は、針のような細い葉をつけます。

(1) ――線部①の文節の数を算用数字で答えなさい。
（　　）

ハイレベル (2) ――線部②の文節どうしの関係と同じ関係を含む文を、次のア～エから一つ選び、記号で答えなさい。
（　　）

ア 雨がしとしと降る。
イ 学校に歩いて行く。
ウ 早くから起きている。
エ 赤くて大きい星を探す。

ヒント

(2) まず、――線部②を二つの文節に分けて、上の文節がどんな形になっているかに注目しよう。

2 文の成分

攻略のコツ 主語（主部）と、それに対応する述語（述部）を中心に、文の成分をとらえよう。

リンク
ニューコース参考書
中学国語
30〜34ページ

テストに出る！ 重要ポイント

文の成分

文の中で、文節を基本単位としてさまざまな働きをもつ部分を、**文の成分**という。

❶ **主語**……文の中で、「何（誰《だれ》）が」に当たる文節。

例 うん、大みそかなので、［私が］（主語・誰が） 弟と 部屋を 掃除《そうじ》するよ。（どうする）

❷ **述語**……文の中で、「どうする・どんなだ・何だ・ある・いる・ない」に当たる文節。

例 うん、大みそかなので、私が（誰が） 弟と 部屋を ［掃除するよ］。（述語・どうする）

❸ **修飾語**《しゅうしょく》……文の中で、ほかの文節の内容をくわしく説明したり内容を補足したりする文節。

例 うん、大みそかなので、私が ［弟と］（修飾語・誰と） ［部屋を］（修飾語・どこを） 掃除するよ。（どうする）

❹ **接続語**……文と文、文節と文節などをつないで、前後がどんな関係なのかを示す文節。

例 うん、［大みそかなので］（接続語）、私が 弟と 部屋を 掃除するよ。

理由を表し、前後の関係を示す。

❺ **独立語**……文の中で、ほかの文節と係り受けの関係をもたず、独立している文節。

例 ［うん］（独立語）、大みそかなので、私が 弟と 部屋を 掃除するよ。

応答を表す。（ほかの部分と係り受けの関係がなく、独立している。）

連文節

二つ以上の文節がまとまって、一つの文節と同じ働きをするものを**連文節**という。連文節の文の成分は「**〜部**」という。

例 ［兄と 弟が］（主部） ［自分たちの 部屋を］（修飾部） ［掃除して いるよ］。（述部）

連文節〈並立の関係〉　連文節〈修飾・被《ひ》修飾の関係〉　連文節〈補助の関係〉

※連体修飾語による修飾・被修飾の関係、並立の関係、補助の関係は、必ず連文節になる。

Step 1 基礎力チェック問題

【主語／述語】

1 次の〔　〕に当てはまる語句の記号を選びなさい。

(1) 文の中で、「何(誰《だれ》)が」に当たる文の成分は、〔ア 主語　イ 述語〕である。

(2) 文の中で、「どうする・どんなだ・何だ・ある・いる・ない」に当たる文の成分は、〔ア 主語　イ 述語〕である。

(3) 「バスが山道を走る。」という文の主語に当たる文節は、〔ア バスが　イ 山道を　ウ 走る〕である。

(4) 「昨日は、ハンバーグを食べました。」という文の述語に当たる文節は、〔ア 昨日は　イ ハンバーグを　ウ 食べました〕である。

【修飾語《しゅうしょく》／接続語／独立語】

2 次の〔　〕に当てはまる語句の記号を選びなさい。

(1) 文の中で、ほかの文節の内容をくわしく説明したり内容を補足したりする文の成分は、〔ア 修飾語　イ 接続語　ウ 独立語〕である。

(2) 文と文、文節と文節などをつないで、前後がどんな関係なのかを示す文の成分は〔ア 修飾語　イ 接続語　ウ 独立語〕である。

(3) 文の中で、ほかの文節と係り受けの関係をもたず、独立している文の成分は〔ア 修飾語　イ 接続語　ウ 独立語〕である。

【文の成分／連文節】

3 次の各問いに記号で答えなさい。

(1) 「楽しかったので、明日も遊ぼう。」という文の、文の成分の組み合わせとして正しいものはどれか。

ア 主語・修飾語・述語
イ 接続語・修飾語・述語
ウ 接続語・主語・述語
エ 独立語・主語・述語

〔　　〕

(2) 必ず連文節になる文節どうしの関係はどれか。

ア 主・述の関係　イ 修飾・被《ひ》修飾の関係
ウ 並立の関係　エ 接続の関係

〔　　〕

(3) 次の――線部が連文節になっているものはどれか。

ア 明日 母が 帰省するそうです。
イ 兄は、最後の 大会に 出場する。
ウ 友人は、おそらく 来るだろう。
エ みんなで 一緒《いっしょ》に 歌いましょう。

〔　　〕

解答 別冊3ページ

得点アップアドバイス

1 (4) この文には「何(誰)が」に当たる主語がないことに注意する。

3 (3) 連文節になっているそれぞれの文節は、その文の中でほかの文節と入れ替《か》えることができないことに注意する。

ヒント　まず述語をとらえよう

述語は、倒置《とうち》文などではない通常の文の場合、文末にある。まず、文末の文節が述語かどうかを確かめよう。

Step 2

実力完成問題

解答 別冊3ページ

1 重要 【文の成分／主語の指摘《してき》】

次の各文の――線部の、文の成分としての述語（述部）に対する主語に当たる文節を書き抜《ぬ》きなさい。

(1) 先生が来週からの予定をおっしゃった。

(2) 勉強したので、成績が良かった。

(3) 私はじっくりと教科書を読んだ。

(4) どうやら私だけ宿題を忘れたようだ。

よくでる (5) 父も私が作ったクッキーを食べた。

(6) 今年の夏は私も合宿に参加します。

ミス注意 (7) 私は、歌うのがとても楽しいと感じている。

2 【文の成分／述語の指摘】

次の各文の――線部の、文の成分としての主語（主部）に対する述語に当たる文節を書き抜きなさい。

(1) ランナーが勢いよくゴールテープを切る。

(2) 今年も、川沿いの桜がとても美しい。

(3) はい、この犬の名前は、シロです。

(4) 彼《かれ》の考えは、私たちの考えとは違《ちが》うのだ。

(5) 友人が、私の好きな小説を読んだらしい。

(6) 春の日差しが穏《おだ》やかで、風が緩《ゆる》やかだ。

ミス注意 (7) 私は、試合終了《しゅうりょう》の直前に、勝利を信じた。

3 【文の成分／修飾語《しゅうしょくご》の指摘】

次の各文の――線部の、文の成分としての述語に対する修飾語に当たる文節をすべて書き抜きなさい。

(1) ようやく昨日、延期していた演奏会がホールで行われた。

(2) ここには、今まで読みたかった本がたくさんあるよ。

ミス注意 (3) 食卓《しょくたく》においしそうな料理がたくさん並べられた。

4 【文の成分／接続語の指摘】

次の各文から、接続語に当たる文節を書き抜きなさい。

(1) 食べるならば、残しておきますよ。

(2) 今日は、眠《ねむ》いので、早めに寝《ね》た。

(3) 実力では劣《おと》っている。でも、負けたくない。

5 【文の成分／独立語の指摘】

次の各文から、独立語に当たる文節を書き抜きなさい。

(1) さようなら、また会いましょう。

(2) 真実、それを彼は追い求めたのだ。

(3) さあ、これからのことを考えていこう。

6 よくでる

【文の成分】

次の各文の——線部がどんな文の成分になっているかを、あとのア〜オから選び、記号で答えなさい。

(1) 今日から、私は中学生です。〔　〕
(2) 九月九日、その日は重陽《ちょうよう》の節句だ。〔　〕
(3) あきらめずに頑張《がんば》った。だから、勝てた。〔　〕
(4) 私は成田《なりた》空港から飛行機に乗った。〔　〕
(5) 実験するのがとても難しそうだ。〔　〕
(6) 田園風景がひたすら続いていた。〔　〕
(7) 彼の時間感覚は、とても正確だ。〔　〕
(8) 空腹だが、もう少し我慢《がまん》しよう。〔　〕

ア 主語　イ 述語　ウ 修飾語
エ 接続語　オ 独立語

7

【文の成分／連文節】

次の各文の——線部がどんな文の成分になっているかを、あとのア〜オから選び、記号で答えなさい。

(1) 北極では、美しいオーロラが見られた。〔　〕
(2) 真っ赤な車がスピードを上げて走る。〔　〕
(3) いただいたお菓子《かし》を弟と妹にも分ける。〔　〕
(4) 美しい月よ、夜空を照らしてくれ。〔　〕
(5) その現象は、世界各地で起きている。〔　〕
(6) 予約を取り消すのがとても簡単だ。〔　〕

ミス注意

(7) 風が吹《ふ》くと、湖面にさざなみが立った。〔　〕
(8) その発言による影響《えいきょう》を考えてみるべきだ。〔　〕

ア 主部　イ 述部　ウ 修飾部
エ 接続部　オ 独立部

8 重要

【連文節】

次の各文から連文節をすべて書き抜きなさい。

(1) 今日もみんなで楽しく元気に練習しよう。〔　〕
(2) そのときの気持ちをやっと思い出したのだった。〔　〕

ミス注意

(3) 列の先頭に立っているのが生徒会長だ。〔　〕

入試レベル問題に挑戦

9

【連文節／述部の指摘】

次の文章を読んで、あとの問いに答えなさい。

①エジソンの発明品は、世界の文明にどのように貢献《こうけん》していったのだろうか。その問題提起を踏《ふ》まえつつ、②私の関心は、エジソンが幼少時にどのような疑問をもち、どのように発明品の研究に結びつけていったかに向かっていた。

思考

(1) ——線部①の部分から、連文節になっていない文節を、文中からそのまま書き抜きなさい。〔　〕

ハイレベル

(2) ——線部②の述部に当たる二文節（連文節）を、文中からそのまま抜き出して答えなさい。〔　〕

ヒント

(1) ——線部①を文節に区切ってから、文の中で位置を入れ替《か》えても文意が変わらない文節がどれかを見極めよう。

3 単語の分類

攻略のコツ　単語を分類した十種類の品詞について、それぞれの性質を理解することが大切。

リンク
ニューコース参考書
中学国語
38〜42ページ

テストに出る！　重要ポイント

単語の分類

単語は、大きく、**自立語**と**付属語**に分類できる。自立語と付属語は、さらに**活用する単語**と**活用しない単語**に分類できる。

❶ **自立語・付属語**……常に文節の最初にあり、単独で文節を作ることができる単語を**自立語**、必ず自立語のあとについて文節を作る単語を**付属語**という。

例　夕食（自立語）／を（付属語）｜自宅（自立語）／に（付属語）｜届け（自立語）／て（付属語）｜もらう（自立語）。

必ず文節の最初にある。
必ず自立語のあとにつく。
単独で文節を作ることができる。

❷ **単語の活用**……そこで文が終わるか、ほかの単語に続いていくかなどの使い方によって、単語の形が変化することを**活用**という。

例　もう｜ちょっと｜待て｜ば｜試合｜が｜始まる｜よ。

活用しない単語：もう・ちょっと・ば・試合・が・よ

活用する単語：待て（待たない・待ちます）、始まる（始まらない・始まります）

品詞

単語を自立語か付属語か、活用するかしないかによって四つに分け、それをさらに、言い切りの形とどんな文の成分になるかによって十種類に分類したものを**品詞**という。

❶ **品詞分類表**……品詞を性質ごとに分け、表にしたもの。

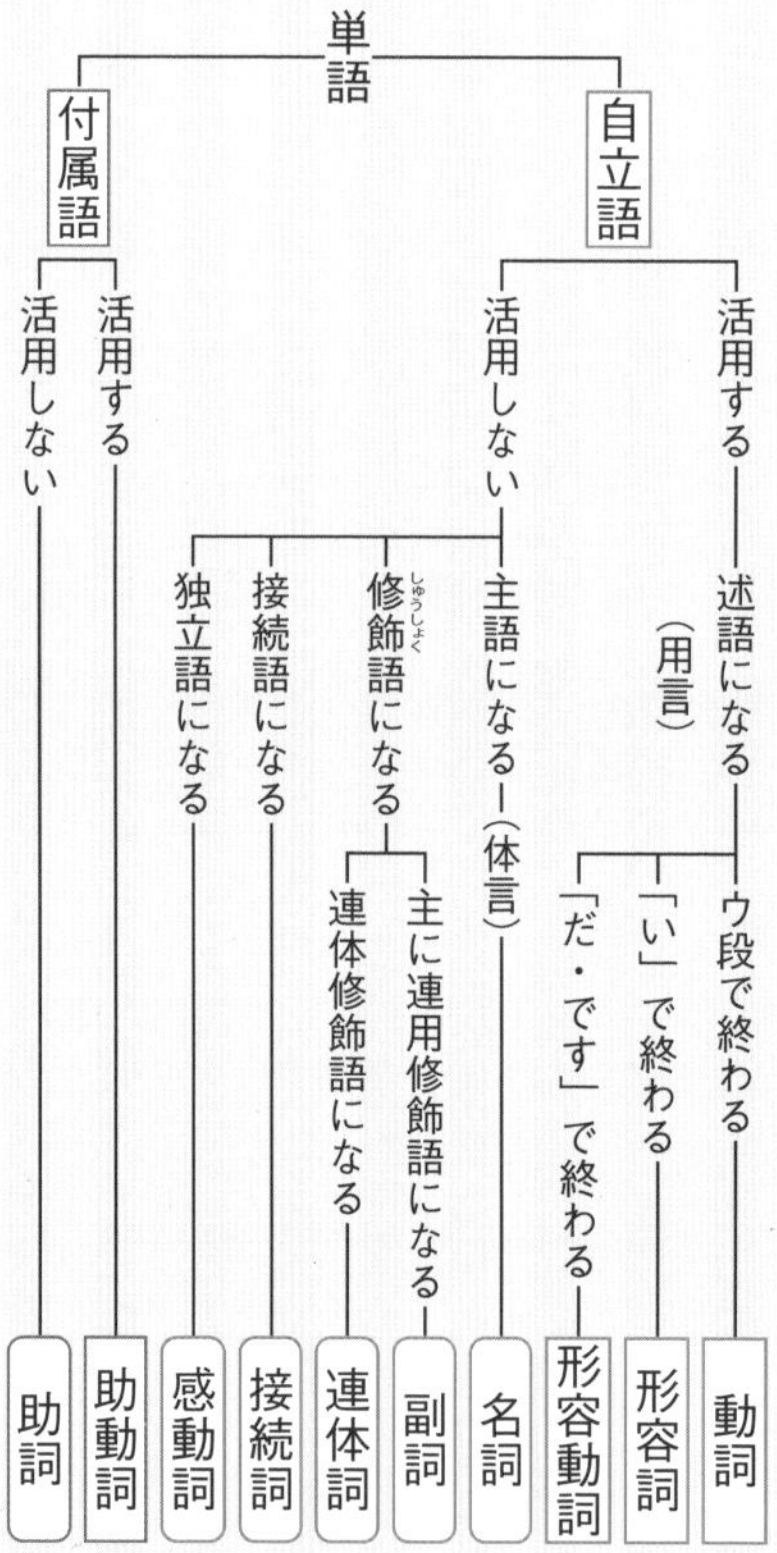

❷ **用言と体言**……十種類の品詞のうち、活用する自立語で、単独で述語になることができる動詞・形容詞・形容動詞を**用言**、活用しない自立語で、主語になることができる名詞を**体言**という。

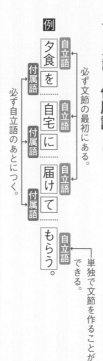

Step 1

基礎力チェック問題

解答 別冊4ページ

1 【自立語・付属語】

次の〔　〕に当てはまる語句の記号を選びなさい。

(1) 単独で文節を作ることができる単語を〔ア 自立語　イ 付属語〕、単独では文節を作ることができない単語を〔ア 自立語　イ 付属語〕という。

(2) 自立語は、常に文節の〔ア 最初　イ 最後〕にある。

(3) 〔ア 自立語　イ 付属語〕の一文節中での数は、必ず一つだが、〔ア 自立語　イ 付属語〕の一文節中での数は、決まっていない。

2 【単語の活用】

次の各問いに記号で答えなさい。

(1) 次の――線部が活用する単語であるものはどれか。〔　　〕

ア もっと近くで見てみよう。
イ 今年の夏は、海水浴に行きたい。
ウ やっと到着《とうちゃく》して、ほっとため息をついた。
エ 自動車の屋根が白く輝《かがや》いていた。

(2) 「新しいゲームがほしい。」という文に含《ふく》まれる活用する単語の数として正しいものはどれか。〔　　〕

ア 1　イ 2　ウ 3　エ 4

3 【品詞】

次の〔　〕に当てはまる語句の記号を選びなさい。

(1) 単語を自立語か付属語か、活用するかしないかなどの性質や働きによって分類したものを〔ア 文節　イ 文の成分　ウ 品詞〕という。

(2) 自立語の品詞のうち、動詞・形容詞・形容動詞は、〔ア 活用する単語　イ 活用しない単語〕である。

(3) 自立語の品詞のうち、副詞・連体詞は、〔ア 主語　イ 修飾語　ウ 接続語〕になる単語である。

(4) 付属語に分類されている品詞のうち、活用するのは、〔ア 助詞　イ 助動詞〕である。

4 【用言と体言】

次の各問いに記号で答えなさい。

(1) 用言ではない品詞はどれか。〔　　〕

ア 動詞　イ 副詞　ウ 形容詞　エ 形容動詞

(2) 体言である品詞はどれか。〔　　〕

ア 名詞　イ 連体詞　ウ 感動詞　エ 助詞

得点アップアドバイス

1 (3) 単独で文節を作ることができるという自立語の特徴《とくちょう》から考える。

2 (2) 「〜なる」「〜ない」など、ほかの単語を続けてみて、形が変わるかどうかを確認する。

3 (2) 動詞・形容詞・形容動詞は、単語としての性質、文の中での働きが似ている品詞である。

4 (2) 品詞の中で「体言」とよばれるのは、一つだけである。

Step 2 実力完成問題

解答▶別冊4ページ

重要

1 【自立語】

次の各文に含《ふく》まれている自立語の数を、算用数字で答えなさい。

(1) ご飯に緑茶をかけて食べた。〔　〕
(2) やわらかな日差しがすべてを優しく包む。〔　〕
(3) 劇場の前には、長い行列ができた。〔　〕
(4) あの人は、とても穏《おだ》やかな人ですね。〔　〕
(5) この薬は、一日に一回飲めばいいらしい。〔　〕
よくでる (6) 郵便受けに友人からの手紙が届いていた。〔　〕
ミス注意 (7) 思ったよりも、その荷物は重かったのだ。〔　〕

2 【自立語】

次の各文に含まれている自立語を、すべてそのままの形で書き抜《ぬ》きなさい。

(1) 海でとれた魚を調理してくれた。
〔　〕
(2) 明日こそは、早い時間に起きたいと思う。
〔　〕
(3) その人物は、立ち上がって、大きな声で歌った。
〔　〕
ミス注意 (4) 人間は、いつも社会の中で生きているのだ。
〔　〕

3 【自立語・付属語】

次の各文の――線部の単語が自立語ならA、付属語ならBを答えなさい。

(1) 宿題がやっと終わった。〔　〕
(2) 東京《とうきょう》は、日本の首都です。〔　〕
(3) あなたにこの本を貸そうか。〔　〕
(4) その話は、初めて聞いたよ。〔　〕
よくでる (5) もうすぐ式典が始まるようだ。〔　〕
(6) 妹は、軽やかに笑った。〔　〕
(7) 今度の日曜日がとても待ち遠しい。〔　〕

4 【単語の活用】

次の各文の――線部の単語が活用する単語ならA、活用しない単語ならBを答えなさい。

(1) よく考えれば、答えがわかるはずだ。〔　〕
ミス注意 (2) ようやく彼《かれ》の考えが理解できた。〔　〕
(3) さっき入れたお茶がぬるくなってきた。〔　〕
(4) 辺りには静けさが満ちていた。〔　〕
(5) 木々の長い影《かげ》がくっきり見える。〔　〕
ハイレベル (6) 上達するのは、簡単なことではない。〔　〕
(7) 机の上に花瓶《かびん》をそっと置いた。〔　〕

重要

5 【品詞分類表】

次の【品詞分類表】の、(1)〜(10)に当てはまる品詞名を、あとのア〜コから選び、記号で答えなさい。

【品詞分類表】

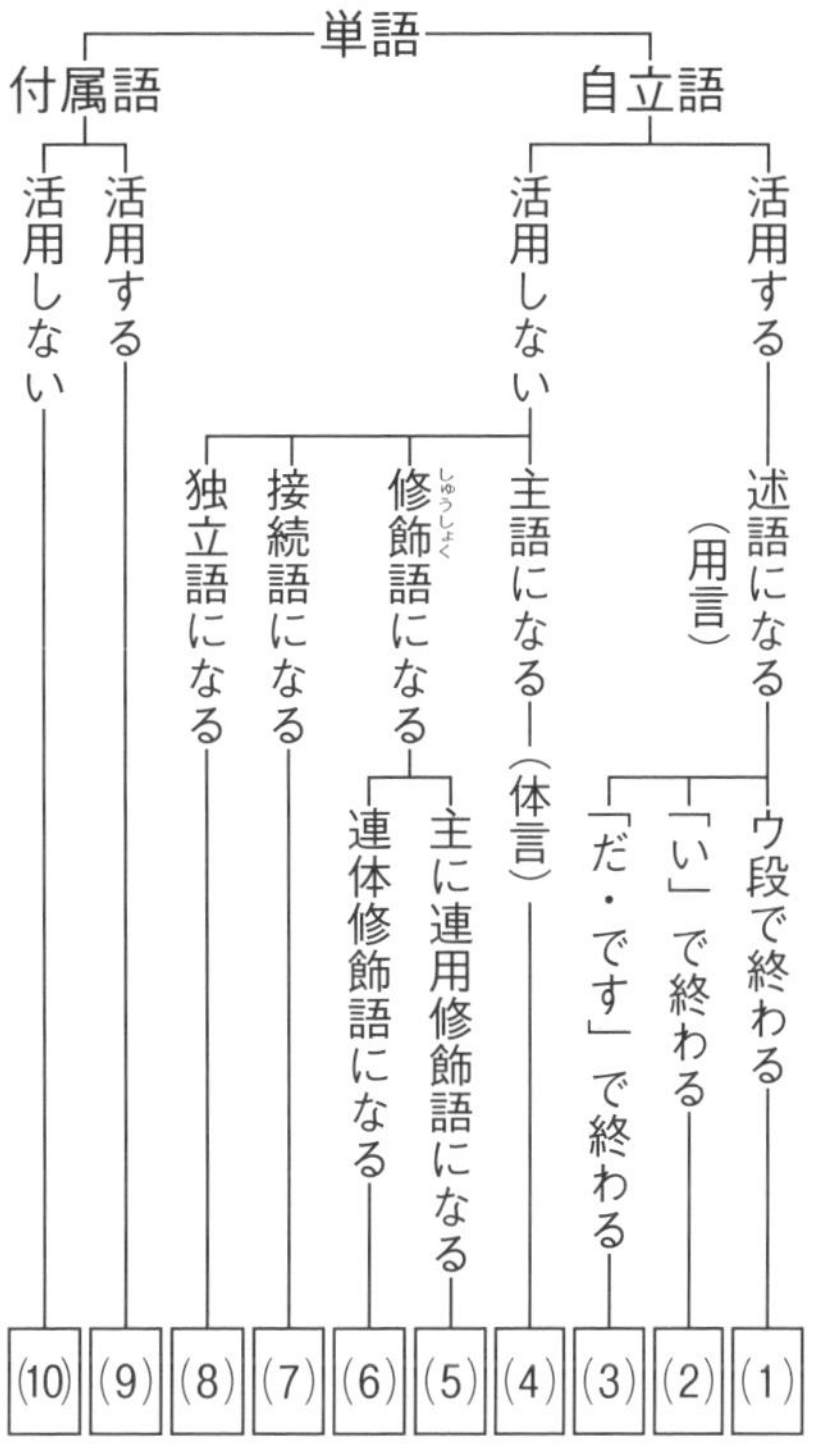

(1)〔　　〕 (2)〔　　〕 (3)〔　　〕
(4)〔　　〕 (5)〔　　〕 (6)〔　　〕
(7)〔　　〕 (8)〔　　〕 (9)〔　　〕
(10)〔　　〕

ア 助詞　イ 連体詞　ウ 感動詞
エ 助動詞　オ 動詞　カ 接続詞
キ 形容詞　ク 副詞　ケ 名詞
コ 形容動詞

よくでる

6 【用言と体言】

次の各文の――線部の単語が用言ならA、体言ならBを答えなさい。

(1) 屋上から富士山《ふじさん》がくっきりと見えた。〔　　〕
(2) 駅から自宅までは、とても近い。〔　　〕
(3) クロールで五十メートルは泳げる。〔　　〕
(4) これが委員会についての私の意見です。〔　　〕

入試レベル問題に挑戦

7 【用言と体言】

次の文章を読んで、あとの問いに答えなさい。

①国王は、戦争にかかる費用を広い範囲《はんい》から集めた。それに対して、②商人が強く反発した。そして、その反発に貴族たちが同調したことによって、国家の体制が揺《ゆ》らいだのだった。

ハイレベル (1) ――線部①の部分に含まれている用言の数を算用数字で答えなさい。〔　　〕

(2) ――線部②の単語について説明した次の文の［Ⅰ］・［Ⅱ］に当てはまる語句の組み合わせとして正しいものを、あとのア〜エから選び、記号で答えなさい。

＊この単語は、［Ⅰ］で主語の文節に含まれている単語で、活用しないので、［Ⅱ］である。

ア Ⅰ 自立語　Ⅱ 動詞　イ Ⅰ 自立語　Ⅱ 名詞
ウ Ⅰ 付属語　Ⅱ 助詞　エ Ⅰ 付属語　Ⅱ 助動詞

〔　　〕

ヒント

(1) 用言は、活用する自立語。そこで、まず――線部①から自立語を抜き出そう。そして、その自立語のうち、活用する単語を探そう。

定期テスト予想問題

出題範囲：言葉の単位・文節どうしの関係／文の成分／単語の分類

時間 30分

解答 別冊5ページ

得点　　／100

1

次の各文を文節と単語に分け、その数をそれぞれ算用数字で答えなさい。【2点×12】

(1) 家の壁《かべ》にペンキを塗《ぬ》る。
(2) 姉はドラマを見て泣いている。
(3) まず、説明書のとおりに操作しよう。
(4) 水曜日まで、毎日、放課後、部活がある。
(5) この道をまっすぐ行くと消防署がある。
(6) 駅前のお店のパンはとてもおいしいよ。

	(1)	(2)	(3)	(4)	(5)	(6)
文節						
単語						

2

次の各文の――線部が連用修飾《しゅうしょく》語ならA、連体修飾語ならBと答えなさい。【2点×4】

(1) 来《きた》る日曜日に運動会を開催《かいさい》します。
(2) 新しく開店したレストランに一人でいます。
(3) 穏《おだ》やかに友人を説得することにした。
(4) そっと花柄《はながら》のハンカチを差し出した。

(1)	(2)	(3)	(4)

3

次の各文の――線部の述語（述部）に対する主語に当たる文節を書き抜《ぬ》きなさい。【3点×4】

(1) 紫式部《むらさきしきぶ》は後世に残る優れた作品を書いたのです。
(2) 今回、喜ばしいのは、彼《かれ》の活躍《かつやく》だ。
(3) もっとスピードの上がる方法を教えてください。
(4) 静けさがその湖の周辺では満ちていました。

(1)	(2)	(3)	(4)

4

次の各文の――線部の修飾語に対する被《ひ》修飾語に当たる文節を書き抜きなさい。【3点×4】

(1) 朗らかに毎日を過ごすのが目標だ。
(2) 稲《いね》が実り、黄金色に水田が変わる。
(3) きっとあなたの努力は報われると思う。
(4) 昨日、美術館で有名な絵画を鑑賞《かんしょう》した。

(1)	(2)	(3)	(4)

5

次の各文の――線部の文節と═線部の文節の関係を、あとのア～オから選び、記号で答えなさい。【2点×5】

(1) 長所と短所は、常に表裏一体だと思う。
(2) 私は、秘伝の巻物を手に入れたのだ。
(3) そろそろ、学校に行ってきます。
(4) 森の中で、小動物のうごめく音を耳にした。
(5) 眠《ねむ》いので休憩《きゅうけい》すると伝えました。

ア 主・述の関係　イ 修飾・被修飾の関係
ウ 接続の関係　エ 並立の関係　オ 補助の関係

(1)　(2)　(3)　(4)　(5)

6

次の各文の――線部がどんな文の成分になっているかを、あとのア～コから選び、記号で答えなさい。【2点×7】

(1) お土産《みやげ》の菓子《かし》を、弟と妹に分ける。
(2) ほんとうに美しいね、ここから見える景色は。
(3) 11月23日は、勤労感謝の日です。
(4) 風が吹《ふ》くと、木々の枝がゆさゆさと揺《ゆ》れた。
(5) 3月3日、この日は、私の誕生日です。
(6) あんなにうれしかった気持ちが消えていく。
(7) たとえようのない喜び、その感情が私の中で高まった。

ア 主語　イ 主部　ウ 述語　エ 述部
オ 修飾語　カ 修飾部　キ 接続語　ク 接続部
ケ 独立語　コ 独立部

(1)　(2)　(3)　(4)　(5)　(6)　(7)

7

次の各文に含《ふく》まれている自立語の数を、算用数字で答えなさい。【2点×3】

(1) 劇場の前には長い行列ができたようだ。
(2) あの人はとても愉快《ゆかい》な人だと聞いています。
(3) 絵文字とは、ある概念《がいねん》を視覚的に表現したものだ。

(1)　(2)　(3)

8

次の【品詞分類表】の、(1)～(7)に当てはまる語句を、あとのア～クから選び、記号で答えなさい。【2点×7】

【品詞分類表】

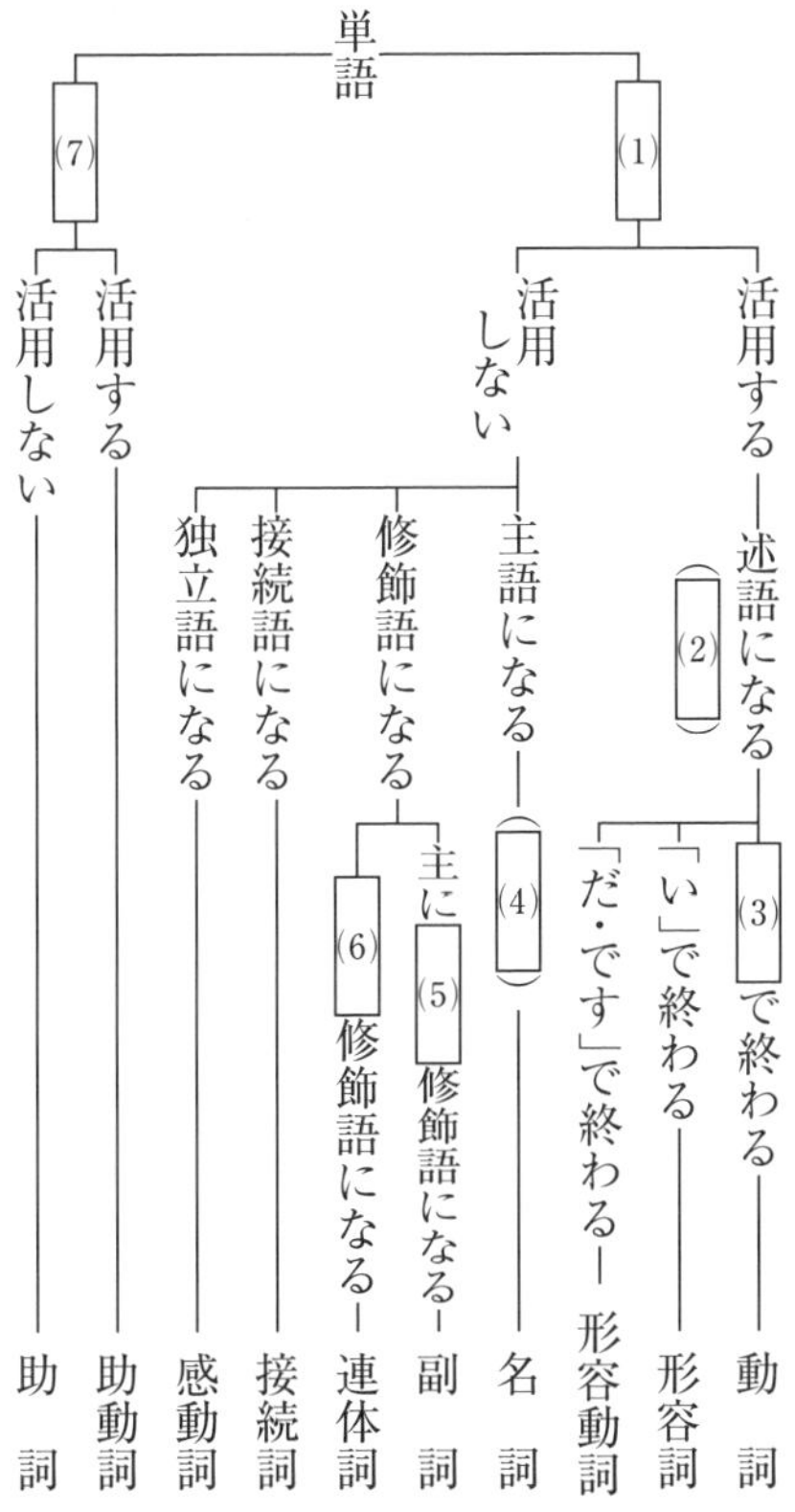

ア 体言　イ 用言　ウ 連体　エ 連用
オ 自立語　カ 付属語　キ ア段　ク ウ段

(1)　(2)　(3)　(4)　(5)　(6)　(7)

1 動詞(1)

テストに出る！ 重要ポイント

動詞の性質と働き

動詞は、**活用する自立語**で、言い切りの形（終止形）が五十音図の**ウ段**で終わり、**動作**・**変化**・**存在**などを表し、単独で**述語**になる。

例 公園で愛犬と遊ぶ。〈動作〉 シャツが乾《かわ》く。〈変化〉 いい考えがある。〈存在〉

動詞の活用の種類

動詞の活用のしかたには、五種類がある。

❶ **五段活用**……五十音図の**ア・イ・ウ・エ・オの五段**にわたって活用する。連用形の活用語尾《ごび》に音便化するものがある。

❷ **上一段活用**……すべての活用語尾に、五十音図の**イ段**の音が入る。

❸ **下一段活用**……すべての活用語尾に、五十音図の**エ段**の音が入る。

❹ **カ行変格活用**（カ変）……五十音図の**カ行**の音を中心に変則的に活用する。「**来る**」一語のみ。

❺ **サ行変格活用**（サ変）……五十音図の**サ行**の音を中心に変則的に活用する。「**する**」と「**〜する**」という複合動詞にみられる。

動詞の活用

活用形は、**六種類**で、終止形を基本形とする。

六種類の活用形は、ほかの活用する単語もすべて同様である。

活用の種類	基本形	語幹	未然形 ナイ・ウ・ヨウに続く	連用形 マス・タ・テに続く	終止形 言い切る	連体形 トキ・ノデに続く	仮定形 バに続く	命令形 命令して言い切る
五段活用	書く	か	か こ	き い	く	く	け	け
上一段活用	起きる	お	き	き	きる	きる	きれ	きろ きよ
下一段活用	食べる	た	べ	べ	べる	べる	べれ	べろ べよ
カ行変格活用	来る	○	こ	き	くる	くる	くれ	こい
サ行変格活用	する	○	し せ さ	し	する	する	すれ	しろ せよ

活用の種類の見分け方

五段活用・上一段活用・下一段活用の動詞は、「**ナイ**」を付けて活用語尾の音で見分ける。

・五段活用 ➡ 書かナイ アの音
・上一段活用 ➡ 起きナイ イ段の音
・下一段活用 ➡ 食べナイ エ段の音

攻略のコツ

それぞれの動詞について、活用形と活用の種類を答えられるようにしよう。

リンク
ニューコース参考書
中学国語
50〜54ページ

Step 1 基礎力チェック問題

解答 別冊6ページ

1 次の各問いに記号で答えなさい。

【動詞の性質】

(1)「動詞は、人や物事の動作・変化・（　）などを表す単語である。」の（　）に当てはまるのはどれか。

ア 状態　イ 名前　ウ 存在　〔　〕

(2) 動詞の性質として当てはまるのはどれか。

ア 自立語で活用しない。　イ 自立語で活用する。
ウ 付属語で活用しない。　エ 付属語で活用する。　〔　〕

(3) 動詞の言い切りの形（終止形）は何の音で終わるか。

ア ア段　イ イ段　ウ ウ段　〔　〕

2 次の各問いに記号で答えなさい。

【動詞の働き】

(1) 次の各文のうち、動詞がそれだけで述語になっているものはどれか。

ア あのビルは新しい。　イ 秋の海は静かだ。
ウ 不要なものを捨てる。　エ 僕《ぼく》が今日の日直だ。　〔　〕

(2)「美しい景色の中を散歩する。」という文に含《ふく》まれている動詞はどれか。

ア 美しい　イ 中を　ウ 散歩する　〔　〕

3 次の各問いに記号で答えなさい。

【動詞の活用】

(1) 動詞の活用形は、何種類あるか。

ア 五種類　イ 六種類　ウ 七種類　〔　〕

(2)「ば」に続く活用形は次のどれか。

ア 未然形　イ 連用形　ウ 連体形　エ 仮定形　〔　〕

(3)「意見をまとめて報告する。」の――線部の動詞の活用形は次のどれか。

ア 未然形　イ 連用形　ウ 連体形　エ 仮定形　〔　〕

4 次の各問いに記号で答えなさい。

【動詞の活用の種類】

(1) 動詞の活用の種類のうち、「ナイ」を付けると活用語尾《び》《ご》がア段の音になるのはどれか。

ア 五段活用　イ 上一段活用　ウ 下一段活用　〔　〕

(2)「メールが来る。」の――線部の活用の種類はどれか。

ア 五段活用　イ 上一段活用
ウ カ行変格活用　エ サ行変格活用　〔　〕

得点アップアドバイス

2 (1)「それだけで述語になっている」ということは、言い切りの形になっているということなので、どんな音で終わっているかに注意する。

4 (2) 五段活用・上一段活用・下一段活用以外は、どんな動詞がその活用の種類になるかを覚えておく。

ヒント **主な続く言葉に注意する**

活用形とは、活用する単語のあとにどんな単語が続くかによってできた形のこと。主な続き方に注意しよう。

Step 2

実力完成問題

解答 ▶ 別冊6ページ

1

【動詞の指摘《してき》】

次の語のうちから動詞を六つ選び、書きなさい。

打つ　遠い　悲しむ　いわゆる　増す　しばらく

追う　いる　広さ　和らぐ　乱暴だ　そして

〔　　〕〔　　〕〔　　〕

〔　　〕〔　　〕〔　　〕

2 よくでる

【動詞の指摘】

次の各文から動詞をすべて見つけ、そのままの形で書き抜《ぬ》きなさい。

(1) 朝起きたら、すぐ窓を開ける。〔　　〕

(2) 今日こそ、寝《ね》る前に歯みがきをしよう。〔　　〕

(3) 働けば、それに応じて収入も増える。〔　　〕

(4) 抑揚《よくよう》をつけてバイオリンを弾《ひ》く。〔　　〕

3

【五段活用の動詞の音便】

五段活用の動詞には、連用形が「書いて」（イ音便）、「待って」（促《そく》音便）、「読んで」（撥《はつ》音便）のように変化するものがある。次の動詞を適切な音便の形にしなさい。

(1) 遊ぶ → 〔　　で〕　(2) 泳ぐ → 〔　　で〕

(3) 眠《ねむ》る → 〔　　て〕　(4) 飛ぶ → 〔　　で〕

(5) 買う → 〔　　て〕　(6) 咲《さ》く → 〔　　て〕

4

【カ行変格活用の指摘】

——線部の動詞がカ行変格活用であるものを、次のア〜エから選び、記号で答えなさい。

ア みんなで協力する。　イ 友人に手紙を書く。

ウ 明日、台風が来る。　エ きっと試合に勝つ。

〔　　〕

5

【サ行変格活用の指摘】

——線部の動詞がサ行変格活用であるものを、次のア〜エから選び、記号で答えなさい。

ア 雨雲が過ぎ去る。　イ 自習室で勉強する。

ウ 落とし物を探す。　エ 山小屋で一夜を明かす。

〔　　〕

6

【動詞の活用】

次の各文の（　）内の動詞を、文に合うように活用させて答えなさい。

ミス注意

(1) 道を（間違《まちが》える）たことはありますか。〔　　〕

(2) 物語は、まだ（終わる）ないのだ。〔　　〕

(3) （招待する）れば、必ず行きます。〔　　〕

(4) もう（飽《あ》きる）てしまったのか。〔　　〕

7 重要 【動詞の活用形】

次の各文の――線部の動詞の活用形を、あとのア～カから選び、記号で答えなさい。

(1) 立ち止まって考えることが大切だ。
(2) 近くで見れば、美しさがわかるだろう。
ハイレベル (3) 少し眠ると、頭がすっきりする。
(4) どういうところに感動したのですか。
ミス注意 (5) せっかくの演奏だから、最後まで聴《き》こう。
(6) その荷物は、そっと台車に乗せろ。
ミス注意 (7) 必ず仕上げるので、待ってください。
(8) ゲームばかりしないで、読書もしなさい。

ア 未然形　イ 連用形　ウ 終止形
エ 連体形　オ 仮定形　カ 命令形

8 よくでる 【動詞の活用の種類】

次の各文の――線部の動詞の活用の種類を、あとのア～オから選び、記号で答えなさい。

(1) いろいろな場合を想像してみる。
(2) その話は、まだ知らないほうがよいと思う。
(3) チケットを忘れたら、入場できない。
(4) たとえ失敗しても、何度も試みよう。
(5) もっと早い時期に来ればよかった。
(6) ひな鳥に餌《えさ》を与《あた》えて育てる。
(7) 明日、区役所に行くことになっている。
(8) 新しい制服を着るのは気分がいい。

ア 五段活用　イ 上一段活用　ウ 下一段活用
エ カ行変格活用　オ サ行変格活用

入試レベル問題に挑戦

9 【動詞の指摘／動詞の活用形と活用の種類】

次の文章を読んで、あとの問いに答えなさい。

①仲の良いグループでSNSを利用している人はたくさんいると思います。しかし、注意が必要です。SNS上では、文字だけのやりとりに②なることが多く、お互《たが》いの表情が③見えないので、④思っていることがうまく伝わらず、相手が⑤誤解することもあるのです。自分の言葉が、どのように相手に受け取られるのかを、常に考えるようにしましょう。

ミス注意 (1) ――線部①に含《ふく》まれている動詞の数を算用数字で答えなさい。

ハイレベル (2) ――線部②～⑤の動詞の説明として適当でないものを次のア～エから一つ選び、記号で答えなさい。

ア ――線部②「なる」は、五段活用の動詞「なる」の連体形である。
イ ――線部③「見え」は、下一段活用の動詞「見える」の連用形である。
ウ ――線部④「思っ」は、五段活用の動詞「思う」の連用形である。
エ ――線部⑤「誤解する」は、サ行変格活用の動詞「誤解する」の連体形である。

ヒント
(2) まず、――線部の動詞に続く語から、どんな活用形になっているかを判断し、次に、活用の種類を確かめよう。

2 動詞(2)

攻略のコツ

自動詞と他動詞の対応関係、可能動詞の意味、補助動詞の使い方に注意しよう。

リンク
ニューコース参考書
中学国語
51,55～56ページ

テストに出る！ 重要ポイント

自動詞と他動詞

❶ **自動詞**……主語の動作や変化を表し、動作の対象である「何を」を表す修飾語《しゅうしょく》を必要としない動詞を**自動詞**という。

例 山頂まで電車が[通る]。（自動詞）
主語「電車が」の動作を表している。

❷ **他動詞**……主語そのものを対象とする動作や変化を表さず、動作の対象である「何を」を表す修飾語を必要とする動詞を**他動詞**という。

例 特売所でメロンを[買う]。（他動詞）
修飾語「メロンを（＝何を）」を伴《ともな》っている。

❸ **対応する自動詞と他動詞**……自動詞と他動詞には、対応関係にあるものが多く存在する。

例 多くの寄付が[集まる]。（自動詞）――多くの寄付を[集める]。（他動詞）
朝六時に兄が[起きる]。（自動詞）――朝六時に兄を[起こす]。（他動詞）
微弱《びじゃく》な電流が[流れる]。（自動詞）――微弱な電流を[流す]。（他動詞）

可能動詞

「～できる」という可能の意味をもつ動詞を**可能動詞**という。
可能動詞は、五段活用の動詞をもとにした下一段活用の動詞である。また、可能動詞には、命令形がない。

例 文がすらすらと[書ける]。（可能動詞（下一段活用））⬅ 文をすらすらと書く。（もとになる動詞（五段活用））
長距離《ちょうきょり》を難なく[走れる]。⬅ 長距離を難なく走る。
遠慮《えんりょ》なく何でも[話せる]。⬅ 遠慮なく何でも話す。

補助動詞（形式動詞）

その動詞本来の意味が薄《うす》れて、すぐ前の文節を補助する働きをする動詞を**補助動詞（形式動詞）**という。補助動詞は、補助する文節と必ず補助の関係になり、連文節になる。

例 ポスターが貼《は》って[ある]。（補助動詞）
〈補助の関係〉「貼って」に「ある」が補助的な意味を補う。
ポスターがある。（本来の）動詞
本来の「存在する」という意味。

Step 1 基礎力チェック問題

解答 別冊7ページ

1 次の各問いに記号で答えなさい。【自動詞と他動詞】

(1) 主語の動作や変化を表し、「何を」を表す修飾《しゅうしょく》語を必要としない動詞を何というか。
ア 自動詞　イ 他動詞

(2) 主語そのものを対象とする動作や変化を表さず、「何を」を表す修飾語を必要とする動詞を何というか。
ア 自動詞　イ 他動詞

(3) 次の――線部が自動詞であるものはどれか。
ア 手紙が届く。　イ 委員長を選ぶ。
ウ プリントを配る。　エ 荷物を運ぶ。

(4) 次の――線部が他動詞であるものはどれか。
ア やっと春が来る。　イ 用紙に名前を書く。
ウ 強い雨が降る。　エ 机の上に本がある。

(5) ①・②の――線部が対応する自動詞・他動詞になっていない組み合わせはどれか。
ア ① まだ試合が続く。　② まだ試合を続ける。
イ ① 火を消せる。　② 火を消す。
ウ ① 葉の色が変わる。　② 葉の色を変える。
エ ① 多くの人が集まる。　② 多くの人を集める。

2 次の各問いに記号で答えなさい。【可能動詞】

(1) 可能動詞とは、どんな意味をもつ動詞か。
ア 「～できる」という意味。
イ 「～される」という意味。

(2) 可能動詞の活用の種類はどれか。
ア 五段活用　イ 上一段活用　ウ 下一段活用

(3) 次の――線部が可能動詞であるものはどれか。
ア 朝食を食べる。　イ 中学生でも読める。
ウ 質問を受ける。　エ 雑草が生える。

3 次の各問いに記号で答えなさい。【補助動詞（形式動詞）】

(1) 補助動詞（形式動詞）は、すぐ前の文節とどんな文節どうしの関係になるか。
ア 並立の関係　イ 補助の関係

(2) 次の――線部が補助動詞であるものはどれか。
ア 兄は部屋にいる。　イ 妹が二人いる。
ウ 巣箱に小鳥がいる。　エ テレビを見ている。

得点アップアドバイス

1 (3)(4) 「何を」を表す修飾語があるかないかで自動詞か他動詞かを判断する。
(5) 主語そのものの動作や変化を表す自動詞が含《ふく》まれていない組み合わせを探す。

2 (3) ――線部の動詞が「～できる」と言い換《か》えられるかどうかに注意する。

3 (2) ――線部の前にある文節が、補助の関係を示す形になっているかどうかに注意する。

Step 2 実力完成問題

解答 ▶ 別冊7ページ

1 【自動詞と他動詞】

次の各文の――線部が自動詞ならA、他動詞ならBを答えなさい。

(1) 桜の花びらがはらはらと散る。〔　〕
(2) よく晴れたので、シャツを洗う。〔　〕
(3) 入り口のドアをそっと閉める。〔　〕
(4) 健康のために、野菜ジュースを飲む。〔　〕
(5) 今度の日曜日には体育館に行く。〔　〕
(6) 道路の右側を並んで歩く。〔　〕
ミス注意 ハイレベル
(7) 先頭を走っているランナーを追いかける。〔　〕

2 重要 【自動詞と他動詞】

次の各組の（　）に当てはまるように、――線部の自動詞に対応する他動詞を答えなさい。

(1) アサガオの芽が出る。
アサガオが芽を（　）。〔　〕

(2) 品物の値段が変わる。
品物の値段を（　）。〔　〕

(3) 部屋の明かりがつく。
部屋の明かりを（　）。〔　〕

(4) 研究する範囲《はんい》が広がる。
研究する範囲を（　）。〔　〕

3 よくでる 【可能動詞】

次の各文の――線部の動詞を可能動詞に変えて答えなさい。

(1) 待合室にあるソファーに座る。〔　〕
(2) ゆっくり体の力を抜《ぬ》けば、水に浮《う》く。〔　〕
(3) ホースから出る水で汚《よご》れを流す。〔　〕
(4) 方程式を使って、問題を解く。〔　〕
(5) パソコンの電源を落とす。〔　〕
ミス注意
(6) レストランの予約を取る。〔　〕

4 【可能動詞】

次の各組の――線部の動詞が可能動詞であるものを選び、記号で答えなさい。

(1) ア 和服が縫《ぬ》える。
イ 樹木を植える。
ウ 薪《たきぎ》が燃える。
〔　〕

(2) ア 勉強を教える。
イ エンジンを止める。
ウ 安ければ買える。
〔　〕

ミス注意
(3) ア 警戒《けいかい》を緩《ゆる》める。
イ 目的地を決める。
ウ ぐっすりと眠《ねむ》れる。
〔　〕

5

【補助動詞（形式動詞）】

次の各文に含《ふく》まれている補助動詞をすべて見つけ、そのままの形で書き抜《ぬ》きなさい。

(1) 走っていけば乗れると思ったが、バスは発車してしまった。〔　　〕

(2) 自分で作ってみるなら、私が手伝ってあげます。〔　　〕

(3) 兄に教えてもらいたいので、帰ってくるまで待とう。〔　　〕

(4) 挟《はさ》んである写真は、大事にしまっておいたものです。〔　　〕

ミス注意 (5) 祖父母の住んでいる街には、古い神社がある。〔　　〕

6 よくでる

【補助動詞（形式動詞）】

次の各組の――線部の動詞が補助動詞であるものを選び、記号で答えなさい。

(1)
ア 練習をしている。
イ 新しい参考書がいる。
ウ 弓矢で的をいる。
〔　　〕

(2)
ア 遠くの景色をじっとみる。
イ 新しい道具を使ってみる。
ウ 朝刊の記事をみる。
〔　　〕

(3)
ア 十分な時間をもらう。
イ 外出の許可をもらう。
ウ 友人に貸してもらう。
〔　　〕

入試レベル問題に挑戦

7

【可能動詞／補助動詞／自動詞と他動詞】

次の文章を読んで、あとの問いに答えなさい。

捕食《ほしょく》者であるカマキリは、自らが擬態《ぎたい》し、身を①隠《かく》せる場所でじっと待ち伏《ぶ》せし、獲物《えもの》を捕《つか》まえるのだ。獲物が②現れると、素早く近づき、大きなかまのような前脚《まえあし》で押《お》さえつける。

(1) ――線部①「隠せる」について説明した次の文の Ⅰ ・ Ⅱ に当てはまる言葉の組み合わせを、あとのア～エから一つ選び、記号で答えなさい。

●「隠せる」は Ⅰ 活用の動詞で、「隠す」をもとにした Ⅱ 動詞である。

ア Ⅰ 下一段　Ⅱ 補助　　イ Ⅰ 五段　Ⅱ 補助
ウ Ⅰ 下一段　Ⅱ 可能　　エ Ⅰ 五段　Ⅱ 可能
〔　　〕

ハイレベル (2) ――線部②「現れる」について説明した次の文の Ⅰ ・ Ⅱ に当てはまる言葉の組み合わせを、あとのア～エから一つ選び、記号で答えなさい。

●「現れる」は、動作の対象を必要と Ⅰ ので、 Ⅱ である。

ア Ⅰ しない　Ⅱ 自動詞　　イ Ⅰ しない　Ⅱ 他動詞
ウ Ⅰ する　Ⅱ 自動詞　　エ Ⅰ する　Ⅱ 他動詞
〔　　〕

ヒント

(2)「動作の対象」とは、「何を」を表す修飾語《しゅうしょく》のこと。――線部②について、それが必要な動詞かどうかを考えよう。

3 形容詞・形容動詞

攻略のコツ　形容詞と形容動詞の活用については、連用形の、複数ある活用語尾《ごび》に注意しよう。

リンク
ニューコース参考書 中学国語
57〜60ページ

テストに出る！ 重要ポイント

形容詞の性質と働き

形容詞は、**活用する自立語**で、言い切りの形（終止形）が**「い」**で終わり、**状態・性質**などを表し、単独で**述語**になる。

例　会えてとてもうれしい〈状態〉。　優しい〈性質〉言葉をかける。

形容詞の活用

形容詞の活用のしかたは**一種類**で、命令形はない。

基本形	語幹	未然形 ウに続く	連用形 タ・ナイ・ナルに続く	終止形 言い切る	連体形 トキ・ノデに続く	仮定形 バに続く	命令形 命令して言い切る
広い	ひろ	かろ	かっ く う	い	い	けれ	○

●連用形の接続のしかた

例　あのホールは広かった。いや、あまり広くない。
　とても広うございます。
　└連用形に「ございます」が続くとき、活用語尾《ごび》は「う（ウ音便）」になる。

補助形容詞（形式形容詞）

本来の意味が薄《うす》れて、すぐ前の文節を補助する働きをする形容詞。

例　柿《かき》の実は、まだ赤くない〈補助形容詞〉。
　└「赤く」に「ない」が補助的な意味を補う。

形容動詞の性質と働き

形容動詞は、**活用する自立語**で、言い切りの形（終止形）が**「だ・です」**で終わり、**状態・性質**などを表し、単独で**述語**になる。

例　兄の部屋はきれいだ〈状態〉。　友人はいつも陽気です〈性質〉。

形容動詞の活用

形容動詞の活用のしかたは**二種類**で、命令形はない。

基本形	語幹	未然形 ウに続く	連用形 タ・ナイ・ナルに続く	終止形 言い切る	連体形 トキ・ノデに続く	仮定形 バに続く	命令形 命令して言い切る
静かだ	しずか	だろ	だっ で に	だ	な	なら	○
静かです	しずか	でしょ	でし	です	（です）※	○	○

※「〜です」の連体形は「ので」などが続く場合の活用形。

●「〜だ」型活用・連用形の接続のしかた

例　教室は静かだった。
　今日の教室は静かでない。
　教室がようやく静かになる。

Step 1 基礎力チェック問題

解答 別冊8ページ

1【形容詞の性質】

次の各問いに記号で答えなさい。

(1) 形容詞は、人や物事の何を表す単語か。
ア 動作・変化　イ 状態・性質　〔　　〕

(2) 形容詞の性質として当てはまるものはどれか。
ア 自立語で活用しない。　イ 自立語で活用する。
ウ 付属語で活用しない。　エ 付属語で活用する。　〔　　〕

(3) 形容詞の基本の形（言い切りの形）は何で終わるか。
ア 「い」　イ 「だ・です」　〔　　〕

2【形容動詞の性質】

次の各問いに記号で答えなさい。

(1) 形容動詞は、人や物事の何を表す単語か。
ア 動作・変化　イ 状態・性質　〔　　〕

(2) 形容動詞の性質として当てはまるものはどれか。
ア 自立語で活用しない。　イ 自立語で活用する。
ウ 付属語で活用しない。　エ 付属語で活用する。　〔　　〕

(3) 形容動詞の基本の形（言い切りの形）は何で終わるか。
ア 「い」　イ 「だ・です」　〔　　〕

3【形容詞・形容動詞の活用】

次の〔　〕に当てはまる語句の記号を選びなさい。

(1) 形容詞の活用のしかたは〔ア 一種類　イ 二種類〕で、形容動詞の活用のしかたは〔ア 一種類　イ 二種類〕である。

(2) 形容詞・形容動詞の活用には、共通して〔ア 未然形　イ 連体形　ウ 命令形〕がない。また、形容動詞の「～です」型の活用には、〔ア 終止形　イ 仮定形〕もない。

4【補助形容詞（形式形容詞）】

次の各問いに記号で答えなさい。

(1) 補助形容詞（形式形容詞）とは、どんな働きをする形容詞か。
ア 前の文節を補助する。　イ 前の文節を修飾《しゅうしょく》する。　〔　　〕

(2) 次の――線部が補助形容詞であるものはどれか。
ア 人の悪口を言うのはよくない。
イ 内容のまったくない講演だった。
ウ ない物があったら、買ってこよう。
エ 家にはジョギングシューズがない。　〔　　〕

得点アップアドバイス

1 (1) 形容詞の表す内容が動詞と異なることに注意する。

2 (2) 形容動詞の基本的な性質は、形容詞とほぼ同じであることに注意する。

4 (2) 補助形容詞「ない」は上の語との間に「は」「も」を入れることができる。

ヒント **言い切りの形にして考える**

形容詞・形容動詞は性質が似ているので、言い切りの形が「い」で終わっているか「だ・です」で終わっているかで確かめる。

Step 2 実力完成問題

解答 別冊8ページ

1 【形容詞の指摘《してき》】

次の語のうちから形容詞を五つ選び、書きなさい。

深い　楽しむ　快適だ　少ない　柔《やわ》らかい
幼い　正しさ　若い　奇抜《きばつ》だ　ゆっくり

2 重要 【形容詞の指摘】

次の各文から形容詞を一つずつ見つけ、言い切りの形（終止形）に直して答えなさい。

(1) 日が暮れてきたが、街まではもう近い。
(2) 右の黄色いのが、私の帽子《ぼうし》です。
(3) 周りの景色がとてもすがすがしい。
(4) 部屋が汚《きたな》かったので、きれいに掃除《そうじ》した。
(5) 丈《たけ》が短ければ、別のをお持ちしましょう。
(6) 4月になったが、まだ水は冷たかろう。

3 【形容詞の活用】

次の各文の（　）内の形容詞を、文に合うように活用させて答えなさい。

(1) （危ない）ないように、歩道橋を渡《わた》ろう。
(2) 彼《かれ》の作品なら、さぞ（面白い）う。
(3) 部活が（楽しい）ば、続けよう。
(4) 昨晩、父の帰りは（遅《おそ》い）た。

4 よくでる 【補助形容詞（形式形容詞）】

次の各組の――線部の形容詞が補助形容詞であるものを選び、記号で答えなさい。

(1)
ア もっと自由な時間がほしい。
イ 毎日、のびのびと過ごしてほしい。
ウ ほしいものを教えてください。

(2) ミス注意
ア 今学期は、かなりよい成績です。
イ この作文は、とてもよい。
ウ 一週間くらい休んでよいと思う。

(3)
ア 彼とは、あまり親しくない。
イ 買い物に行く暇《ひま》がない。
ウ 今日は、見たい番組がない。

5 【形容動詞の指摘】

次の語のうちから形容動詞を五つ選び、書きなさい。

きれいだ　悪い　静かだ　借りる　順調です
たいした　これ　丁寧《ていねい》だ　明るい　ユニークだ

6 【形容動詞の指摘】

次の各文から形容動詞を一つずつ見つけ、言い切りの形（終止形）に直して答えなさい。

(1) 体が丈夫《じょうぶ》なのは、すばらしいことだ。
(2) 祖母にもらった着物を大切にしまう。
(3) 暇ならば、明日、遊びませんか。
(4) 全国各地の有名な祭りを見に行く。
(5) 城が完成したら、とても立派だろう。
ミス注意 (6) 昼は暖かだったが、夜は冷え込《こ》んできた。
(7) クラス会は、とても和やかだった。
ミス注意 (8) 彼は、科学的な話を楽しそうに話した。

7 【形容動詞の活用】

次の各文の（　）内の形容動詞を、文に合うように活用させて答えなさい。

(1) （新鮮《しんせん》だ）ば、生のままでも食べられる。
(2) 式典は、とても（華《はな》やかだ）う。
(3) 私は、（正直だ）人間になりたいと思う。
(4) 兄は、あまり（器用だ）ない。
(5) 遠くかなたに、光が（かすかだ）見える。

8 重要 【形容詞・形容動詞の活用形】

次の各文の――線部の活用形を、あとのア〜カから選び、記号で答えなさい。

(1) 私は、彼の意見に大きくうなずいた。
(2) 腕前《うでまえ》が確かなら、頼《たの》みましょう。
(3) 文化祭がにぎやかに開催《かいさい》された。
(4) とても珍《めずら》しい化石を発見した。
(5) これだけ大きいと、かなり重たかろう。
ミス注意 (6) この方法が最も合理的でしょう。
(7) もっと小さければ、棚《たな》に収まるのに。
(8) それは、とても光栄な話だ。

ア 未然形　イ 連用形　ウ 終止形
エ 連体形　オ 仮定形　カ 命令形

入試レベル問題に挑戦

9 【形容詞・形容動詞】

次の文章を読んで、あとの問いに答えなさい。

ア初めてボランティアに参加する人は、高齢《こうれい》者を支えるために、どんなことをしていけば①よいのかをイ学びながら、ウ優しく接することを第一にエ考えるようにしましょう。常に②適切な介助《かいじょ》につながる接し方を考えることが大切なのです。

ハイレベル (1) ――線部①「よい」と同じ品詞の単語を、文章中の══線部ア〜エから一つ選び、記号で答えなさい。

ミス注意 (2) ――線部②「適切な」の品詞名と活用形の組み合わせを次のア〜エから一つ選び、記号で答えなさい。

ア 形容詞・連用形　イ 形容詞・連体形
ウ 形容動詞・連用形　エ 形容動詞・連体形

ヒント

(2) どんな単語があとに続くかによってできたのが活用形。もし活用表を忘れてしまったら、この基本事項《じこう》に立ち返って考えよう。

定期テスト予想問題

出題範囲：動詞(1)／動詞(2)／形容詞・形容動詞

時間 30分
解答 別冊9ページ

得点 ／100

1 次の各文から動詞を一つずつ探し、基本形（終止形）に直して答えなさい。【2点×3】

(1) どうも変だと思った。
(2) 台風があまり来ないといいな。
(3) ごみを捨ててほしい。

(1)
(2)
(3)

2 次の各文の——線部の動詞の活用の種類を、あとのア～オから選び、記号で答えなさい。【3点×7】

(1) 油がはねるので、注意してください。
(2) もっと勉強すれば、成績は上がるだろう。
(3) しばらく見ないうちに、大きく成長した。
(4) 出かけるので、弟に留守番をさせる。
(5) ボートをこいで、池の周囲を巡《めぐ》る。
(6) 門のところに城を警護する兵隊がいる。
(7) 会議には少し早めに来るように言われた。

ア 五段活用　イ 上一段活用　ウ 下一段活用
エ カ行変格活用　オ サ行変格活用

(1)
(2)
(3)
(4)
(5)
(6)
(7)

3 次の各文から自動詞を一つずつ書き抜《ぬ》き、それに対応する他動詞を答えなさい。【2点×8】

(1) 毎日、午後8時に食堂が閉まる。
(2) 来週、ようやく船が港に着く。
(3) このラジオは電池を入れると動く。
(4) 明日から夏期講習が始まると友人から聞く。

	自動詞	他動詞
(1)		
(2)		
(3)		
(4)		

4 次の各文から可能動詞を一つずつ書き抜きなさい。【3点×4】

(1) 空を飛べるようになった夢を見た。
(2) 持てるだけの椅子《いす》を運んで、一列に並べる。
(3) 明日は、行ける人だけに声をかければいい。
(4) 放課後の練習は休めるから、一緒《いっしょ》にアイスを食べられるよ。

(1)
(2)
(3)
(4)

5 次の各組の――線部の動詞が補助動詞であるものを選び、記号で答えなさい。【3点×2】

(1)
ア 兄が荷物を持ってくれる。
イ すっかり日がくれる。
ウ プレゼントをくれるなら、ほしい。

(2)
ア いつもいく遊園地が閉園した。
イ 友人たちのグループで映画館にいく。
ウ 帰りに図書館に寄っていく。

(1)
(2)

6 次の各文から形容詞を一つずつ、そのままの形で書き抜きなさい。【2点×3】

(1) この猫《ねこ》は、まだ幼いようだが、かなり成長している。
(2) 申し込《こ》み者が多ければ、別の会場を借りよう。
(3) お弁当を詰《つ》めるときは、美しく盛り付けることが重要だ。

(1)
(2)
(3)

7 次の各文から形容動詞を一つずつ、そのままの形で書き抜きなさい。【2点×3】

(1) 世界中が平和で、みんなが仲良くなればいいのに。
(2) それは、子供の健やかな成長を祈《いの》って、祝う行事です。
(3) ずいぶんお会いしていませんが、あなたは元気でしょうか。

(1)
(2)
(3)

8 次の各組の――線部の形容詞が補助形容詞であるものを選び、記号で答えなさい。【3点×2】

(1)
ア テストまであと三日しかない。
イ この部屋はあまり涼《すず》しくない。
ウ つまらない小説は、読みたくない。

(2)
ア いくら高くても、あの宝石がほしい。
イ 温かいスープとパンがほしい。
ウ 良い作品をたくさん見てほしい。

(1)
(2)

9 次の各文の――線部の動詞・形容詞・形容動詞の活用形を、あとのア～カから選び、記号で答えなさい。【3点×7】

(1) 顔色が悪いから、今日は、ゆっくり休め。
(2) 早く起きないと、学校に遅刻《ちこく》するよ。
(3) 前の列に移動すれば、もっとよく見えるだろう。
(4) 面倒《めんどう》くさいことは、先に終わらせてしまおう。
(5) ここに梅の枝を飾《かざ》れば、どんなにすばらしかろう。
(6) チームを立て直すには、あと1年は必要だろう。
(7) 彼《かれ》のほうが明らかに経験が豊富だ。

ア 未然形　イ 連用形　ウ 終止形　エ 連体形
オ 仮定形　カ 命令形

(1)
(2)
(3)
(4)
(5)
(6)
(7)

4 名詞

攻略のコツ
名詞の種類について、五種類の名詞それぞれが表す事柄《ことがら》を理解しよう。

リンク
ニューコース参考書
中学国語
64～67ページ

テストに出る！ 重要ポイント

● 名詞の性質と働き

名詞は、**体言**ともよばれ、**活用しない自立語**で、**人や物事の名前**を表し、助詞「が」「は」「も」などを伴《ともな》って**主語**になる。

例 天気がとてもよい。
「が」を伴い、主語になっている。

● 名詞の種類

❶ **普通《ふつう》名詞**……一般《いっぱん》的な物事の名前を表す名詞。名詞の多くが普通名詞に当たる。

例 大広間の天井にある照明器具がとても美しい。
普通名詞　普通名詞　普通名詞

❷ **固有名詞**……人名・地名・国名など、固有の物事の名前を表す名詞。

例 夏目漱石《なつめそうせき》は、1900年にイギリスに留学した。
固有名詞　固有名詞

❸ **数詞**……物の数や、量・時間・順序などを表す名詞。

例 彼《かれ》は、1901年に、ある化学者と2か月同居した。
数詞　数詞

❹ **代名詞**……人や物事を指し示して表す名詞。人を指し示す人称《にんしょう》代名詞と、事物・場所・方向を指し示す指示代名詞がある。

【人称代名詞】

	例
自称	私　僕《ぼく》　俺《おれ》
対称	あなた　君　お前
他称	こいつ　そいつ　あいつ　彼　彼女《かのじょ》
不定称	どいつ　どなた　誰《だれ》

【指示代名詞】

	近称	中称	遠称	不定称
事物を指す	これ	それ	あれ	どれ
場所を指す	ここ	そこ	あそこ	どこ
方向を指す	こちら こっち	そちら そっち	あちら あっち	どちら どっち

❺ **形式名詞**……本来の意味が薄《うす》れ、補助的・形式的に使われる名詞。形式名詞の前には、常に連体修飾《しゅうしょく》語が付く。

例 駅で見かけたとき、彼は、帰省するところだったらしい。
連体修飾語→形式名詞　連体修飾語→形式名詞

Step 1　基礎力チェック問題

解答 別冊10ページ

1【名詞の性質】

次の各問いに記号で答えなさい。

(1) 「名詞は、人や物事の（　）を表す単語である。」の（　）に当てはまるのはどれか。〔　〕

ア 動作　イ 名前　ウ 状態

(2) 名詞の性質として当てはまるものはどれか。〔　〕

ア 自立語で活用しない。　イ 自立語で活用する。
ウ 付属語で活用しない。　エ 付属語で活用する。

(3) 次の――線部が名詞であるものはどれか。〔　〕

ア 急いで帰宅する。　イ 丁寧《ていねい》に書き写す。
ウ 美しく仕上げる。　エ 新しい方法で行う。

2【名詞の働き】

次の各問いに記号で答えなさい。

(1) 名詞は、付属語の「が」を伴《ともな》って何になるか。〔　〕

ア 主語　イ 述語　ウ 修飾語《しゅうしょく》

(2) 次のうち、名詞のグループはどれか。〔　〕

ア あんな・いわゆる　イ 貸す・実験する
ウ そして・けれども　エ あちら・あなた

3【名詞の種類】

次の〔　〕に当てはまる語句の記号を選びなさい。

(1) 一般《いっぱん》的な物事の名前を表す名詞を〔ア 普通《ふつう》名詞　イ 固有名詞　ウ 代名詞〕という。

(2) 人名・地名・国名など、固有の物事の名前を表す名詞を〔ア 普通名詞　イ 固有名詞　ウ 代名詞〕という。

(3) 物の数や、量・時間・順序などを表す名詞を〔ア 代名詞　イ 数詞　ウ 形式名詞〕という。

(4) 本来の意味が薄《うす》れ、補助的・形式的に使われる名詞である形式名詞の前には、常に〔ア 連用修飾語　イ 連体修飾語〕が付く。

4【名詞の種類の識別】

次の各問いに記号で答えなさい。

(1) 次の――線部が数詞であるものはどれか。〔　〕

ア 一年間勉強した。　イ 一斉《いっせい》に話し出す。
ウ 一瞬《いっしゅん》の出来事だ。　エ 一緒《いっしょ》に帰ろう。

(2) 次の――線部が形式名詞であるものはどれか。〔　〕

ア 両手で物を運ぶ。　イ 友人から話を聞く。
ウ 言うとおりにする。　エ あまり時間がない。

得点アップアドバイス

1 (3) 名詞が活用しない自立語であることに注意する。

2 (2) どんな文の成分になるかを確かめ、どれが名詞の働きに合うグループかを考える。

4 (1) 数字を含《ふく》む単語でも、物の数や、量・時間・順序などを表すのでなければ数詞ではない。

ヒント **主語になるかどうかがポイント**
その単語が名詞かどうかを確かめるときには、「が」を付けて主語になるかどうかを考えてみよう。

Step 2

実力完成問題

解答 ▶ 別冊10ページ

1 【名詞の指摘《してき》】

次の語のうちから名詞を五つ選び、書きなさい。

必ず　話し合い　まじめだ　取り組む　うわさ

あなた　江戸《えど》時代　計画的だ　考え方　重たい

2 よくでる 【名詞の指摘】

次の各文に含《ふく》まれている名詞をすべて書き抜《ぬ》きなさい。

(1) 皿を5枚だけテーブルに並べてください。

(2) 島崎藤村《しまざきとうそん》の記念館に母と行ってきました。

(3) 一本めの道を左に行けば区役所があります。

ミス注意 (4) これは、ロンドンでとても有名な建造物です。

(5) この問題を解くには、三つの数式を使います。

ハイレベル (6) 桜の花の魅力《みりょく》は、はかない美しさを秘めていることです。

3 重要 【名詞の識別】

次の各組から——線部の単語が名詞であるものを選び、記号で答えなさい。

(1)
ア 日直が田中《たなか》から山川《やまかわ》に代わりました。
イ 疲《つか》れている選手と代わりたい。
ウ 部長の代わりに司会をする。

(2)
ア 心の温かさを感じる。
イ プールの水がとても温かい。
ウ 料理を温かく保存する。

(3)
ア 両親に褒《ほ》められて、とても喜ぶ。
イ それは喜ばしい出来事だ。
ウ 表情が喜びに満ちあふれている。

ミス注意 (4)
ア 作業をするため、放課後に残る。
イ 早く残りの問題を解いてしまおう。
ウ 残れる人だけ参加してください。

4 【名詞の種類】

次の各文の——線部の名詞の種類を、あとのア〜オから選び、記号で答えなさい。

(1) あそこまで車でどのくらいかかりますか。

ミス注意 (2) 彼《かれ》は、欲しいものをすべて手に入れた。

(3) 母の日にカーネーションを贈《おく》りましょう。

(4) 先ほど、彼女《かのじょ》から電話がありました。［　］

(5) あなたが田中一郎《たなかいちろう》さんですか。［　］

(6) 8時に家を出れば間に合うだろう。［　］

ア 普通《ふつう》名詞　イ 固有名詞　ウ 数詞
エ 代名詞　オ 形式名詞

5 重要 【代名詞】

次の各組から——線部の単語が代名詞であるほうを選び、記号で答えなさい。

ミス注意
(1) ア こっちのほうが魚がたくさんいる。
イ こうするほうがうまくいくだろう。［　］

(2) ア 今期は、どの選手も活躍《かつやく》した。
イ これらのうち、どれを選んでもよい。［　］

(3) ア あんなに速く走れるものだろうか。
イ あれくらい速く走れればいいのに。［　］

ミス注意
(4) ア そこは、昔、城下町だった。
イ その町には、たくさんの商人がいた。［　］

6 よくでる 【形式名詞】

次の各組から——線部の単語が形式名詞であるほうを選び、記号で答えなさい。

(1) ア そのとおりを直進すると近道です。
イ 私の思ったとおりになった。［　］

(2) ア どうりで、二人は似ているわけだ。
イ 入部したいわけを両親に話す。［　］

(3) ア この街もずいぶん変わったものだ。
イ 重いものは、みんなで運びましょう。［　］

(4) ア ことが起きる前に対処しよう。
イ 泳ぐことは、体に良いらしい。［　］

(5) ア 時計塔《とう》の鐘《かね》がときを告げる。
イ 困ったときは、相談してください。［　］

(6) ア もう少しで遅刻《ちこく》するところだった。
イ 本箱を置くところはどこにしよう。［　］

入試レベル問題に挑戦

7 【名詞の指摘】

次の文章を読んで、あとの問いに答えなさい。

この芸術大学の附属《ふぞく》高校、①ここで知り合った三人とで弦楽《げんがく》四重奏団を結成したのは運命だったと思う。アあの三人は特別だった。小さなことでけんかをするような、イそんなこともあった。②でも、シューベルトの協奏曲を一回合わせることで、すぐに通じ合えた。ウどうすればよい協奏曲になるのかを探ること、エそれが協調性に結び付いたのだろう。

ハイレベル
(1) ——線部①「ここ」と同じ品詞の単語を、文章中の——線部ア～エから一つ選び、記号で答えなさい。［　］

(2) ——線部②に含まれている名詞の数を算用数字で答えなさい。［　］

ヒント
(1) 品詞を識別するときのポイントは、「活用するかしないか」と「どんな文の成分になるか」。——線部①の単語は、活用しない単語で、助詞「が」などを伴《ともな》い、主語になる単語である。

5 副詞

攻略のコツ　主な呼応の副詞と下に続く決まった言い方を覚えておこう。

リンク
ニューコース参考書
中学国語
68～70ページ

テストに出る！ 重要ポイント

● 副詞の性質と働き

副詞は、**活用しない自立語**で、単独で主に**連用修飾語《しゅうしょく》**になる。

例 **ゆっくり**歩く。（用言「歩く」を修飾している。）　**ずいぶん**暖かい。（用言「暖かい」を修飾している。）

● 副詞の種類

❶ 状態の副詞……「どのように」という、動作がどのような状態・様子であるかを表す副詞。主に動詞を修飾する。

例 結論を**ゆっくり**述べる。（動詞「述べる」の状態を表している。）　宿題が**やっと**終わる。（動詞「終わる」の状態を表している。）

❷ 程度の副詞……「どのくらい」という、動作や状態がどのくらいの程度なのかを表す副詞。用言のほかに、名詞やほかの副詞も修飾する。

例 **とても**楽しい。（用言「楽しい」の程度を表している。）　**少し**横にずらす。（名詞「横」を含《ふく》む文節の程度を表している。）　**もっと**ゆっくり話せ。（副詞「ゆっくり」の程度を表している。）

❸ 呼応の副詞……下に決まった言い方がくる副詞で、主に話し手の気持ちや考えを表す。陳述《ちんじゅつ》の副詞、叙述《じょじゅつ》の副詞ということもある。

【主な呼応の副詞と下に続く決まった言い方】

副詞	例	意味
どうして	**どうして**気づいたのだろう**か**。	疑問
どうして	**どうして**忘れられよう**か**。	反語
たぶん	**たぶん**優勝する**だろう**。	推量
もし	**もし**見つかった**なら**、教えてください。	仮定
決して	**決して**うそはつか**ない**。	否定（打ち消し）
まったく	**まったく**片付か**ない**。	否定（打ち消し）
まさか	**まさか**そんな発言はする**まい**。	否定の推量
まるで	**まるで**真冬の**ようだ**。	たとえ
ぜひ	**ぜひ**相談して**ください**。	希望
どうか	**どうか**話を聞いて**ほしい**。	希望

Step 1 基礎力チェック問題

解答 別冊11ページ

1 【副詞の性質】

次の各問いに記号で答えなさい。

(1) 副詞は、文の中で、主に何になる単語か。

ア 連用修飾《しゅうしょく》語　イ 連体修飾語　〔　〕

(2) 副詞の性質として当てはまるものはどれか。

ア 自立語で活用しない。　イ 自立語で活用する。

ウ 付属語で活用しない。　エ 付属語で活用する。　〔　〕

(3) 「花がようやく美しく咲《さ》いた。」という文で「咲いた」に係る副詞はどれか。

ア 花が　イ ようやく　ウ 美しく　〔　〕

2 【副詞の働き】

次の各問いに記号で答えなさい。

(1) 「人々がゆっくり新しい橋を渡《わた》る。」で、副詞「ゆっくり」は、どの文節を修飾しているか。

ア 人々が　イ 新しい　ウ 橋を　エ 渡る　〔　〕

(2) 「もっと上を見れば、飛行機が見えるよ。」で、副詞「もっと」は、どの文節を修飾しているか。

ア 上を　イ 見れば　ウ 飛行機が　エ 見えるよ　〔　〕

3 【副詞の種類】

次の〔　〕に当てはまる語句の記号を選びなさい。

(1) 「どのように」という、動作がどのような状態・様子であるかを表す副詞を〔ア 状態の副詞　イ 程度の副詞　ウ 呼応の副詞〕という。

(2) 「どのくらい」という、動作や状態がどのくらいの程度なのかを表す副詞を〔ア 状態の副詞　イ 程度の副詞　ウ 呼応の副詞〕という。

(3) 下に決まった言い方がくる副詞で、主に話し手の気持ちや考えを表す副詞を〔ア 状態の副詞　イ 程度の副詞　ウ 呼応の副詞〕という。

4 【呼応の副詞】

次の各問いに記号で答えなさい。

(1) 次の――線部の呼応の副詞と、それが修飾する文節との呼応関係が適切でないものはどれか。

ア まさか行くまい。　イ ぜひ知らせるらしい。

ウ なぜ答えないのか。　エ まるで氷のようだ。　〔　〕

(2) 「たぶんとても楽しいだろう。」という文に含《ふく》まれる呼応の副詞はどれか。

ア たぶん　イ とても　ウ 楽しい　〔　〕

得点アップアドバイス

1 (3) 述語「咲いた」に係る修飾語のうち、活用しない自立語が副詞である。

2 (2) 副詞は、主に連用修飾語になる単語だが、体言を含《ふく》む文節やほかの副詞を修飾することもある。

4 (1)(2) 呼応の副詞は、主に話し手の気持ちや考えを表す副詞。どのような意味を表すかによって、下に続く言い方が決まる。それぞれの文がどのような意味を表しているのかを考える。

Step 2 実力完成問題

解答 別冊11ページ

1 【副詞の指摘《してき》】

次の各文に含《ふく》まれている副詞をすべて書き抜《ぬ》きなさい。

(1) 彼《かれ》は、とても暖かそうな上着を、ゆったりと着ている。 〔　　〕

(2) 弟は、幼い頃《ころ》、わんわんとよく泣いたものだった。 〔　　〕

(3) たとえ激しい雨がザーザー降っても、必ず行きます。 〔　　〕

2 重要 【副詞と被修飾語《ひしゅうしょく》の指摘】

次の各文から副詞を①に書き抜き、その副詞が修飾している部分を一文節で②に書き抜きなさい。

(1) あの人はきっと立派な学者になるでしょう。 ①〔　　〕②〔　　〕

(2) お金をすっかり使い果たして、私は悲しくなった。 ①〔　　〕②〔　　〕

(3) 細工がかなり細かかったので、私は感動したのだ。 ①〔　　〕②〔　　〕

(4) これからの時代、ますます高齢《こうれい》者の人口は増えるだろう。 ①〔　　〕②〔　　〕

ミス注意 (5) 私は、あの人のことを、ずっと前から知っていました。 ①〔　　〕②〔　　〕

3 よくでる 【副詞の識別】

次の各組から——線部の単語が副詞であるほうを選び、記号で答えなさい。

(1) ア 少ない材料で作品を作り上げる。
イ 少し早めに起きるほうがよいだろう。 〔　　〕

ミス注意 (2) ア あの人が怒《おこ》るのももっともだ。
イ 私がもっとも早く登校した。 〔　　〕

(3) ア あまり寒くないので、暖房《だんぼう》を止めた。
イ 節約したので、予算にあまりが出た。 〔　　〕

(4) ア これはけっこうなお料理ですね。
イ まだ座席はけっこう空いている。 〔　　〕

ミス注意 (5) ア その本は、もう読んでしまったよ。
イ そう言うなら、別の本を貸そう。 〔　　〕

4 【副詞の種類】

次の各文の——線部の副詞の種類を、あとのア〜ウから選び、記号で答えなさい。

(1) もっと陽気に過ごしましょう。 〔　　〕

(2) 大会はたぶん開催《かいさい》されるだろう。 〔　　〕

(3) 大きな犬がのそのそと歩いている。 〔　　〕

ミス注意 (4) 後続の選手をかなり引き離《はな》したようだ。 〔　　〕

ア 状態の副詞　イ 程度の副詞　ウ 呼応の副詞

5

【呼応の副詞】

次の各文の――線部の呼応の副詞に合うように、（　）に入る決まった言い方を、あとのア～ウから選び、記号で答えなさい。

(1) おそらく合格するに（　）。

ハイレベル (2) よもや廃部《はいぶ》になってしまうことは（　）。

(3) どうぞ会場にお入り（　）。

ア あるまい　イ ください　ウ 違《ちが》いない

6

よくでる

【呼応の副詞】

次の各文の（　）に当てはまる副詞を、あとのア～オから選び、記号で答えなさい。

(1) きみは、（　）そんなに素直なのですか。

(2) （　）実施《じっし》されるなら、参加します。

(3) 次の試合は、（　）負けないよ。

(4) その日は、（　）真夏のようだった。

(5) （　）よく考えて決めてください。

ア もし　イ 決して　ウ どうか

エ どうして　オ まるで

7

重要

【呼応の副詞の意味】

次の各文の――線部の呼応の副詞が表す意味を、あとのア～オから選び、記号で答えなさい。

(1) この件については、まったく問題点はない。

(2) なぜこの実験が成功したのですか。

(3) たとえ負けても、後悔《こうかい》はしないよ。

(4) まさかみんなには話すまい。

(5) ぜひ発表会を見にきてください。

ア 希望　イ 否定の推量　ウ 疑問

エ 仮定　オ 否定（打ち消し）

入試レベル問題に挑戦

8

【副詞の識別／呼応の副詞】

次の文章を読んで、あとの問いに答えなさい。

霧《きり》に包まれた小道を抜けた。そこに、一軒《いっけん》の小さな[ア]レストランがあった。私は、吸い込《こ》まれるように、その店に入った。席につくと、店主と思われる女性が[①]すぐに近づいてきた。私はその女性に、いつも[イ]ほかの店でするのと同じように、

「この店でいちばん高い料理をください。」

と注文した。すると[ウ]、その女性は、静かに[エ]水の入ったグラスをテーブルに置いて、[②]笑わずに、

「この店の料理の値段は、すべて同じ値段なのです。」

と私に告げた。

ハイレベル (1) ――線部①「すぐに」と同じ品詞の単語を、文章中の――線部ア～エから一つ選び、記号で答えなさい。

(2) 文章中の[②]に当てはまる副詞を次のア～エから一つ選び、記号で答えなさい。

ア どうして　イ たとえ

ウ 少しも　エ まさか

ヒント

(1) ――線部①の単語の性質とどんな文の成分になっているのかに注意し、同様の性質・働きの単語を探そう。

6 連体詞・接続詞・感動詞

攻略のコツ
連体詞・接続詞・感動詞は、ほかの自立語の品詞と識別できるようにしよう。

リンク
ニューコース参考書
中学国語
71～75ページ

テストに出る！ 重要ポイント

連体詞の性質と働き

連体詞は、**活用しない自立語**で、単独で**連体修飾語**《しゅうしょく》だけになる。

例 大きな肉を切りたいので、そのナイフを貸してください。

大きな……名詞「肉」を含《ふく》む文節を修飾している。
その……名詞「ナイフ」を含む文節を修飾している。

接続詞の性質と働き

接続詞は、**活用しない自立語**で、単独で**接続語**だけになる。

例 エレベーターが止まった。それで、階段を使った。

それで……前の事柄《ことがら》が原因・理由となり、その順当な結果があとに続くことを表す。

接続詞の種類

❶ **順接**……前の事柄が原因・理由となり、その順当な結果があとに続くことを表す。

例 毎日、練習した。だから、勝てたのだ。

❷ **逆接**……前の事柄から予想されることとは逆の結果があとに続くことを表す。

例 毎日、練習した。しかし、負けてしまった。

❸ **並立・累加**《るいか》……前の事柄にあとの事柄を並べたり、付け加えたりすることを表す。

例 放課後、練習した。さらに、早朝にはジョギングもした。

❹ **対比・選択**《せんたく》……前の事柄とあとの事柄を比べたり、どちらかを選んだりすることを表す。

例 明日は休みますか。それとも、練習しますか。

❺ **説明・補足**……前の事柄にあとの事柄が説明や補足を加えていることを表す。

例 練習方法を変えた。なぜなら、効率が悪いからだ。

❻ **転換**《てんかん》……前の事柄と話題を変え、別の話を続けることを表す。

例 以上で、図書室利用者についての発表を終わります。では、次に、読書週間での目標について話し合いましょう。

感動詞の性質と働き

感動詞は、**活用しない自立語**で、単独で**独立語**だけになる。

例 まあ、面白い。さあ、一緒《いっしょ》に踊《おど》りましょう。

まあ……話し手の感動を表す。
さあ……呼びかけて、聞き手の注意を引きつける。

Step 1 基礎力チェック問題

解答 ▶ 別冊12ページ

1 【連体詞の性質と働き】
次の各問いに記号で答えなさい。

(1) 連体詞は、文の中で、何になる単語か。 〔　　〕
ア 連用修飾《しゅうしょく》語　イ 連体修飾語

(2) 連体詞の性質として当てはまるものはどれか。 〔　　〕
ア 自立語で活用しない。　イ 自立語で活用する。
ウ 付属語で活用しない。　エ 付属語で活用する。

(3) 次の――線部が連体詞であるものはどれか。 〔　　〕
ア 大きく膨《ふく》らむ。　イ 大きな音がする。
ウ 大きさを測る。　エ 点数の差が大きい。

(4) 「あの難しい問題を完璧《かんぺき》に解いたのか。」で、連体詞「あの」は、どの文節を修飾しているか。 〔　　〕
ア 難しい　イ 問題を
ウ 完璧に　エ 解いたのか

2 【接続詞の性質と働き】
次の各問いに記号で答えなさい。

(1) 接続詞は、文の中で、何になる単語か。 〔　　〕
ア 接続語　イ 独立語

(2) 接続詞の性質として当てはまるものはどれか。 〔　　〕
ア 自立語で活用しない。　イ 自立語で活用する。
ウ 付属語で活用しない。　エ 付属語で活用する。

(3) 「一点差で負けた。でも、いい試合だった。」の――線部の接続詞の種類はどれか。 〔　　〕
ア 順接　イ 逆接
ウ 並立・累加《るいか》　エ 説明・補足

(4) 「おいしい果実がとれた。（　　）、ジュースを作った。」の（　　）に当てはまる接続詞はどれか。 〔　　〕
ア しかし　イ なぜなら
ウ そこで　エ または

3 【感動詞の性質と働き】
次の各問いに記号で答えなさい。

(1) 感動詞は、文の中で、何になる単語か。 〔　　〕
ア 接続語　イ 独立語

(2) 感動詞の性質として当てはまるものは次のどれか。 〔　　〕
ア 自立語で活用しない。　イ 自立語で活用する。
ウ 付属語で活用しない。　エ 付属語で活用する。

得点アップアドバイス

1 (3) 連体詞は、活用しない自立語。同じ活用しない自立語の名詞と異なり、主語にはならない。
(4) 連体詞は、体言（名詞）を含《ふく》む文節しか修飾しないことに注意する。

2 (3) 接続詞の種類は、その接続詞が前後の文や文節をどんな関係で接続しているのかを表している。
(4) （　）の前後の文は、前の事柄《ことがら》が原因・理由で、あとに続く内容がその順当な結果になっている。

Step 2 実力完成問題

解答 別冊12ページ

1 【連体詞の指摘《してき》】

次の各文から連体詞を一つずつ書き抜《ぬ》きなさい。

(1) いかなる運命が待っているのだろうか。〔　　〕

(2) いちばん早く着けるのは、この道です。〔　　〕

(3) 次の開催《かいさい》は、来《きた》る15日の予定です。〔　　〕

(4) 手紙をあのポストに入れてきてください。〔　　〕

ミス注意 (5) わずかな時間にあらゆる方法を考えた。〔　　〕

2 よくでる 【連体詞の識別】

次の各組から――線部の単語が連体詞であるほうを選び、記号で答えなさい。

(1) ア 思ったほどたいしたことはなかった。
イ 天候は、たいして崩《くず》れなかった。〔　　〕

(2) ア それは、私の小さな思い出です。
イ もう少し小さい紙袋《かみぶくろ》をください。〔　　〕

(3) ア そのノートを取ってくれませんか。
イ そう言われれば、そのとおりだ。〔　　〕

ミス注意 (4) ア いろいろな料理を教わりました。
イ いろんな考え方があるものだ。〔　　〕

ミス注意 (5) ア そんなおかしい話は、知らない。
イ おかしなことがあるものだ。〔　　〕

3 【接続詞の識別】

次の各組から――線部の単語が接続詞であるほうを選び、記号で答えなさい。

ミス注意 (1) ア 失敗が多く、また費用もかかる。
イ また明日会えるといいですね。〔　　〕

(2) ア みんなの意見が一方に傾《かたむ》いている。
イ 一方、我々は権利を主張した。〔　　〕

(3) ア 体調が悪い。それで、体育は見学した。
イ 木を切り、それで支柱を作った。〔　　〕

ハイレベル (4) ア この辺りがもっとも標高が高い。
イ 正しい。もっとも、理論上であるが。〔　　〕

4 よくでる 【接続詞の補充《ほじゅう》】

次の各文の（　）に当てはまる接続詞を、あとのア～ウから選び、記号で答えなさい。

(1) コーヒーを飲みますか。（　）、紅茶にしますか。〔　　〕

(2) 台風が接近している。（　）、旅行は中止した。〔　　〕

(3) 子供は半額の料金だ。（　）、12歳《さい》以下が子供とする。〔　　〕

ア だから　イ それとも　ウ ただし

重要 5 【接続詞の種類】

次の各文の――線部の接続詞の種類を、あとのア〜オから選び、記号で答えなさい。

(1) 彼《かれ》が部長にふさわしい。なぜなら、責任感が強いからだ。〔　〕
(2) この野菜はおいしい。しかも、ビタミンが豊富だ。〔　〕
(3) 初めて、全員集合した。そこで、会議を開くことにした。〔　〕
(4) 詳細《しょうさい》は、手紙、あるいは、メールでお知らせします。〔　〕
(5) 名案が浮《う》かんだ。だが、発言する自信がなかった。〔　〕

ア 順接　イ 逆接　ウ 並立・累加《るいか》
エ 対比・選択《せんたく》　オ 説明・補足

6 【感動詞の識別】

次の各組から――線部の単語が感動詞であるほうを選び、記号で答えなさい。

(1) ア どれ、ゆっくり考えてみようか。
　　イ 欲しいのは、どれですか。〔　〕
(2) ア そうか、ああすれば良かったのか。
　　イ ああ、ついに卒業式の日になったか。〔　〕
(3) ア あれ、なぜ忘れてしまったのだろう。
　　イ あれなら、もう食べてしまいました。〔　〕

入試レベル問題に挑戦

7 【連体詞・接続詞・感動詞】

次の文章を読んで、あとの問いに答えなさい。

　①この話し合いでは、AさんよりBさんのほうが説得力があるといえるでしょうか。②いいえ、そうとはいえません。
　確かに、Bさんは、強い語調で意見を述べています。Aさんは、威圧《いあつ》的な言い方に負けてしまっています。アしかし、Bさんは、考え方は人それぞれであるのに、イ単なる常識を押《お》し付けているだけです。これでは、Bさんのほうが説得力のウある意見だとはいえないのです。説得力のある意見とは、声の大きさや語調の強さではなく、意見に論理性があること、エそこが大切なのです。

ハイレベル (1) ――線部①「この」と同じ品詞の単語を、文章中の――線部ア〜エから一つ選び、記号で答えなさい。〔　〕

(2) ――線部②「いいえ」について説明した次の文の Ⅰ ・ Ⅱ に入る言葉の組み合わせをあとのア〜エから選び、記号で答えなさい。

●文の中で Ⅰ になる働きをする Ⅱ である。

ア Ⅰ 接続語　Ⅱ 接続詞　　イ Ⅰ 独立語　Ⅱ 接続詞
ウ Ⅰ 接続語　Ⅱ 感動詞　　エ Ⅰ 独立語　Ⅱ 感動詞
〔　〕

ヒント

(1) 品詞を識別するときには、どんな文の成分になっているかが重要。そこで、必ず前後の文節とのかかわりを確かめよう。

定期テスト予想問題

出題範囲：名詞／副詞／連体詞・接続詞・感動詞

時間 30分

解答 別冊13ページ

得点 ／100

1 次の各文から名詞・副詞・連体詞を一つずつ書き抜《ぬ》きなさい。【2点×6】

(1) ふと思い立って、新しくできた大きな書店に行ってみた。

(2) いかなる困難な問題でも、すぐに解決できるだろう。

	名詞	副詞	連体詞
(1)			
(2)			

2 次の各文の——線部の名詞の種類を、あとのア～オから選び、記号で答えなさい。【2点×6】

(1) 50メートルを速いスピードで泳いだ。

(2) 私の話を聞いてください。

(3) 本に書いてあるとおりに、料理を作る。

(4) アンデルセンの童話を原作とする映画を見る。

(5) あの人は、あれからどうしたのだろうか。

(6) 明治《めいじ》時代の文豪《ぶんごう》について調べる。

ア 普通《ふつう》名詞　イ 固有名詞　ウ 数詞

エ 代名詞　オ 形式名詞

(1)	(2)	(3)	(4)	(5)	(6)

3 次の各文の——線部の副詞の種類を、あとのア～ウから選び、記号で答えなさい。【3点×6】

(1) 去りゆく夏を惜《お》しんで、せみがジージーと鳴いている。

(2) 発掘《はっくつ》されたのは、この山のずっと奥《おく》のほうだ。

(3) 10年かかって、ついに目標を達成した。

(4) 明日は、きっと楽しい一日になるでしょう。

(5) あの人は、とても早い時間に到着《とうちゃく》したようだ。

(6) 昨晩は、緊張《きんちょう》して、全然眠《ねむ》れなかった。

ア 状態の副詞　イ 程度の副詞　ウ 呼応の副詞

(1)	(2)	(3)	(4)	(5)	(6)

4 次の各文の——線部の呼応の副詞に合うように、（　）に入る下に続く決まった言い方を、あとのア～ウから選び、記号で答えなさい。【2点×3】

(1) まるでばらの香りの（　　）、甘《あま》く香る。

(2) なぜ失敗してしまった（　　）、検証しよう。

(3) もし気に入った（　　）、差し上げよう。

ア なら　イ ように　ウ か

(1)	(2)	(3)

5

次の各文の――線部が連体詞であれば○、そうでなければ×を答えなさい。【2点×6】

(1) 世の中には、いろんな人がいるものだと思う。
(2) 彼《かれ》と知り合ったのは、かなり前の話だ。
(3) 生徒会は、さる6月6日に行われました。
(4) 遠くに見える、あの山が日本一高い山です。
(5) あんなに練習したのだから、うまくいくだろう。
(6) 世の中にはおかしなことがあるものだなあ。

(1)	(2)	(3)	(4)	(5)	(6)

6

次の各文の＝線部の品詞名を答え、さらに、それに対する被修飾語《ひしゅうしょく》を文中から一文節で書き抜きなさい。【2点×8】

(1) とにかく、私は早く正解が知りたいのだ。
(2) この問題は、早期にみんなでじっくりと検討しよう。
(3) あらゆる法則は、もうすでに証明されている。
(4) むしろ、私たち全体の意見として、絶対に尊重すべきだ。

	品詞名	被修飾語
(1)		
(2)		
(3)		
(4)		

7

次の各文の――線部の接続詞と同じ種類の接続詞を、あとのア～カから選び、記号で答えなさい。【3点×6】

(1) 今回の大会が最後の、しかも最大のものになるだろう。
(2) 意見がまとまりましたね。さて、次の議題に移ります。
(3) すべて正解だ。つまり、理解できているということだ。
(4) 全員が賛成した。だが、それが正しいことだとは限らない。
(5) テレビ、または、ネットのニュースで確認してください。
(6) ここは日当たりが悪い。だから、栽培《さいばい》には適さない。

ア でも　イ もしくは　ウ また　エ したがって
オ では　カ すなわち

(1)	(2)	(3)	(4)	(5)	(6)

8

次の各組の――線部が感動詞であるものを選び、記号で答えなさい。【2点×3】

(1)
ア あなたと同じく、私もそう答えました。
イ そう、あれは私が16歳《さい》の夏のことでした。
ウ この方法はそう難しくはない。

(2)
ア それはつまり、あの、どういうことですか。
イ はい、あの本は、もう読み終わりました。
ウ それでは、あの頃《ころ》の話をしましょう。

(3)
ア 出かけるのは、まあやめておこうか。
イ 今日は、まあうまくいったほうだね。
ウ まあ、なんて美しい絵画でしょう。

(1)	(2)	(3)

1 助詞

攻略のコツ 格助詞・接続助詞・副助詞・終助詞について、それぞれの働きを理解しよう。

リンク
ニューコース参考書
中学国語
82～91ページ

テストに出る！ 重要ポイント

● 助詞の性質と働き

助詞は、**活用しない付属語**で、**語句と語句との関係**を示したり、**さまざまな意味**を付け加えたりする。

● 助詞の種類

助詞は、その働きと性質から、四種類に分類される。

種類	主な単語
❶格助詞	が・の・を・に・へ・と・から・より・で・や ＊
❷接続助詞	ば・ても・が・のに・ので・から・て・たり など
❸副助詞	は・も・こそ・さえ・しか・ばかり・ほど など
❹終助詞	か・な・なあ・や・ぞ・とも・よ・ね など

＊格助詞は、この表の十単語のみ。

❶ **格助詞**……主に体言に付き、文節と文節の関係を示す働きをする。

例 弟**が**遊ぶ。
「遊ぶ」に対して、体言「弟」が主語であることを示す。

フルート**の**演奏**を**聴《き》く。
「演奏を」に対して、体言「フルート」が連体修飾《しゅうしょく》語であることを示す。
「聴く」に対して、体言「演奏」が連用修飾語であることを示す。

❷ **接続助詞**……前の文節をあとの文節につなぎ、その接続の関係などを示す働きをする。

例 急げ**ば**、まだ間に合うだろう。
接続の関係
前の内容に対して、順当な流れの内容があとに続くことを示す。（順接）

急いだ**のに**、乗り遅《おく》れた。
接続の関係
前の内容に対して、その流れに反する内容があとに続くことを示す。（逆接）

❸ **副助詞**……いろいろな語句に付き、意味を添《そ》える働きをする。

例 今日は、父**も**来ます。
「添加《てんか》」の意味を付け加える。

次のテスト**こそ**、満点を取ろう。
「強調」の意味を付け加える。

❹ **終助詞**……主に文末の文節に付いて、話し手・書き手の気持ちや態度などを表す働きをする。

例 休館日はいつです**か**。
「疑問」の気持ち・態度を表す。

そろそろ終わりにしよう**よ**。
「勧誘《かんゆう》」の気持ち・態度を表す。

Step 1 基礎力チェック問題

解答 別冊14ページ

1 【助詞の性質と働き】 次の問いに記号で答えなさい。

(1) 「助詞は、[①]を示したり、さまざまな[②]を付け加えたりする単語である。」の[ ]①・②に当てはまる言葉の組み合わせはどれか。

ア ① 語句と語句との関係 ② 意味
イ ① 人や物事の名前 ② 意味
ウ ① 語句と語句との関係 ② 動作
エ ① 人や物事の名前 ② 動作

〔 〕

(2) 助詞の性質として当てはまるものはどれか。

ア 自立語で活用しない。 イ 自立語で活用する。
ウ 付属語で活用しない。 エ 付属語で活用する。

〔 〕

(3) 次の――線部が助詞であるものはどれか。

ア 彼《かれ》は面白い人だなあ。 イ それ、私のです。
ウ ああ、心地《ここち》よい風だ。 エ 何も問題はない。

〔 〕

(4) 「僕《ぼく》も来月から中学生になるよ。」という文に含《ふく》まれる助詞の数として正しいものはどれか。

ア 3 イ 4
ウ 5 エ 6

〔 〕

2 【助詞の種類】 次の〔 〕に当てはまる語句の記号を選びなさい。

(1) 主に体言に付き、文節と文節の関係を示す働きをする助詞を〔ア 格助詞 イ 接続助詞 ウ 副助詞 エ 終助詞〕という。

(2) 前の文節をあとの文節につなぎ、その接続の関係などを示す働きをする助詞を〔ア 格助詞 イ 接続助詞 ウ 副助詞 エ 終助詞〕という。

(3) いろいろな語句に付き、意味を添《そ》える働きをする助詞を〔ア 格助詞 イ 接続助詞 ウ 副助詞 エ 終助詞〕という。

(4) 主に文末の文節に付いて、話し手・書き手の気持ちや態度などを表す働きをする助詞を〔ア 格助詞 イ 接続助詞 ウ 副助詞 エ 終助詞〕という。

(5) 「とても時間がかかる。」という文に含まれている格助詞は、〔ア も イ が〕である。

(6) 「よく考えると、わかるね。」という文に含まれている接続助詞は、〔ア と イ ね〕である。

(7) 「きみは、明日も来ますか。」という文に含まれている終助詞は、〔ア は イ も ウ か〕である。

得点アップアドバイス

1
(3) 助詞は付属語なので、文節に区切ったときに、その文節の最初にはこないことに注意する。
(4) 助詞は付属語なので、必ず自立語のあとに付いて文節を作る単語であることに注意する。

2
(5) 文の中から自立語を取り除いて考える。
(6) 接続助詞が接続の関係などを示す働きをする助詞であることに注意する。
(7) 終助詞が主に文末の文節に付く助詞であることに注意する。

Step 2

実力完成問題

解答 別冊14ページ

1【助詞の指摘《してき》】

次の各文に含《ふく》まれている助詞をすべて書き抜《ぬ》きなさい。

(1) 二人で世界の各地を旅行しよう。

(2) 春になると、日が少しずつ長くなってくる。

(3) 入場券が一枚しかないから、一人で行くよ。

(4) 悪いけれど、私はそろそろ帰ろうかしら。

ミス注意

(5) あの人は、何時にここへ来るのだろうか。

2 よくでる 【助詞の種類】

次の各文の――線部の助詞の種類を、あとのア～エから選び、記号で答えなさい。

(1) 私は、そこから急行列車で行きました。

(2) 少し遅《おく》れますが、待っていてください。

(3) ノートと筆記用具を持ってくるように。

(4) これは私のだから、持って帰ります。

(5) この部屋には何人いますか。

ア 格助詞　イ 接続助詞　ウ 副助詞　エ 終助詞

3 重要 【格助詞の識別】

次の各組の――線部の単語が格助詞であるものを選び、記号で答えなさい。

(1)
ア 景色が美しいから、ずっと見ていた。
イ 朝の6時から読書をしている。
ウ 帰宅した。それから、買い物に行った。

(2)
ア たとえ負けようと、悔《く》いはない。
イ 気がつくと、日が暮れていた。
ウ 青と赤の絵の具を少しずつ混ぜる。

(3)
ア 昨日、先生のお話を伺《うかが》いました。
イ どの方法を選択《せんたく》したらよいか。
ウ どの絵本を読んでほしいの。

ミス注意

(4)
ア 水面に波紋《はもん》が広がる。
イ とても元気に暮らしている。
ウ 長年の夢がついに実現した。

4 重要 【接続助詞の識別】

次の各組の――線部の単語が接続助詞であるものを選び、記号で答えなさい。

ミス注意

(1)
ア フォークとナイフで料理を食べる。
イ この彫刻《ちょうこく》は氷のようで美しい。
ウ 映画の原作を読んでみる。

(2)
ア 完走することが目標だ。
イ 面白いが好きな物語ではない。
ウ 温かい紅茶が飲みたい。
［　　］

5 【副助詞の意味】

次の各文の――線部の副助詞が添《そ》える意味を、あとのア～オから選び、記号で答えなさい。

(1) これこそ、私が探し求めていたものだ。［　　］
(2) あと1時間ほど歩けば、海が見える。［　　］
(3) 休日は、裏門だけ開けています。［　　］
(4) そこは、何度も行ったことがある場所だ。［　　］
(5) チューリップなどを植えましょうか。［　　］

ア 題目　イ 例示　ウ 程度
エ 限定　オ 強調

6 【終助詞の意味】

次の各文の――線部の終助詞が表す意味を、あとのア～オから選び、記号で答えなさい。

(1) 忘れるなと何度も言ったね。［　　］
(2) 生徒会の副会長は、誰《だれ》ですか。［　　］
(3) この天然水は、ほんとうにおいしいわ。［　　］
(4) ここでは飲食をするな。［　　］
(5) 一緒《いっしょ》に図書館に行こうよ。［　　］

ア 感動　イ 禁止　ウ 疑問
エ 念押《ねんお》し　オ 勧誘《かんゆう》

入試レベル問題に挑戦

7 【助詞の識別】

次の文章を読んで、あとの問いに答えなさい。

今まで、授業の中で、自然災害に備えて、穏《おだ》やかで(ア)安定した生活を送るために、どのような住生活が望ましいかというテーマに取り組んで(①)きた。その中で、私は、近所付き合いをよくするという割合が、大都市で(イ)減っている点に問題を感じた。それは、地域コミュニティの活性化がどのように進んで(ウ)いくかにも関連する。そこで、この点について、地域で(エ)進められている対策が(②)知りたいと思い、区の地域課を訪ねることにした。

(1) ――線部①「で」と同じ用法のものを、文章中の＝＝線部ア～エから一つ選び、記号で答えなさい。［　　］

ハイレベル
(2) ――線部②「が」と同じ用法のものを、次のア～エから一つ選び、記号で答えなさい。
ア 彼《かれ》は、足も速いが泳ぎもうまい。
イ ケーキを買いに行ったが売り切れていた。
ウ プレゼントに新しいゲーム機が欲しい。
エ 我が国の国土は海に囲まれている。
［　　］

ヒント
(1) まず、――線部①と＝＝線部の「で」が一単語かどうかを検討しよう。次に、どんな語句に接続しているかを考えよう。
(2) ――線部②「が」を含む文節とほかの文節との関係に注意して、それと同じ関係になっているものがないかを探そう。

2 助動詞(1)

攻略のコツ それぞれの助動詞がどんな意味を表すかに注意しよう。

リンク
ニューコース参考書
中学国語
94～110ページ

テストに出る！ 重要ポイント

● 助動詞の性質と働き

助動詞は、**活用する付属語**で、用言・体言・ほかの助動詞などに付き、**意味**を付け加えたり、話し手・書き手の**気持ちや判断**を表したりする。

❶ **助動詞の活用**……用言と同様、六種類の活用形にわたって活用する。活用のしかたは、それぞれの助動詞によって異なる。

例

基本形	未然形	連用形	終止形	連体形	仮定形	命令形
れる	れ	れ	れる	れる	れれ	れろ・れよ
主な用法	ナイに連なる	マス・タに連なる	言い切る	トキに連なる	バに連なる	命令して言い切る

❷ **助動詞の意味**……受け身・使役・推量・過去など、さまざまな意味を表す。

例 今後のことを考え[させ][られる]。
- させ：使役（ほかのものに～させる）の意味。
- られる：受け身（ほかのものから～される）の意味。

❸ **助動詞の接続**……それぞれの助動詞は、どんな活用形（単語）に接続するかが決まっている。

例 まだ咲《さ》か[ない]。（未然形）　もう咲き[そうだ]。（連用形）　明日、咲く[らしい]。（終止形）

● 助動詞の種類

主な助動詞は、活用・意味・接続によって、左の表のように分類できる。

助動詞	活用	意味	主な接続
れる・られる	下一段活用型	受け身・可能・自発・尊敬	未然形
せる・させる	下一段活用型	使役	未然形
う・よう	無変化型	推量・意志・勧誘《かんゆう》	未然形
まい	無変化型	否定の推量・否定の意志	終止形・未然形
ない・ぬ（ん）	形容詞型・特殊《とくしゅ》型	否定（打ち消し）	未然形
た	特殊型	過去・完了《かんりょう》・存続・想起（確認）	連用形
たい・たがる	形容詞型・五段活用型	希望	連用形
だ・です	形容動詞型・特殊型	断定	体言など
ます	特殊型	丁寧《ていねい》	連用形
そうだ・そうです	形容動詞型	伝聞	終止形
そうだ・そうです	形容動詞型	推定・様態	連用形など
ようだ・ようです	形容動詞型	推定・比喩《ひゆ》（たとえ）	連体形など
らしい	形容詞型	推定	終止形など

Step 1 基礎力チェック問題

解答 別冊15ページ

1 【助動詞の性質と働き】

次の〔　〕に当てはまる語句の記号を選びなさい。

助動詞は、用言・体言・ほかの助動詞などに付き、〔ア 意味　イ 動作　ウ 物の名前〕を付け加えたり、話し手・書き手の〔ア 関係や状態　イ 気持ちや判断　ウ 動作や様子〕を表したりする。

2 【助動詞の性質と働き】

次の各問いに記号で答えなさい。

(1) 助動詞の性質として当てはまるものはどれか。〔　〕

ア 自立語で活用しない。　イ 自立語で活用する。
ウ 付属語で活用しない。　エ 付属語で活用する。

(2) 次の――線部が助動詞であるものはどれか。〔　〕

ア この服が欲しい。　イ まだ水が冷たい。
ウ 東の空が明るい。　エ もう少し考えたい。

(3) 「今日は、まだ雨は降らないようだ。」という文に含《ふく》まれる助動詞の数として正しいものはどれか。〔　〕

ア 2　イ 3
ウ 4　エ 5

3 【助動詞の活用】

次の各問いに記号で答えなさい。

(1) 助動詞の活用形は、何種類あるか。〔　〕

ア 五種類　イ 六種類　ウ 七種類

(2) 「片仮名《かな》で書かれることが多い。」の――線部の助動詞の活用形はどれか。〔　〕

ア 未然形　イ 連用形　ウ 連体形　エ 仮定形

(3) 「聞かれれば、答えます。」の――線部の助動詞の活用形はどれか。〔　〕

ア 未然形　イ 連用形　ウ 連体形　エ 仮定形

4 【助動詞の意味】

次の各問いに記号で答えなさい。

(1) 「立候補した動機を話させる。」の――線部の助動詞の意味はどれか。〔　〕

ア 受け身　イ 使役　ウ 希望　エ 推定

(2) 「まだ知らないらしいです。」という文に含まれる断定の意味の助動詞はどれか。〔　〕

ア ない　イ らしい　ウ です

得点アップアドバイス

2 (2) 助動詞は、助詞と同様、付属語なので、文節に区切ったときに、その文節の最初にはこないことに注意する。

(3) 助動詞は、必ず自立語のあとに付いて文節を作る単語であるが、さらに、活用する単語でもあることに注意する。

3 (2)(3) 助動詞の活用形は、用言と同様、それぞれの活用形の主な用法に注意する。

4 (1)(2) それぞれの助動詞の基本的な意味を覚えておく。

Step 2 実力完成問題

解答 別冊15ページ

1 よくでる 【助動詞の指摘《してき》】

次の各文に含《ふく》まれている助動詞の数を、算用数字で答えなさい。

(1) わからないことを辞書を使って調べさせる。〔　　〕

(2) 残念ですが、その空席には、先に座られてしまいました。〔　　〕

(3) 昨日起こった事件について聞きたがる人はいるまい。〔　　〕

(4) 絶対に失うことができぬ、空気のような存在だ。〔　　〕

ミス注意 (5) 私は、誰《だれ》も見たことがないような宝石を買いたいのです。〔　　〕

2 【助動詞の基本形】

次の各文の――線部の助動詞の基本形（終止形）を答えなさい。

(1) 吸い込《こ》まれそうで目がくらむ。〔　　〕

(2) 長い映画を見たがらない人が多いらしい。〔　　〕

(3) この島は、かつて炭鉱であった。〔　　〕

(4) 教室には、まだ誰もいなかった。〔　　〕

(5) 授業が終わったら、早く帰ろうよ。〔　　〕

ミス注意 (6) 6時に起きられれば、間に合うだろう。〔　　〕

(7) 明日、必ず兄に連絡《れんらく》させます。〔　　〕

3 【助動詞の活用】

次の各文の（　）内の助動詞を、文に合うように活用させて答えなさい。

(1) 試合の結果は、知り（たい）ない。〔　　〕

(2) あと少しでたどり着く（です）う。〔　　〕

(3) 間に合い（そうだ）、安心しました。〔　　〕

(4) 高原の山荘《さんそう》は、涼《すず》しかっ（た）う。〔　　〕

ミス注意 (5) 部員全員にルールブックを読ま（せる）た。〔　　〕

(6) 自分一人で完成させたい（らしい）た。〔　　〕

4 重要 【助動詞の活用形】

次の各文の――線部の助動詞の活用形を、あとのア～カから選び、記号で答えなさい。

(1) あの人は、絶対に来るだろう。〔　　〕

(2) この冊子は、欲しい人に持っていかせろ。〔　　〕

ミス注意 (3) 声が聞こえたら、返事をしてください。〔　　〕

(4) 妹は、遊園地に行きたがりました。〔　　〕

(5) 期限内に返却《へんきゃく》できないようなときは、連絡《れんらく》してください。〔　　〕

(6) 同じ失敗は繰《く》り返すまいと、心に誓《ちか》う。〔　　〕

ア 未然形　イ 連用形　ウ 終止形　エ 連体形
オ 仮定形　カ 命令形

5 よくでる 【助動詞の接続】

次の各文の（　）に当てはまる助動詞を、あとのア～オから選び、記号で答えなさい。

(1) 物語の結末は、決して話さ（　）。〔　　〕
(2) 放課後、友人が私と話し（　）。〔　　〕
(3) 明日、雨が降る（　）。〔　　〕
(4) 私の楽しみは、友人と話すこと（　）。〔　　〕
(5) 二人で将来の夢について話そ（　）。〔　　〕

ア らしい　イ う　ウ ない
エ です　オ たがる

6 重要 【助動詞の意味】

次の各文の——線部の助動詞の意味を、あとのア～コから選び、記号で答えなさい。

(1) 注文した家具は、明日には届くそうだ。〔　　〕
(2) 来年の大会では、必ず優勝しよう。〔　　〕
(3) 生徒全員に健康診断《しんだん》を受けさせる。〔　　〕
(4) 負けているが、まだ試合は終わっていない。〔　　〕
(5) 長編小説をようやく読み終えた。〔　　〕
(6) 進路について、じっくり相談します。〔　　〕
(7) 友人からプレゼントを渡《わた》される。〔　　〕
(8) この学校に弟も進学するらしい。〔　　〕
(9) バスケットボール部に入部したい。〔　　〕
(10) タヌキは、イヌ科の動物だ。〔　　〕

ア 受け身　イ 使役　ウ 意志　エ 否定（打ち消し）
オ 完了《かんりょう》　カ 希望　キ 断定　ク 丁寧《ていねい》
ケ 伝聞　コ 推定

入試レベル問題に挑戦

7 【助動詞の識別／助動詞の活用】

次の文章を読んで、あとの問いに答えなさい。

私たちの食生活は、微《び》生物と深い関係があります。微生物を利用した発酵《はっこう》食品は、食生活に（ア）欠かせません。発酵食品というと、納豆や漬物《つけもの》、チーズやヨーグルトなどが思い起こされ（イ）ますが、日常的によく使うみそやしょうゆも発酵食品なのです。みそやしょうゆは、大豆を加工してできる（ウ）ものですが、加工の主要な工程が発酵です。発酵によって、大豆にうまみ成分と栄養分が生成されます。発酵とは、微生物の力で人間に有用な（エ）物質を生産する方法なのです。

ハイレベル (1) 次の説明に当てはまる単語を、文章中の＝線部ア～エから一つ選び、記号で答えなさい。
＊付属語のうち、活用するもの。〔　　〕

(2) ——線部「ませ」の品詞名と活用形の組み合わせを、次のア～エから一つ選び、記号で答えなさい。
ア 助詞　未然形　イ 助詞　連用形
ウ 助動詞　未然形　エ 助動詞　連用形
〔　　〕

ヒント
(1) 付属語の品詞は、助詞と助動詞の二つ。そのうち、活用するのは助動詞。
(2) 活用形とは、あとに続く単語などによって変化した形のこと。「ませ」のあとに、どんな言葉が続いているかを確認しよう。

3 助動詞(2)

攻略のコツ
「れる・られる」の意味の識別と「ない」の品詞の識別に注意しよう。

リンク
ニューコース参考書
中学国語
94～110ページ

テストに出る！ 重要ポイント

「れる・られる」の意味の識別

意味	識別のしかた	例文
❶ 受け身	「～ことをされる」に言い換《か》えられる。	友人に名前を呼ばれる。「呼ぶことをされる」に言い換えられる。
❷ 可能	「～ことができる」に言い換えられる。	たくさん食べられる。「食べることができる」に言い換えられる。
❸ 自発	前に「自然に」を補える。	去年のことが思い出される。「自然に思い出される」と補える。
❹ 尊敬	「お(ご)～になる」などに言い換えられる。	先生が意見を述べられる。「お述べになる」に言い換えられる。

「う・よう」の意味の識別

意味	識別のしかた	例文
❶ 推量	前に「たぶん」を補える。	明日は、暖かかろう。「たぶん暖かかろう」と補える。
❷ 意志	「～つもりだ」に言い換えられる。	来年こそ1位になろう。「1位になるつもりだ」に言い換えられる。
❸ 勧誘《かんゆう》	前に「さあ」を補える。	一緒《いっしょ》に入部しよう。「さあ一緒に入部しよう」と補える。

「た(だ)」の意味の識別

※「た」が「だ」になるのは、動詞の音便形(イ音便・撥《はつ》音便)に付く場合。

意味	識別のしかた	例文
❶ 過去	過去を表す言葉があるか、補える。	先週、体育祭があった。「先週」という過去を表す言葉がある。
❷ 完了《かんりょう》	前に「ちょうど」などを補える。	作品が完成した。「ちょうど作品が完成した」と補える。
❸ 存続	「～ている」に言い換えられる。	机に置いた本を開く。「机に置いている本」と言い換えられる。
❹ 想起	前に「確か」を補える。	テストは、明日だったね。「テストは、確か明日だったね」と補える。

「ない」の品詞の識別

意味	識別のしかた	例文
❶ 否定(打ち消し)の助動詞	「ぬ」に言い換えられる。	結末は、まだ言えない。「まだ言えぬ」と言い換えられる。
❷ 形容詞	「存在しない」に言い換えられる。	その説には根拠《こんきょ》がない。「根拠が存在しない」と言い換えられる。
❸ 補助形容詞	直前に「は」などを補える。	まだそんなに暗くない。「暗くはない」と補える。

※このほかに「危ない」「少ない」などの形容詞の一部の場合がある。

Step 1 基礎力チェック問題

解答 別冊16ページ

1 【「れる・られる」の意味の識別】

次の〔　　〕に当てはまる語句の記号を選びなさい。

(1) 「～ことができる」に言い換《か》えられるときの助動詞「れる・られる」の意味は〔ア 受け身　イ 可能　ウ 自発　エ 尊敬〕である。

(2) 「～ことをされる」に言い換えられるときの助動詞「れる・られる」の意味は〔ア 受け身　イ 可能　ウ 自発　エ 尊敬〕である。

(3) 前に「自然に」を補えるときの助動詞「れる・られる」の意味は〔ア 受け身　イ 可能　ウ 自発　エ 尊敬〕である。

(4) 「お（ご）～になる」などに言い換えられるときの助動詞「れる・られる」の意味は〔ア 受け身　イ 可能　ウ 自発　エ 尊敬〕である。

2 【「う・よう」の意味の識別】

次の〔　　〕に当てはまる語句の記号を選びなさい。

(1) 前に「たぶん」を補えるときの助動詞「う・よう」の意味は〔ア 推量　イ 意志　ウ 勧誘《かんゆう》〕である。

(2) 「～つもりだ」に言い換えられるときの助動詞「う・よう」の意味は〔ア 推量　イ 意志　ウ 勧誘〕である。

3 【「た（だ）」の意味の識別】

次の〔　　〕に当てはまる語句の記号を選びなさい。

(1) 文中に過去を表す言葉があるか、補えるときの助動詞「た（だ）」の意味は〔ア 過去　イ 完了《かんりょう》　ウ 存続　エ 想起〕である。

(2) 「～ている」に言い換えられるときの助動詞「た（だ）」の意味は〔ア 過去　イ 完了　ウ 存続　エ 想起〕である。

(3) 前に「ちょうど」などを補えるときの助動詞「た（だ）」の意味は〔ア 過去　イ 完了　ウ 存続　エ 想起〕である。

4 【「ない」の品詞の識別】

次の〔　　〕に当てはまる語句の記号を選びなさい。

(1) 「存在しない」に言い換えられるときの「ない」は〔ア 助動詞　イ 形容詞　ウ 補助形容詞〕である。

(2) 「ぬ」に言い換えられるときの「ない」は〔ア 助動詞　イ 形容詞　ウ 補助形容詞〕である。

(3) 直前に「は」などを補えるときの「ない」は〔ア 助動詞　イ 形容詞　ウ 補助形容詞〕である。

得点アップアドバイス

1 (3) 「自然に」が補える場合の助動詞「れる・られる」は、「ある動作・状態が自然に起きる」という意味を付け加えている。
(4) 「お（ご）～になる」が尊敬語の表現であることに注意。

ヒント **自立語の知識が大切**

助動詞の意味を識別するためのさまざまな方法は、これまでの文法知識を生かしたものである。特に、自立語についての知識が重要。自立語の八つの品詞についての理解を深めよう。

Step 2

実力完成問題

解答 別冊16ページ

1 よくでる

【「れる・られる」の識別】

次の各文の——線部の助動詞の意味を、あとのア〜エから選び、記号で答えなさい。

(1) 遠くの山々まで眺《なが》められそうだ。〔　〕

(2) 川岸の爽《さわ》やかな風に吹《ふ》かれる。〔　〕

(3) 先生が最近読んだ本について話される。〔　〕

(4) みんなに望まれるなら、部長になります。〔　〕

(5) 虫の音に秋の訪れが感じられる。〔　〕

ミス注意 (6) 重すぎて、一人では持ち上げられない。〔　〕

ア 受け身　イ 可能　ウ 自発　エ 尊敬

2

【「う・よう」の識別】

次の各文の——線部の助動詞と同じ意味・用法のものを、あとのア〜ウからそれぞれ選び、記号で答えなさい。

(1) 私は、地球の環境《かんきょう》について考えようと思いました。〔　〕

ア すばらしい記録もいつかは破られよう。
イ 兄に英語の辞書を借りよう。
ウ 私の家で一緒に映画を見ようよ。

(2) 出品する作品は、一か月もあれば、完成するだろう。〔　〕

ア あまり心配することはなかろう。
イ この活動にみんなで協力しましょう。
ウ 私は、積極的に意見を言おうと思う。

3 よくでる

【「ない」の識別】

次の各組の——線部の「ない」のうち、品詞の異なるものを選び、記号で答えなさい。

(1) 〔　〕

ア 無理をすると長く続かないよ。
イ 今年の冬は、それほど寒くない。
ウ 辛《から》くないので、おいしく食べられる。

(2) 〔　〕

ア よく考えなければならない問題だ。
イ 肉眼《にくがん》では決して見えない生き物だ。
ウ この地には植物が一本もないのだ。

(3) 〔　〕

ア 雨がすくないので、常に乾燥《かんそう》している。
イ 間に合わないので、行くのをやめた。
ウ 立っている人が一人もいない。

4

【「た（だ）」の識別】

次の各文の——線部の助動詞の意味を、あとのア〜エから選び、記号で答えなさい。

(1) 降り積もった雪に足跡《あしあと》をつける。〔　〕

(2) 先週、友人から葉書が届いた。〔　〕

(3) 宿題の作文が、今やっと書けた。〔　〕

(4) あなたの職業は、歯科医でしたね。〔　〕

ミス注意 (5) 去年植えた木がすっかり大きくなった。〔　〕

ア 過去　イ 完了《かんりょう》　ウ 存続　エ 想起

5 重要 【「そうだ・そうです」の識別】

次の各組の――線部の助動詞のうち、意味・用法の異なるものを選び、記号で答えなさい。

(1)
ア 駅前の古いビルは取り壊《こわ》すそうだ。
イ 到着《とうちゃく》が1時間ほど遅《おく》れそうだ。
ウ 負けそうだから、一生懸命応援《けんめいおうえん》しよう。
〔　　〕

(2)
ア 明日は晴天になるそうで、安心した。
イ 有名な歌手も来るそうで、楽しみだ。
ウ 夕方は、風が強くなりそうで、心配だ。
〔　　〕

ミス注意 (3)
ア この料理は、とてもおいしそうですね。
イ 妹は、剣道《けんどう》の練習が楽しいそうです。
ウ 日差しが強くて、暖かそうです。
〔　　〕

6 【「ようだ・ようです」の識別】

次の各組の――線部の助動詞のうち、意味・用法の異なるものを選び、記号で答えなさい。

(1)
ア 新しいドラマが始まるようだ。
イ 兄が数学を教えてくれるようだ。
ウ 風に揺《ゆ》れるカーテンが生き物のようだ。
〔　　〕

(2)
ア 雪が降り出したような気配がする。
イ 空の色は、燃えるような朱色《しゅいろ》だ。
ウ すっかり元気になったような様子だ。
〔　　〕

(3)
ア 二人は、すぐに仲良くなったようです。
イ 泡立《あわだ》つ水面は、ソーダ水のようです。
ウ 暑くて、焼けた鉄板の上にいるようです。
〔　　〕

入試レベル問題に挑戦

7 【「ない」の識別／「そうです」の識別】

次の文章を読んで、あとの問いに答えなさい。

その人は、会議の時間がなかなか短縮できない[ア]ので、資料を配布するやり方を変えてみたそう[①]です。今までのは、一列ずつ配布し終わったら、また先頭に戻《もど》って次の列に配布するという方法でした。しかし、それでは効率がよくない[イ]と考え、ひと筆書きのように、すべての列を一度に回って配布するようにしたそうです。なるほど、それなら、いちいち列の先頭に戻らない[ウ]ですむので、時間が短縮できそう[②]ですね。

このように、プログラミング的思考では、どうすれば効率化を図れるかを考えることが重要です。そして、正解は必ずしも一つとは限らない[エ]のです。

(1) ――線部ア～エの「ない」のうち、品詞が異なるものを一つ選び、記号で答えなさい。〔　　〕

ハイレベル (2) ――線部①・②「そうです」の表す意味の組み合わせを次のア～エから一つ選び、記号で答えなさい。

ア ①推定・様態　②伝聞
イ ①伝聞　②推定・様態
ウ ①推定・様態　②推定・様態
エ ①伝聞　②伝聞
〔　　〕

ヒント

(1) 「ない」の品詞は、主に形容詞（補助形容詞）か助動詞。
(2) 助動詞「そうです」には二種類あり、それぞれの表す意味が異なる。それぞれ、どんな活用形に接続するのかを確かめよう。

定期テスト予想問題

出題範囲：助詞／助動詞(1)／助動詞(2)

時間 30分
解答 別冊17ページ

得点 /100

1

次の各組の――線部が格助詞であるものを選び、記号で答えなさい。【3点×2】

(1)
ア 聞き取れないからゆっくり話してください。
イ もう読んだから貸してあげよう。
ウ うれしさからつい口が滑《すべ》る。

(2)
ア いつも元気に挨拶《あいさつ》をしている。
イ 知っていたのに答えられなかった。
ウ 品物はこちらに置いておきます。

(1)
(2)

2

次の各文の――線部の副助詞の意味を、あとのア～オから選び、記号で答えなさい。【3点×5】

(1) 今日は、夜の9時まで勉強をします。
(2) ネットの動画ばかり見ている。
(3) 田中《たなか》さんとかいう方が訪ねてきました。
(4) 雨だけでなく、強い風さえ吹《ふ》いてきた。
(5) 1日に水を1リットルほど飲みましょう。

ア 程度　イ 添加《てんか》　ウ 限度
エ 限定　オ 不確か

(1)
(2)
(3)
(4)
(5)

3

次の各組の――線部が接続助詞であるものを選び、記号で答えなさい。【3点×2】

(1)
ア 東京《とうきょう》は晴れだが大阪《おおさか》は雨らしい。
イ 大勢の人前で話すのが得意ではない。
ウ 山間から太陽が顔を出した。

(2)
ア 水でもよく溶《と》ける洗剤《せんざい》を使う。
イ これは、小学生でも理解できる数式です。
ウ いくら呼んでも、彼《かれ》は振《ふ》り向かなかった。

(1)
(2)

4

次の各文の――線部の終助詞の意味を、あとのア～オから選び、記号で答えなさい。【2点×5】

(1) 路上に空き缶《かん》を捨てるな。
(2) 今日は、本当にいい天気だな。
(3) 待ち合わせの場所はどこかしら。
(4) このノートは、あなたのだよね。
(5) 約束は、必ず守るとも。

ア 疑問　イ 感動　ウ 強調
エ 禁止　オ 念押《ねんお》し

(1)
(2)
(3)
(4)
(5)

5 次の各文から助動詞をそのままの形で一つずつ書き抜《ぬ》きなさい。

【3点×6】

(1) 私は、待ち合わせの場所に早く着きすぎた。
(2) 参考にできる本を一冊、お貸しします。
(3) 冬の夜空に、満月がまるで鏡のように輝《かがや》く。
(4) 弟は、いつもサッカーをして遊びたがる。
(5) その件については、私から説明しよう。
(6) こんなに楽しい日は、もう二度とあるまいと思う。

(1)	(2)	(3)

(4)	(5)	(6)

6 次の各文の――線部の助動詞の意味を、あとのア～クから選び、記号で答えなさい。

【3点×7】

(1) すみません、もう閉店時間は過ぎました。
(2) これは、私にとって大切なものだ。
(3) 私も、早く真実が知りたい。
(4) 係員に体育館を案内させる。
(5) 湿《しめ》った洗濯物《せんたくもの》を畳《たた》んでしまう。
(6) 彼は、あと30分ほどで来るそうだ。
(7) 故郷の地では、もう梅の花が咲《さ》いたようだ。

ア 希望　イ 存続　ウ 使役　エ 推定　オ 断定
カ 伝聞　キ 過去　ク 丁寧《ていねい》

(1)	(2)	(3)	(4)	(5)	(6)	(7)

7 次の各文の――線部の助動詞の意味を、あとのア～エから選び、記号で答えなさい。

【3点×4】

(1) アルバムを見ると、小学生の頃《ころ》が思い出される。
(2) クラス会に、久しぶりに先生が出席される。
(3) 突然《とつぜん》、後ろから声をかけられる。
(4) 努力すれば、きっとよい結果が得られる。

ア 受け身　イ 可能　ウ 自発　エ 尊敬

(1)	(2)	(3)	(4)

8 次の各組の――線部の意味・用法が異なるものを選び、記号で答えなさい。

【4点×3】

(1)
ア なかなか考えがまとまらない。
イ あの山は登るのがそう難しくない。
ウ この飲み物は、あまり甘《あま》くない。
エ 悪い結果は考えたくない。

(2)
ア 私の考えが正しいはずだ。
イ その会議に参加できなくて残念だ。
ウ その笑顔《えがお》は、まぶしいほど美しいのだ。
エ 表彰《ひょうしょう》されたのは、地元の中学生だ。

(3)
ア とうとう連絡《れんらく》が来たようです。
イ やっと仕事が終わったところです。
ウ 兄は、今、会社から帰ったばかりだ。
エ きみの家は、国道の向こうでしたね。

(1)	(2)	(3)

1 漢字の成り立ち／部首／筆順／画数

攻略のコツ 漢字の成り立ちの違いをとらえ、部首や筆順、画数を正確に覚えよう。

リンク
ニューコース参考書
中学国語
120〜125ページ

テストに出る！ 重要ポイント

漢字の成り立ち

①〜④が成り立ちによる分類、⑤・⑥が使い方による分類である。

①象形文字	物の形をかたどって表したもの	例 →山→山
②指事文字	抽象《ちゅうしょう》的な事柄《ことがら》を点や線を用いて表したもの	例 →上
③会意文字	二つ以上の字を意味の上から組み合わせたもの	例 田＋力→男
④形声文字	意味と音を表す要素を組み合わせたもの	例 木＋支→枝
⑤転注文字	字本来の意味を関連するほかの意味に転用したもの	例 楽（元は音楽の意味）
⑥仮借《かしゃ》文字	字の意味と関係なく音だけ借りて用いたもの	例 我（元は刃《は》の付いた戈《ほこ》の意味）

部首

部首は漢字を**組み立てている**部分で、多くは意味をもっている。

①へん	字の左	従《ぎょうにんべん》＝「歩く」の意味	読《ごんべん》＝「言葉」に関する意味	被《ころもへん》＝「衣服」に関する意味
②つくり	字の右	刈《りっとう》＝「刀」に関する意味	預《おおがい》＝「頭」に関する意味	勧《ちから》＝「力」に関する意味
③かんむり	字の上	芽《くさかんむり》＝「草花」に関する意味	空《あなかんむり》＝「穴」に関する意味	寝《うかんむり》＝「家」に関する意味
④あし	字の下	煮《れんが・れっか》＝「火」に関する意味	盆《さら》＝「皿」に関する意味	悠《こころ》＝「心」に関する意味
⑤たれ	字の上から左	庁《まだれ》＝「屋根」に関する意味	疫《やまいだれ》＝「病気」に関する意味	屈《かばね》《しかばね》＝「死」に関する意味
⑥にょう	字の左から下	延《えんにょう》＝「のばす」の意味	進《しんにょう》《しんにゅう》＝「歩く」の意味	越《そうにょう》＝「走る」の意味
⑦かまえ	字の周り	囲《くにがまえ》＝「囲む」の意味	術《ぎょうがまえ》《ゆきがまえ》＝「道」に関する意味	匠《はこがまえ》＝「箱」に関する意味

筆順

文字を書くときの点画の順序（筆順）には大まかな原則がある。

①上から下へ	例 一 十 士 十 吉 吉 吉 直 喜 喜 喜
②左から右へ	例 ノ ク 彳 行 秫 徘 徘 術 術
③縦画と横画が交わる→横画が先	例 一 十 志・一 艹 草 → 例外 丨 冂 冂 田
④中と左右に分かれる→中の画が先	例 丨 ⺌ 当・赤 赤・亅 ⺕ 氷
⑤外側の囲みが先	例 丨 冂 国・門 門 間 → 例外 一 ㇋ 区
⑥交わる払《はら》いは左払いが先	例 ノ ⺈ 父・ク 久 処
⑦貫《つらぬ》く縦画・横画は最後	例 一 日 亘 車・丨 冂 皿 冊
⑧A左払いが短い字は左払いが先	例 ノ ナ 有 有・ノ ナ 右 布
⑧B左払いが長い字は横画が先	例 一 ナ 方 友・一 ナ 𡗗 存

画数

画数を間違《まちが》えやすい漢字に注意する。

九 2画	与 3画	水 4画
及 3画	区 4画	比 4画
弓 3画	子 3画	世 5画
糸 6画	収 4画	瓦 5画

Step 1 基礎力チェック問題

解答 別冊18ページ

1 【漢字の成り立ち】 次の各問いに記号で答えなさい。

(1) 物の形をかたどった文字はどれか。 〔　　〕
ア 明　イ 下　ウ 馬　エ 草

(2) 抽象《ちゅうしょう》的な事柄《ことがら》を点や線を用いて表した文字を何というか。 〔　　〕
ア 象形文字　イ 指事文字
ウ 会意文字　エ 形声文字

(3) 「田」と「力」を組み合わせた「男」など、二つ以上の字を意味の上から組み合わせた文字を何というか。 〔　　〕
ア 象形文字　イ 指事文字
ウ 会意文字　エ 形声文字

(4) 次の文字に当てはまる説明はどれか。
① 形声文字 〔　　〕
② 転注文字 〔　　〕
③ 仮借《かしゃ》文字 〔　　〕
ア 字本来の意味を関連するほかの意味に転用したもの。
イ 意味と音を表す要素を組み合わせたもの。
ウ 字の意味と関係なく音だけ借りて用いたもの。

2 【部首・画数】 次の〔　　〕に当てはまる、部首や画数の記号を選びなさい。

(1) 「慣」の部首は〔ア りっしんべん　イ かい〕、総画数は、〔ア 14画　イ 15画〕である。

(2) 「空」の部首は〔ア うかんむり　イ あなかんむり〕、総画数は、〔ア 7画　イ 8画〕である。

(3) 「建」の部首は〔ア きにょう　イ えんにょう〕、総画数は、〔ア 8画　イ 9画〕である。

(4) 「厚」の部首は〔ア がんだれ　イ まだれ〕、総画数は、〔ア 9画　イ 10画〕である。

3 【筆順】 次の〔　　〕に当てはまる語句の記号を選びなさい。

(1) 「井」のように、縦画と横画が交差するときは、ほとんどの場合〔ア 横画　イ 縦画〕を先に書く。

(2) 「水」のように、中と左右の画に分かれる字は、〔ア 左　イ 中　ウ 右〕の画を先に書く。

(3) 「事」や「舟《ふね》」のように全体を貫《つらぬ》く縦画や横画のある字は、その縦画や横画を〔ア 最初　イ 最後〕に書く。

得点アップアドバイス

1 漢字の成り立ちや使い方による分類を押《お》さえる。

2 (1)〜(4) 部首の名称《めいしょう》や画数は文字ごとに覚えるようにする。

3 (1) 筆順の原則の③に当たる。
(2) 筆順の原則の④に当たる。
(3) 筆順の原則の⑦に当たる。

Step 2　実力完成問題

解答 別冊18ページ

1 【漢字の成り立ち】

重要 次の各問いに答えなさい。

(1) 次の漢字について、象形文字はa、指事文字はb、会意文字はcをそれぞれ書きなさい。

① 牛〔　〕　② 林〔　〕
③ 中〔　〕　④ 末〔　〕
⑤ 目〔　〕　⑥ 明〔　〕

(2) 意味と音を表す要素を組み合わせて作った文字を形声文字と言うが、次の漢字の意味を表している部分と、音を表している部分を、例にならって指摘《してき》しなさい。

例 江　氵が意味・工が音
① 囲　□が意味・□が音　〔　〕・〔　〕
② 胴　□が意味・□が音　〔　〕・〔　〕
③ 芽　□が意味・□が音　〔　〕・〔　〕
④ 霜　□が意味・□が音　〔　〕・〔　〕
⑤ 錠　□が意味・□が音　〔　〕・〔　〕

2 重要 【部首】

次の各問いに答えなさい。

(1) 次の各漢字群の部首の種類を、あとのア～キから選び、それぞれ記号で答えなさい。

① 志・益・煮・党　② 延・通・超・述
③ 関・気・区・国　④ 段・形・領・断
⑤ 池・精・採・穂　⑥ 店・痛・原・属
⑦ 雲・筆・者・花

ア へん　イ つくり　ウ かんむり　エ あし
オ にょう　カ かまえ　キ たれ

①〔　〕②〔　〕③〔　〕④〔　〕
⑤〔　〕⑥〔　〕⑦〔　〕

(2) 次の漢字の部首名をあとのア～コから選び、それぞれ記号で答えなさい。

① 朗　② 疾　③ 祈　④ 厄
⑤ 織　⑥ 階　⑦ 裸　⑧ 脚
⑨ 冷　⑩ 冗

ア いとへん　イ がんだれ　ウ にすい
エ つき　オ わかんむり　カ ころもへん
キ しめすへん　ク こざとへん　ケ やまいだれ
コ にくづき

①〔　〕②〔　〕③〔　〕④〔　〕
⑤〔　〕⑥〔　〕⑦〔　〕⑧〔　〕
⑨〔　〕⑩〔　〕

3 【筆順】次の各問いに答えなさい。

(1) 次の漢字の筆順として正しいものを選び、記号で答えなさい。

① 耳 ア 丌耳 イ 巨耳 〔　〕

ミス注意

② 必 ア 丶ソ义义必 イ ノ乂义义必 ウ 乚心必 〔　〕

③ 発 ア 癶癶発 イ 癶癶発 ウ 癶癶癶発 〔　〕

④ 感 ア 后咸感 イ 戹感感 〔　〕

⑤ 馬 ア 冂巨馬馬 イ 巨马馬馬 〔　〕

⑥ 無 ア 𠂉無無 イ 𠂉無無無 〔　〕

⑦ 興 ア 臼臼興興 イ 臼臼興興 〔　〕

注意

(2) 次の矢印で示した赤い画は、何画目になるか。算用数字で答えなさい。

① 断 〔　〕　② 飛 〔　〕

③ 医 〔　〕　④ 座 〔　〕

⑤ 忠 〔　〕

注意

4 【画数】次の各漢字の総画数を、算用数字で答えなさい。

(1) 係 〔　〕

(2) 残 〔　〕

(3) 泡 〔　〕

(4) 即 〔　〕

入試レベル問題に挑戦

5 【部首・画数】行書《ぎょうしょ》になると、形や画数が変わる部首があります。例にならって表の空欄《くうらん》を埋《う》めなさい。

	行書	楷書《かいしょ》	部首	部首名	楷書の総画数
例	草	草	艹	くさかんむり	9
(1)	神				
(2)	橋				
(3)	沼				
(4)	請				
(5)	締				
(6)	閑				

ヒント

行書とは、楷書よりもややくずれた書体のこと。楷書とは形が異なる部分もあるので、漢字全体を見てどんな楷書かを判断するようにしよう。

2 音と訓／送り仮名／同訓異字・同音異義語

攻略のコツ 音と訓の違いや送り仮名のきまり、同訓や同音の言葉の違いを押さえよう。

リンク
ニューコース参考書 中学国語
126～128ページ
133～134ページ

テストに出る！ 重要ポイント

● 音と訓

漢字には**音読み**と**訓読み**がある。

音読み	漢字が日本に伝わったときの中国語の発音を元にした読み方。	
	①呉音《ごおん》 最も古い時代に伝わった読み方。	例 経文《きょうもん》・建立《こんりゅう》
	②漢音《かんおん》 七～八世紀頃《ごろ》に伝わった最も一般《いっぱん》的な読み方。	例 経営《けいえい》・建設《けんせつ》
	③唐音《とうおん》 主に鎌倉《かまくら》～江戸《えど》時代にかけて伝わった読み方。	例 行宮《あんぐう》・椅子《いす》
訓読み	漢字の意味を表す日本語を当てはめた読み方。	例 木《き》・山《やま》・首《くび》・扱《あつか》う

● 送り仮名《がな》

送り仮名の主なきまりは、次のとおりである。

❶ **活用のある語は、活用語尾《ごび》から送る。**

例 歩か（ない）・歩き（ます）・歩け（ば）・歩こ（う）

ただし、次のような場合は、語幹の一部から送る。

● 語幹が「し」で終わる形容詞
↓「し」から送る。 例 新しい・美しい・珍《めずら》しい

● 活用語尾の前に「か・やか・らか」を含《ふく》む形容動詞
↓「か・やか・らか」から送る。 例 静かだ・健やかだ・明らかだ

❷ **名詞は原則として送り仮名を付けない。**

ただし、活用のある語から転じた名詞と、活用のある語に「さ・み・げ」などの接尾語が付いて名詞になったものは、**元の語の送り方**に従って送る。

例 行き・負け・明るみ・恥《は》ずかしげ

❸ **副詞・連体詞・接続詞は最後の音節を送る。**

例 最も（副詞）・去る（連体詞）・及《およ》び（接続詞）

● 同訓異字・同音異義語

同訓異字や同音異義語は、意味をとらえて判断する。

同訓異字	異なる漢字だが同じ訓読みをするもの。 例 とる……取る・捕る・撮る・採る・執る はかる……図る・計る・測る・量る・諮る
同音異義語	異なる表記の熟語だが同じ音読みをするもの。 例 イジョウ……以上・異常・異状・移乗・委譲 カンセイ……完成・感性・閑静・慣性・歓声 コウエン……講演・好演・公演・後援・公園

Step 1 基礎力チェック問題

解答 別冊19ページ

1 【音と訓】

次の〔　〕に当てはまる語句の記号を選びなさい。

(1) 最も古い時代に伝わった漢字の読み方を〔ア 呉音《ごおん》　イ 漢音《かんおん》　ウ 唐音《とうおん》〕といい、「明星」の「明」の読み〔ア メイ　イ ミン　ウ ミョウ〕や、「行列」の「行」の読み〔ア コウ　イ ギョウ　ウ アン〕がそれである。

(2) 呉音・漢音・唐音の区別は、どの漢字にもあるというものではなく、「看護・看板・看守」などと使う「看」は、呉音でも漢音でも〔ア カン　イ キン　ウ ケン〕と読む。

2 【送り仮名】

次の〔　〕に当てはまる語句の記号を選びなさい。

(1) 「速」という漢字は、形容詞として「はやい」と読むときは〔ア 速い　イ 速やい〕、動詞として「はやめる」と読むときは〔ア 速やめる　イ 速める　ウ 速る〕と送る。

(2) 動詞などの活用のある語は、活用語尾《ごび》から送り仮名《がな》を付けるので、「承」の未然形は〔ア 承わらない　イ 承らない　ウ 承ない〕となる。

3 【同訓異字・同音異義語】

次の〔　〕に当てはまる漢字や語句の記号を選びなさい。

(1) 同訓異字「捕《と》る・撮《と》る・取る」で、「写真をトる。」というときには、「撮影《さつえい》・特撮」などの熟語を思い出すと、〔ア 捕　イ 撮　ウ 取〕と表記すると判断できる。

(2) 同訓異字「敗れる・破れる」で、「勝負にヤブれる。」というときは「敗北・敗退」などの熟語から〔ア 破　イ 敗〕、「紙がヤブれる。」というときは「破損・破裂《はれつ》」などの熟語から〔ア 破　イ 敗〕と表記すると判断できる。

(3) 「窓を開けてカンキする。」の「カンキ」は、「〔ア 空気の入れかえ　イ よろこび　ウ よびおこす〕」という意味で、〔ア 歓喜　イ 喚起　ウ 換気〕と書く。

(4) 「カンセイなたたずまい。」の「カンセイ」は、「〔ア 成る　イ 静か　ウ 感じる〕」という意味に関係があり、その意味の漢字が入った〔ア 完成　イ 閑静　ウ 感性〕と書く。

(5) 「シンコクな顔。」の「シンコク」は、「〔ア 申し出る　イ 深く思う　ウ 自分で告げる〕」という意味で、〔ア 申告　イ 深刻　ウ 親告〕と書く。

得点アップアドバイス

1 (1)の読み方をする語の数は少ない。

2 (1)「はやい」も「はやめる」も送り仮名の原則どおり、活用語尾を送ればよい。

Step 2 実力完成問題

解答 別冊19ページ

1 【音と訓】次の各問いに記号で答えなさい。

(1) 次の各組の□に共通して当てはまる漢字を、あとのア～オから選び、記号で答えなさい。

① 絵□ / 企□ 〔　〕

② 時□ / 世□ 〔　〕

③ □得 / 出□ 〔　〕

④ 人□ / □式 〔　〕

⑤ 貴□ / □要 〔　〕

ア 重　イ 形　ウ 画　エ 間　オ 納

(2) 次の各組の文の□に共通して当てはまる漢字を、あとのア～オから選び、記号で答えなさい。

① □しい戦い。 / □い薬。 〔　〕

② 雨が□る。 / 車を□りる。 〔　〕

③ □く走る。 / □やかに行う。 〔　〕

④ □長い通路。 / □かい作業。 〔　〕

⑤ 確認を□る。 / 仕事を□ける。 〔　〕

ア 降　イ 苦　ウ 怠　エ 速　オ 細

2 注意 【送り仮名】次の漢字の送り仮名《がな》が正しいものを、それぞれア～ウから選び、記号で答えなさい。

(1) ア 必ならず　イ 必らず　ウ 必ず 〔　〕

(2) ア 少くない　イ 少ない　ウ 少い 〔　〕

(3) ア 難ずかしい　イ 難かしい　ウ 難しい 〔　〕

(4) ア 喜こばしい　イ 喜ばしい　ウ 喜しい 〔　〕

(5) ア 明きらかだ　イ 明らかだ　ウ 明かだ 〔　〕

(6) ア 厳ごそか　イ 厳そか　ウ 厳か 〔　〕

(7) ア 忙がしい　イ 忙しい　ウ 忙い 〔　〕

(8) ア 慰さめる　イ 慰める　ウ 慰る 〔　〕

(9) ア 繕くろう　イ 繕ろう　ウ 繕う 〔　〕

(10) ア 滞こおる　イ 滞おる　ウ 滞る 〔　〕

3 重要 【同訓異字】

次の各問いに記号で答えなさい。

(1) 次の漢字を下の文の片仮名の部分に当てはめると、正しい文になるものはどれですか。それぞれア～ウから選び、記号で答えなさい。

① 就
ア いとこが職場にツいた。
イ いとこが職業にツいた。
ウ いとこは職が板にツいた。
（　　）

② 効
ア 友人の言い分をキいた。
イ 腕《うで》キきの職人を呼んだ。
ウ 薬のキき目を病人に話した。
（　　）

③ 著
ア 名は体をアラワす。
イ 月が姿をアラワす。
ウ 歴史書を世にアラワす。
（　　）

(2) 次の各文の□には、あとのア～カのどの漢字が当てはまりますか。それぞれ選び、記号で答えなさい。

① 道順を人に[a]ねながら、初めて恩師の家を[b]ねた。 a（　　） b（　　）

② 真理を[a]めようとして、この上なく困難を[b]めた。 a（　　） b（　　）

ハイレベル ③ 嵐《あらし》に進路を[a]たれ、冒険家《ぼうけんか》は北極で連絡《れんらく》を[b]った。 a（　　） b（　　）

ア 尋　イ 訪　ウ 極　エ 究　オ 絶　カ 断

4 重要 【同音異義語】

次の熟語を——線部に当てはめたとき、正しい文になるものはどれですか。それぞれア～エから選び、記号で答えなさい。

(1) 開放
ア 犯人に、人質を**カイホウ**するように説得した。
イ 夏休み中は学校のプールを市民に**カイホウ**する。
ウ 彼《かれ》の容態は、**カイホウ**に向かった。
エ 病人につきっきりで**カイホウ**する。
（　　）

(2) 精算
ア 会社の負債《ふさい》を、**セイサン**しなければならない。
イ 工場では、**セイサン**性の向上に努める。
ウ このやり方では**セイサン**はないだろう。
エ 今日の交通費を皆《みな》で**セイサン**する。
（　　）

(3) 態勢
ア この**タイセイ**で物を投げるのは、至難の業《わざ》だ。
イ 長年の努力がその作家を**タイセイ**させた。
ウ 留学生の受け入れに向けて、**タイセイ**を整える。
エ 今の政治**タイセイ**を改革するべきだ。
（　　）

入試レベル問題に挑戦

5 よくでる 【同音異義語】

次の各文の片仮名の部分に当てはまる熟語を、それぞれ書きなさい。

(1) 名画を**カンショウ**する。（　　）
(2) 熱帯魚を**カンショウ**する。（　　）
(3) 事故の**ホショウ**問題に取り組む。（　　）
ミス注意 (4) 社会**ホショウ**の問題点を考える。（　　）
(5) 幸福を**ツイキュウ**する。（　　）
ミス注意 (6) 真理を**ツイキュウ**する。（　　）

ヒント
(1)・(2)は「カン」、(3)・(4)は「ホ」と「ショウ」、(5)・(6)は「キュウ」が違《ちが》う字になることに注意しよう。

3 熟語の構成／熟語の読み方

攻略のコツ
熟語の構成を意味の上から正しくとらえ、熟語の読み方を正確に覚えよう。

リンク
ニューコース参考書
中学国語
129〜132ページ

テストに出る！ 重要ポイント

● 熟語の構成

二字熟語は上下の字の関係、三・四字熟語は含《ふく》まれる二字熟語に注目して構成をとらえる。

❶ 二字熟語の構成

①上下が似た意味	例 温暖・河川・悦楽《えつらく》・堕落《だらく》・渓谷《けいこく》
②上下が反対や対の意味	例 朝夕・公私・左右・真偽《しんぎ》・善悪
③上下が主・述の関係	例 県立・私有・人造・都営・腹痛
④上が下を修飾《しゅうしょく》している	例 暗雲・外国・切望・国旗・快走
⑤下が上の目的や対象になる	例 改札・開幕・帰郷・降車・抜群《ばつぐん》
⑥同じ漢字が重なっている	例 点点（点々）・少少（少々）・転転（転々）
⑦接頭語が付く	例 不安・未熟・無限・無力・非常
⑧接尾語《せつび》が付く	例 劇的・詩的・緑化・理性・突然《とつぜん》
⑨長い熟語を短く省略している	例 高校・特急・国連・入試・万博

❷ 三字熟語の構成

①三字が対等の関係	例 雪月花・衣食住・松竹梅
②二字熟語の上に一字が付く	例 大事件・新発売・不安定
③二字熟語の下に一字が付く	例 充実《じゅうじつ》感・形式化・普遍《ふへん》的

❸ 四字熟語の構成

①四字が対等の関係	例 花鳥風月・冠婚葬祭《かんこんそうさい》・東西南北
②二字熟語の組み合わせ	例 悪口雑言・自由自在・臨時列車

● 熟語の読み方

❶ 熟語の読み方……音や訓を組み合わせて読む。

①音＋音	散歩《さんぽ》・朝食《ちょうしょく》・学校《がっこう》
②訓＋訓	昼寝《ひるね》・里山《さとやま》・横顔《よこがお》
③音＋訓	番組《ばんぐみ》・縁側《えんがわ》・客間《きゃくま》
④訓＋音	手本《てほん》・係員《かかりいん》・高台《たかだい》

● ③を**重箱《じゅうばこ》読み**、④を**湯桶《ゆとう》読み**という。

❷ 熟字訓……漢字一字一字の音訓と関係なく、熟語全体を一つのまとまりとして特別な読み方をするもの。

例 大和（やまと）・梅雨（つゆ）・土産（みやげ）

❸ 複数の読み方をする熟語……熟語の中には、複数の読み方をするものがあり、**読み方によって意味が異なる**ことが多い。

● 読み方によって意味が異なるもの　例 風車（フウシャ・かざぐるま）

● どちらで読んでも意味は同じもの　例 牧場（ボクジョウ・まきば）

Step 1 基礎力チェック問題

解答 ▶ 別冊20ページ

1 【二字熟語の構成】

次の〔　〕に当てはまる語句の記号を選びなさい。

(1) 「切望」という熟語を、意味を踏《ふ》まえて読むと、〔ア 切ることを望む　イ 望んで切る　ウ 切に望む〕であり、上の漢字が下の漢字を〔ア 修飾《しゅうしょく》　イ 被《ひ》修飾〕していることがわかる。

(2) 「開幕」という熟語を、意味を踏まえて読むと、〔ア 開く幕　イ 開けた幕　ウ 幕を開ける〕であり、下が上の〔ア 主語や述語　イ 反対や対の意味　ウ 目的や対象〕となっている。

(3) 「雷鳴《らいめい》」という熟語を訓読みすると、「雷《かみなり》が鳴る」となる。これは、下が上の〔ア 主語　イ 述語　ウ 目的語〕となる熟語である。

(4) 「万博」という熟語は、〔ア 万物博物館　イ 万国博覧会　ウ 万能博士号〕の略語である。

(5) 〔ア 暗黒　イ 左右　ウ 上陸〕は、意味の似た漢字を重ねた熟語である。

2 【三字・四字熟語の構成】

次の〔　〕に当てはまる語句の記号を選びなさい。

(1) 「幸不幸」という三字熟語を意味の上から見ると、〔ア 一字＋一字＋一字　イ 一字＋二字熟語　ウ 二字熟語＋一字〕に分けられる。

(2) 否定の接頭語が付いた熟語は、〔ア 形式化　イ 過不足　ウ 不安定〕である。

(3) 「大願成就《たいがんじょうじゅ》」という熟語を意味の上から見ると〔ア 一字＋三字熟語　イ 二字熟語＋二字熟語　ウ 三字熟語＋一字　エ 一字＋一字＋一字＋一字〕に分けられる。

3 【熟語の読み方】

次の〔　〕に当てはまる語句の記号を選びなさい。

(1) 「台所」のように〔ア 音＋音　イ 訓＋訓　ウ 音＋訓　エ 訓＋音〕の形で読む熟語の読み方を、〔ア 音読み　イ 訓読み　ウ 重箱読み　エ 湯桶《ゆとう》読み〕という。

(2) 湯桶読みする熟語の例として当てはまるものは、〔ア 単独　イ 見事　ウ 手配〕と〔ア 場面　イ 類似　ウ 消費〕である。

(3) 熟字訓とは、〔ア 植木　イ 田舎　ウ 雨戸〕や〔ア 留守　イ 真紅　ウ 大人〕などのように、熟語全体を一つのまとまりとして特別な読み方をするもののことである。

得点アップアドバイス

1 二字熟語は、上下の関係に注目するとよい。(1)～(3) 文として読み換《か》えたり、訓読みしたりできるものは、それが手がかりとなる。

2 三字熟語・四字熟語は、二字熟語が含《ふく》まれているかどうかに注目するとよい。

3 (1) 重箱読みとは、上を音、下を訓で読む熟語の読み方のこと。湯桶読みとは、上を訓、下を音で読む熟語の読み方のこと。

Step 2 実力完成問題

解答 別冊20ページ

1 【二字熟語の構成】

次の各問いに記号で答えなさい。

重要 (1) 次の各組の中から、組み立ての異なる熟語をそれぞれ**ア**～**エ**から選び、記号で答えなさい。

① **ア** 快走 **イ** 予知 **ウ** 再任 **エ** 都立 [　　]

② **ア** 出荷 **イ** 握手《あくしゅ》 **ウ** 酸化 **エ** 洗顔 [　　]

③ **ア** 岩石 **イ** 砕石《さいせき》 **ウ** 衣服 **エ** 開拓《かいたく》 [　　]

重要 (2) 次の各熟語と同じ組み立ての熟語を、あとの**ア**～**ク**から二つずつ選び、記号で答えなさい。

① 大小 [　・　] ② 樹木 [　・　]

③ 着席 [　・　]

ア 洞穴《どうけつ》 **イ** 延期 **ウ** 虚実《きょじつ》 **エ** 増減

オ 未知 **カ** 就職 **キ** 土砂 **ク** 美化

(3) 「曇天《どんてん》」の上の字と下の字との関係の説明として適切なものを、次の**ア**～**エ**から選び、記号で答えなさい。

ア 上下が似た意味になっている。

イ 上が下を修飾《しゅうしょく》している。

ウ 下が上の目的や対象になっている。

エ 上が主語で下が述語の関係になっている。 [　　]

2 重要 【三字熟語の構成】

次の熟語の構成の説明として当てはまるものをⅠから選び、また、構成が同じ熟語をⅡから選び、それぞれ記号で答えなさい。

(1) 陸海空 (2) 近代化 (3) 非公式

(4) 市役所 (5) 生徒会

Ⅰ **ア** 上が漢字一字、下が二字熟語

イ 上が二字熟語、下が漢字一字

ウ 三字が対等の関係

Ⅱ **A** 松竹梅 **B** 持続性 **C** 初対面

D 不都合 **E** 共通語

Ⅰ (1)[　] (2)[　] (3)[　] (4)[　] (5)[　]

Ⅱ (1)[　] (2)[　] (3)[　] (4)[　] (5)[　]

3 【四字熟語の構成】

次の四字熟語と同じ構成になっている熟語をそれぞれア～エから選び、記号で答えなさい。

ミス注意 (1) 独立独歩

ア 冠婚葬祭《かんこんそうさい》 **イ** 花鳥風月

ウ 悪口雑言 **エ** 東西南北 [　　]

(2) 喜怒哀楽《きどあいらく》

ア 大器晩成 **イ** 首尾一貫《しゅびいっかん》

ウ 針小棒大 **エ** 春夏秋冬 [　　]

4 【熟語の読み方】

よくでる

次の各問いに答えなさい。

(1) ――線部の漢字の読み方に当てはまるものを、あとのア～エから選び、記号で答えなさい。

① 幼いころの面影の残る顔。［　　］
② 柔和な笑顔。［　　］
③ 夕刊を配達する。［　　］
④ 末娘の結婚《けっこん》が決まった。［　　］
⑤ 夕食の献立を考える。［　　］
⑥ 敵を撃退する。［　　］
⑦ お茶の新芽を摘《つ》む。［　　］
⑧ 先生をお手本にする。［　　］
⑨ 有田焼《ありたやき》の窯元を見学する。［　　］
⑩ ムササビは夜行性の動物だ。［　　］
⑪ 屋上から見える風景。［　　］
⑫ 夜中に目がさめた。［　　］
⑬ トタン屋根の上の猫《ねこ》。［　　］
⑭ 彼《かれ》とは相性がよい。［　　］
⑮ 派手な色の靴《くつ》。［　　］

ア 音＋音　イ 訓＋訓
ウ 音＋訓　エ 訓＋音

(2) ――線部の漢字の読み方を答えなさい。

① 株式市場の動向を確認する。［　　］
② 海沿いの市場で新鮮《しんせん》な魚を買う。［　　］
③ 彼のほうが一枚上手だ。［　　］
④ 彼女《かのじょ》は絵が上手だ。［　　］

ハイレベル

(3) 次の各文の――線部の読み方が［　］の中に示した熟字訓になるように、□に入る漢字をあとの［　］から選んで書きなさい。

① 着物のときは、□袋を履《は》く。［たび］［　　］
② □撲の春場所。［すもう］［　　］
③ 旅行のお□産をいただく。［みやげ］［　　］
④ 意□地のない性格を直す。［いくじ］［　　］
⑤ □利をトラックで運ぶ。［じゃり］［　　］
⑥ □綿の糸で縫《ぬ》う。［もめん］［　　］
⑦ □崩で遭難《そうなん》する。［なだれ］［　　］

雪　気　土　木　金
足　水　砂　相　手

入試レベル問題に挑戦

5 【二字熟語の構成】

次の各組の熟語は、漢字の上下が入れ替《か》わっています。二つの熟語の意味がほぼ同じものを二つ選び、記号で答えなさい。

ア 上陸―陸上　イ 水温―温水　ウ 情熱―熱情
エ 製鉄―鉄製　オ 習慣―慣習

［　　・　　］

ヒント
上下が似た意味の熟語だと、逆にしても意味は変わらないことに注目しよう。

定期テスト予想問題

出題範囲：漢字の成り立ち／部首／筆順／画数
音と訓／送り仮名／同訓異字・同音異義語
熟語の構成／熟語の読み方

時間 50分
解答 別冊21ページ

得点 ／100

1

次の漢字は、それぞれどの分類に当てはまりますか。あとのア～カから選び、記号で答えなさい。【2点×8】

(1) 位　(2) 悲　(3) 森　(4) 鳥
(5) 本　(6) 馬　(7) 我　(8) 楽（楽しい意味の場合）

ア 象形文字　イ 指事文字　ウ 会意文字
エ 形声文字　オ 転注文字　カ 仮借《かしゃ》文字

(1)	
(2)	
(3)	
(4)	
(5)	
(6)	
(7)	
(8)	

2

次の漢字を漢和辞典で調べた場合の部首名を上の欄《らん》に平仮名《ひらがな》で、その総画数を下の欄に算用数字で書きなさい。【1点×16】

(1) 詠　(2) 越　(3) 猿　(4) 渦
(5) 轄　(6) 憲　(7) 置　(8) 酢

(1)	(3)	(5)	(7)

(2)	(4)	(6)	(8)

3

次の熟語の読み方の構成と同じものをア～エから一つずつ選ぶとともに、その構成の種類をあとのA～Dから選び、それぞれ記号で答えなさい。【1点×8】

(1) 平等（ア 傷跡《きずあと》　イ 座敷《ざしき》　ウ 横綱《よこづな》　エ 要求）
(2) 台所（ア 小僧《こぞう》　イ 流行　ウ 客間　エ 真綿）
(3) 黒潮（ア 自由　イ 歩合　ウ 浅瀬《あさせ》　エ 承認）
(4) 指図（ア 雑煮《ぞうに》　イ 政権　ウ 野宿　エ 文句）

A 音＋音　B 訓＋訓　C 湯桶《ゆとう》読み（訓＋音）　D 重箱読み（音＋訓）

(1)	
(2)	
(3)	
(4)	

4

次の――線部の漢字の送り仮名が正しいものには○をつけ、間違《まちが》っているものは正しく書き直しなさい。【2点×4】

(1) 三年間の学校生活を顧みる。
(2) 岩に当たって波が砕る。
(3) 花のつぼみが膨む。
(4) 四季の移り変わりが鮮やかだ。

(1)	
(2)	
(3)	
(4)	

5 次の各文のカタカナの部分に当てはまる適切な漢字を、あとの[ ]の中から選び、それぞれ書きなさい。【2点×7】

(1) 海中にシズめる。
(2) 気をシズめて話を聞く。
(3) 頬《ほお》に赤みがサす。
(4) 先生が黒板をサし示す。
(5) 身長をハカってから体重をハカる。
(6) うまくいくよう便宜をハカる。

静　泡　沈　指　刺　差　挿　測　量　計　図　諮

(1)	(2)	(3)	(4)	(5)		(6)

6 次の各文のカタカナの部分に当てはまる適切な熟語を、あとのア～コから選び、それぞれ記号で答えなさい。【2点×5】

(1) 明日、学校でヒナン訓練がある。
(2) 長い行列のいちばんサイゴにならぶ。
(3) キョウイ的な新記録をうちたてた。
(4) 事件の捜査《そうさ》は、イゼンとして進まなかった。
(5) 友人のカンソウ会に出席する。

ア 非難　イ 避難　ウ 最後　エ 最期　オ 脅威
カ 驚異　キ 以前　ク 依然　ケ 乾燥　コ 歓送

(1)	(2)	(3)	(4)	(5)

7 次の文の――線部の熟字訓の読み方を答えなさい。【2点×6】

(1) 五月雨で川が増水する。
(2) 為替の変動を調べる。
(3) 午後から吹雪になる。
(4) 小春日和が続く。
(5) 小豆の入った和菓子《わがし》。
(6) 冷たい時雨が降る。

(1)	(2)	(3)	(4)	(5)	(6)

8 次の各問いに答えなさい。

(1) 次の熟語の構成の説明として正しいものを、あとのア～オから選び、それぞれ記号で答えなさい。【2点×5】

① 無効　② 敬老　③ 通行　④ 病人　⑤ 出欠

ア 上下が似た意味
イ 上下が反対や対の意味
ウ 上が下を修飾《しゅうしょく》している
エ 接頭語が付く
オ 下が上の目的や対象になる

(2) 次の三字熟語・四字熟語と同じ構成のものを、あとのア～ケからそれぞれ二つずつ選び、記号で答えなさい。【1点×6】

① 衣食住　②大規模　③ 千変万化

ア 初対面　イ 無念無想　ウ 自意識
エ 真善美　オ 上中下　カ 完全無欠
キ 持久力　ク 起承転結　ケ 正統派

(1)	
①	
②	
③	
④	
⑤	

(2)	
①	・
②	・
③	・

1 和語・漢語・外来語／類義語・対義語・多義語

攻略のコツ
和語・漢語・外来語や類義語・対義語・多義語の特徴をそれぞれ押さえよう。

リンク
ニューコース参考書
中学国語
144〜147ページ

テストに出る！ 重要ポイント

和語・漢語・外来語

❶ **和語……もともと日本で使われていた語。** 漢字でも訓読みする語は和語である。

表記	平仮名《ひらがな》や漢字	例 昼休《ひるやす》み・美《うつく》しい・もっと・しかし
読み	漢字で書いた場合は訓読み	例 山《やま》・川《かわ》・野原《のはら》・昔話《むかしばなし》・品物《しなもの》・根元《ねもと》

❷ **漢語……中国から伝わってきた語。** 外国から入ってきた言葉の中で最も数が多い。

表記	漢字	例 強風・歓喜《かんき》・盛大・愛想《あいそ》・校庭・挨拶《あいさつ》
読み	音読み（熟語は上下とも音読みする）	例 絵図《えず》・胃腸・座席《ざせき》・愛称《あいしょう》・盆栽《ぼんさい》・理解《りかい》

❸ **外来語……中国以外の外国から伝わってきた語。** 一般《いっぱん》的に片仮名で表す。

表記	片仮名（古くから定着したものは例外もある）	例 レコード・テニス・カステラ・パン・かぼちゃ・天ぷら・たばこ

日本で作られた外来語もある。 例 ナイター（英語では「ナイト・ゲーム」）

類義語

意味がほぼ同じだったり、似ていたりする言葉。

漢語の熟語	例 長所＝美点　原因＝理由　賛成＝同意
和語の活用語	例 話す＝言う　増す＝増える　薄《うす》い＝淡《あわ》い

対義語

意味が反対だったり、対になっていたりする言葉。

漢語の熟語	例 長所↔短所　原因↔結果　賛成↔反対
和語の活用語	例 話す↔聞く　増える↔減る　薄い↔濃《こ》い

多義語

二つ以上の意味をもつ言葉。

飲む	
①口から流し入れる。	例 食後に風邪《かぜ》薬を飲む。
②吸い込《こ》む。	例 たばこを飲む。
③出そうになるのをこらえる。	例 予想外の展開に息を飲む。
④波が建物や人などを取り込む。	例 高波が海岸沿いの岩々を飲む。
⑤受け入れる。	例 相手の要求を飲む。
⑥圧倒《あっとう》する。	例 決戦の場で敵を飲む。

Step 1 基礎力チェック問題

解答 別冊22ページ

1 【和語・漢語・外来語】

次の〔　〕に当てはまる語句の記号を選びなさい。

(1) もともと日本にある言葉を〔ア 和語　イ 漢語　ウ 外来語〕といい、主に〔ア 平仮名《ひらがな》　イ 片仮名〕や漢字で書き表される。漢字で書く場合、「物語・野原」のように〔ア 音　イ 訓〕で読む。

(2) 中国から伝わってきた言葉を〔ア 和語　イ 漢語　ウ 外来語〕という。普通《ふつう》は「学校・健康」のように漢字で書き、〔ア 音　イ 訓〕で読む。

(3) 「朝顔」は〔ア 漢語　イ 和語〕、「鉛筆《えんぴつ》」は〔ア 漢語　イ 和語〕、「駅」は〔ア 漢語　イ 和語〕、「花」は〔ア 漢語　イ 和語〕である。

(4) 中国以外の外国から伝わってきた言葉を〔ア 和語　イ 漢語　ウ 外来語〕といい、一般《いっぱん》的に、〔ア 平仮名　イ 片仮名　ウ 漢字〕で書き表される。

(5) 古い時代に日本語として取り入れられ、平仮名で表記されることがある外来語には、〔ア ふきん　イ たばこ〕や、〔ア たけのこ　イ かぼちゃ〕などがある。

2 【類義語・対義語】

次の各問いに記号で答えなさい。

(1) 「事故の□。」というとき、「物事が起こったもと・わけ」という意味で使われる熟語はどちらか。
ア 原因　イ 理由　〔　〕

(2) 「避難《ひなん》場所に誘導《ゆうどう》する。」の「誘導」の類義語はどれか。
ア 勧誘《かんゆう》　イ 案内　ウ 指導　〔　〕

(3) 「長所↔短所」の対義語の関係はどちらか。
ア 一字が対立している関係。
イ 全体で対立している関係。　〔　〕

(4) 「有利」の対義語になるように、「利」に付ける否定の接頭語はどれか。
ア 不　イ 非　ウ 否　〔　〕

3 【多義語】

次の各問いに記号で答えなさい。

(1) 「鍵《かぎ》をかける」の「かける」の意味はどれか。
ア 引っ掛《か》けてぶら下げる。　イ 心にとどめる。
ウ 動かないように止める。　〔　〕

(2) 「火を□」「気を□」「身に□」の□に共通して当てはまる語はどれか。
ア くべる　イ つける　ウ たてる　〔　〕

得点アップアドバイス

1 (1) 和語の言葉は、日常的に使う語も多い。名詞や動詞などの自立語のほかに、助詞や助動詞などの付属語も和語である。
(2) 漢語の言葉は、外国から入ってきた言葉の中で最も数が多い。

2 (1) 類義語は、意味が似ていても使い方が異なるものがあることに注意。
(3) 「長所」と「短所」は「所」が共通していることに注目。

Step 2

実力完成問題

解答 別冊22ページ

1 重要 【和語・漢語】

次の言葉はA和語、B漢語のどちらですか。それぞれ記号で答えなさい。

(1) 文学 〔　〕 (2) 野原 〔　〕

(3) 坂道 〔　〕 (4) さわやかだ 〔　〕

(5) 熱湯 〔　〕 (6) 満足 〔　〕

(7) しいたけ 〔　〕 (8) 用いる 〔　〕

2 【外来語】

次の各問いに記号で答えなさい。

(1) 次の――線部の和語や漢語と似た意味の外来語を、あとのア～サから選び、例にならって記号で答えなさい。

例 日本も国際的になったものだ。〔オ〕

① 自分の部屋は自分で片付ける。〔　〕

② 日曜日にはSF映画を見に行く。〔　〕

③ 卵を割ってオムレツを作る。〔　〕

④ ステージでは音楽会が始まった。〔　〕

⑤ 興奮を抑《おさ》え、頭を冷やして考える。〔　〕

⑥ 運動会で百メートル競走に出る。〔　〕

⑦ 二つの色の調和がすばらしい。〔　〕

⑧ 適度に運動して体を鍛《きた》える。〔　〕

⑨ 右へ左へと球を追いかける。〔　〕

⑩ 火に油を注ぐような発言は避《さ》ける。〔　〕

ア オイル　イ ハーモニー

ウ ヘッド　エ エッグ

オ インターナショナル　カ コンサート

キ ボディー　ク レース

ケ ムービー　コ ルーム

サ ボール

よくでる (2) 次の――線部の言葉は、日常的に外来語でも表現されることが多いものです。それぞれに言い換《か》えられる外来語を、あとのア～カから選び、記号で答えなさい。

① 監督《かんとく》から、選手に合図が出された。〔　〕

② この新聞紙は再利用される。〔　〕

③ 始業の鐘《かね》が鳴ったので教室に入る。〔　〕

④ 今日の朝食はパンと牛乳だ。〔　〕

⑤ 話の要点を聞き逃《のが》さないようにする。〔　〕

ア ミルク　イ チャイム

ウ ポイント　エ ガイド

オ サイン　カ リサイクル

3 重要

【類義語】次の各熟語の類義語を、あとのア～ケから選び、それぞれ記号で答えなさい。

(1) 感心 ＝〔　　〕
(2) 慣例 ＝〔　　〕
(3) 親切 ＝〔　　〕
(4) 依頼《いらい》 ＝〔　　〕

ア 関心　イ 厚意　ウ 丁寧《ていねい》
エ 条例　オ 慣習　カ 信頼《しんらい》
キ 委託《いたく》　ク 敬服　ケ 慣性

4 重要

【対義語】次の——線部の熟語の対義語として最も適切なものを、あとから選び、記号で答えなさい。

(1) 情報を総合して考える。〔　　〕
ア 分離《ぶんり》　イ 分析《ぶんせき》　ウ 分解

(2) 新しい芸術を創造する。〔　　〕
ア 模倣《もほう》　イ 破壊《はかい》　ウ 虚構《きょこう》

(3) 万有引力は自然界の普遍《ふへん》の法則だ。〔　　〕
ア 単純　イ 特殊《とくしゅ》　ウ 特別

(4) 納税は国民の義務だ。〔　　〕
ア 自主　イ 権限　ウ 権利

(5) あの二人は思ったより親密ではなかった。〔　　〕
ア 孤独《こどく》　イ 孤立　ウ 疎遠《そえん》

5 ミス注意

【多義語】次の各問いに記号で答えなさい。

(1) 次の各文の「弾《はず》む」で、「勢いづく」の意味で使われているものをア～ウから選び、記号で答えなさい。〔　　〕
ア ビーチボールが弾む。
イ 旧友との話が弾む。
ウ 旅行が楽しみで心が弾む。

(2) 次の各文の「腕《うで》」で、意味の上でほかと使われ方が異なるものをア～エから選び、記号で答えなさい。〔　　〕
ア 腕によりをかける。　イ 料理の腕を上げる。
ウ 腕の見せ所だ。　エ 腕を骨折する。

入試レベル問題に挑戦

6

【類義語】次の各文の□に当てはまる語として適切なのは、どちらですか。ア・イから選び、記号で答えなさい。

(1) スポンジが水を□して膨《ふく》らんだ。〔　　〕
ア 摂取《せっしゅ》　イ 吸収

(2) □学力を養う。〔　　〕
ア 基本　イ 基礎《きそ》

(3) 委員会の□を求める。〔　　〕
ア 了解《りょうかい》　イ 納得

ヒント
意味が似ていても、使い方が異なる類義語があることに注意しよう。

2 慣用句・ことわざ・故事成語

攻略のコツ 慣用句・ことわざ・故事成語の意味を正しく覚えて使いこなせるようになろう。

リンク
ニューコース参考書
中学国語
148〜150ページ

テストに出る！ 重要ポイント

慣用句

二つ以上の言葉が組み合わさって、**全体で特別な意味を表す**言い回しのこと。

体の一部を使った言葉	鼻が高い	得意げであること。
	手を焼く	持て余す。
	舌を巻く	驚《おどろ》き、感心する。
	腰《こし》が低い	へりくだっていて愛想《あいそ》がいい。
	足が棒になる	足が疲《つか》れてこわばる。
動物を使った言葉	猫《ねこ》をかぶる	本性を隠《かく》しておとなしく見せかける。
	馬が合う	気が合う。
その他	釘《くぎ》を刺《さ》す	間違《まちが》いのないように念を押《お》す。
	棚《たな》に上げる	放っておく。わざとふれない。

ことわざ

古くから言い伝えられてきた、教えや戒《いまし》め、生活の知恵《ちえ》などが含《ふく》まれている言葉のこと。

教訓	石の上にも三年	辛抱《しんぼう》強く努力すれば報われる。 ＝雨垂れ石を穿《うが》つ
	急がば回れ	急《せ》ぐ仕事は丁寧《ていねい》にしたほうがよい。 ＝急いては事を仕損じる
批評・風刺《ふうし》	灯台もと暗し	身近なことはかえって気がつかない。
	弘法《こうぼう》にも筆の誤り	名人も時には失敗する。 ＝猿《さる》も木から落ちる
生活の知恵	転ばぬ先のつえ	失敗しないように、前もって準備せよ。
	立つ鳥跡《あと》を濁《にご》さず	去るものは、あとが見苦しくないように始末すべきだ。 ⇕あとは野となれ山となれ
その他	去る者は日々に疎《うと》し	離《はな》れると、どんなに親しかった人でも忘れがちになる。
	ぬれ手で粟《あわ》	苦労をしないで利益をうまく得ること。 ＝一攫千金《いっかくせんきん》
	焼け石に水	努力や力の不足のために、効き目がないこと。
	月とすっぽん	似ているが、実はかけ離れていて比べものにならないこと。＝ちょうちんに釣《つ》り鐘《がね》・雲泥《うんでい》の差

故事成語

中国の古典に由来し、人生の教えや戒めを表す、**いわれのある話からできた言葉**のこと。

蛇足《だそく》	余計なもの。必要のないもの。
矛盾《むじゅん》	つじつまの合わないこと。
五十歩百歩《ごじっぽひゃっぽ》	少しの違いはあっても、実際はほとんど同じであること。
杞憂《きゆう》	余計な心配。取り越《こ》し苦労。
推敲《すいこう》	詩歌や文章の字句を練り直すこと。
背水の陣《はいすいのじん》	一歩も後には引けない状況《じょうきょう》で、物事に当たること。
塞翁が馬《さいおうがうま》	人の幸・不幸は予測できないこと。
呉越同舟《ごえつどうしゅう》	仲の悪い者どうしが同じ所に居合わせること。

Step 1 基礎力チェック問題

解答 別冊23ページ

1 次の〔　　〕に当てはまる語句の記号を選びなさい。

【慣用句】

(1) 「手」を使った慣用句で、「持て余す」という意味を表すのは「手を〔ア 打つ　イ 回す　ウ 焼く〕」である。

(2) 「足が棒になる」は、「長時間歩き回ったことで足が〔ア 震《ふる》える　イ 疲《つか》れる　ウ 強くなる〕。」という意味を表す慣用句である。

(3) 「〔ア しっぽ　イ 腕《うで》　ウ 舌〕を巻く」という慣用句は、「驚《おどろ》き、感心する。」という意味である。

(4) 「本性を隠《かく》しておとなしそうにする。」という意味を表すときに使うのは、「〔ア 帽子《ぼうし》　イ 猫《ねこ》　ウ お面〕をかぶる」という慣用句である。

2 次の各問いに記号で答えなさい。

【ことわざ】

(1) 「石の上にも三年」の意味はどれか。〔　　〕

ア 用心深いに越《こ》したことはない。

イ 辛抱《しんぼう》強く努力すれば報われる。

ウ 強いものには従ったほうが得である。

(2) 「身近なことはかえって気がつかない。」という意味の「□もと暗し」の□に当てはまる語句はどれか。〔　　〕

ア 外灯　イ 鏡台　ウ 灯台

(3) 「弘法《こうぼう》にも筆の誤り」と似た意味のことわざはどれか。〔　　〕

ア 目の上のたんこぶ

イ 焼け石に水

ウ 猿《さる》も木から落ちる

(4) 「立つ鳥跡《あと》を濁《にご》さず」と反対の意味のことわざはどれか。〔　　〕

ア あとは野となれ山となれ

イ 柳《やなぎ》に雪折れなし

ウ 人のふり見て我がふり直せ

3 次の〔　　〕に当てはまる語句の記号を選びなさい。

【故事成語】

(1) 杞《き》の国の人が、天が落ち、地が崩《くず》れたらどうしようかと思い悩《なや》んで、寝《ね》ることも食べることもできなかったという話から生まれた故事成語を「杞憂《きゆう》」といい、〔ア 余計なもの　イ 余計な心配〕という意味である。

(2) 長い間戦争をしていた呉《ご》の国と越《えつ》の国の人が、同じ船に乗り合わせて嵐《あらし》に遭《あ》ったときに、互《たが》いに助け合ったという話から生まれた故事成語を「呉越同舟《ごえつどうしゅう》」といい、「〔ア 仲の悪い者どうしは同席すべきではないこと。　イ 仲の悪い者どうしが同じ所にいること。〕」という意味である。

得点アップアドバイス

1 (1) 似た意味の慣用句に「手に負えない」がある。

2 (3) 似た意味のことわざや、(4) 反対の意味のことわざは、まとめて覚えておくとよい。

3 故事成語の意味は、その言葉の元となった故事の内容を知っておくと覚えやすい。

Step 2

実力完成問題

解答 別冊23ページ

1 【慣用句】

重要

次の各問いに答えなさい。

(1) 次の各文が（　）内の意味を表す慣用句になるように、□に当てはまる体の一部分の名前を、あとの**ア**～**カ**から選び、記号で答えなさい。

① □を見る（弱みにつけ込《こ》む）〔　〕
② □が立つ（名誉《めいよ》が保たれる）〔　〕
③ □を見張る（驚《おどろ》き感心する）〔　〕
④ □が痛い（弱点を言われて聞くのがつらい）〔　〕
⑤ □であしらう（冷たく扱《あつか》う）〔　〕

ア 耳　**イ** 目　**ウ** 鼻
エ 顔　**オ** 腹　**カ** 足元

(2) 次の意味にあたる慣用句を、あとの**ア**～**オ**から選び、記号で答えなさい。

① 忘れないように心に深く刻みつける。〔　〕
② 待ちくたびれて我慢《がまん》できなくなる。〔　〕
③ ある問題について必要な処置をする。〔　〕
④ 対等な位置や立場に立つ。〔　〕
⑤ ものの言い方が率直ではない。〔　〕

ア 肩《かた》を並べる　**イ** 奥歯《おくば》にものが挟《はさ》まる
ウ 肝《きも》に銘《めい》じる　**エ** 手を打つ
オ しびれを切らす

(3) 次の慣用句の意味として当てはまるものを、あとの**ア**～**ウ**から選び、記号で答えなさい。

① 二の足を踏《ふ》む〔　〕
ア どうしようかとためらう。
イ ほかの人と同じ失敗をする。
ウ 後回しにする。

② 襟《えり》を正す〔　〕
ア 間違《まちが》いを改める。
イ 本心を確かめる。
ウ 気持ちを引きしめる。

2 【ことわざ】

重要

次の各問いに答えなさい。

(1) 上と下のことわざが似た意味のことわざになるように、□に当てはまる言葉をあとの**ア**～**ク**から選び、記号で答えなさい。

① ぬかにくぎ＝□に腕押《うでお》し〔　〕
② □をたたいて渡《わた》る＝念には念を入れる〔　〕
③ 待てば海路の日和《ひより》あり＝□は寝《ね》て待て〔　〕
④ 転ばぬ先の□＝備えあれば憂《うれ》いなし〔　〕
⑤ 泣きっ面《つら》に□＝弱り目にたたり目〔　〕

ア 石橋　イ つえ　ウ のれん
エ 鉄砲《てっぽう》　オ 蜂《はち》　カ 果報
キ 道具　ク 幸福

注意

(2) 次のことわざと反対の意味をもつものを、あとのア～オから選び、記号で答えなさい。

① 人を見たら泥棒《どろぼう》と思え 〔　〕
② うそも方便 〔　〕
③ 好きこそものの上手なれ 〔　〕
④ 柳《やなぎ》の下にいつもどじょうはいない 〔　〕
⑤ 二兎《と》を追う者は一兎をも得ず 〔　〕

ア 二度あることは三度ある　イ 下手の横好き
ウ 正直は一生の宝　エ 渡る世間に鬼《おに》はなし
オ 一石二鳥

3 よくでる

【故事成語】

次の各問いに答えなさい。

(1) 次の故事成語の意味として適切なものを、あとのア～ウから選び、記号で答えなさい。

① 塞翁《さいおう》が馬 〔　〕
ア 人の幸・不幸は予測できないものだということ。
イ 人は幸・不幸の両方に見舞《みま》われるものだということ。
ウ 不幸だった人は、その後幸福になるものだということ。

② 傍若無人《ぼうじゃくぶじん》 〔　〕
ア 世の中に本当に悪い人はいないということ。
イ 若者は自分勝手でわがままであるということ。
ウ 人に構わず気ままに振《ふ》る舞《ま》うこと。

(2) 次のような意味を表す故事成語を、あとのア～オから選び、記号で答えなさい。

① 苦労して学問に励《はげ》み、成功すること。 〔　〕
② つまらない人の誤った言行でも、自分の人格を磨《みが》く役に立つこと。 〔　〕
③ 取るに足りないつまらない争い。 〔　〕

ア 大器晩成　イ 四面楚歌《しめんそか》　ウ 他山《たざん》の石
エ 蛍雪《けいせつ》の功　オ 蝸牛角上《かぎゅうかくじょう》の争い

入試レベル問題に挑戦

4

【慣用句・ことわざ】

次の□に適切な言葉を入れて慣用句やことわざを完成させ、その言葉の意味として当てはまるものを、あとのア～エから選び、記号で答えなさい。

漢字・意味

(1) 焼け石に□ 〔　・　〕
ミス注意 (2) 捨てる□あれば拾う□あり ※同じ語が入る。 〔　・　〕
(3) □に腹は代えられぬ 〔　・　〕
(4) そうは□が卸《おろ》さない 〔　・　〕

ア 望みどおりにならないこと。
イ 大切なもののための犠牲《ぎせい》はしかたがないということ。
ウ 世の中はさまざまだから、くよくよすることはないということ。
エ まるで効果がないこと。

ヒント
(2)「世の中はさまざまで、見捨てる人もいれば認めてくれる人もいる」ということを表している。

3 敬語

テストに出る！ 重要ポイント

● 敬語の働き

敬語は、話し手（書き手）が相手や話題の中の人に対して、**敬意や丁寧《ていねい》な気持ち**を表すための表現である。

● 敬語の種類

尊敬語・謙譲《けんじょう》語・丁寧語の三種類。

	種類	意味	用例
敬語	尊敬語	目上の人などの動作や様子を高めて言うことで敬意を表す。	先生が話される。
	謙譲語	自分や自分の身内の動作をへりくだって言うことで、相手を高める。	私が伺《うかが》う。
	丁寧語	話し手が丁寧な言い方で言うことで、聞き手への敬意を表す。	私が行きます。

❶ 尊敬語……自分や自分の身内の動作には原則使わない。

● 「お（ご）～になる」

例 先生が教室にお入りになる。　先生がご執筆《しっぴつ》になる。

● 尊敬の助動詞「れる・られる」

例 校長先生が賞状を読まれる。　お客様が来られる。

● 尊敬の意味をもつ特別な形の動詞

例 行く→いらっしゃる・おいでになる　食べる→召《め》しあがる

攻略のコツ 尊敬語・謙譲語・丁寧語の特徴を押さえ、適切に使えるようになろう。

リンク ニューコース参考書 中学国語 156～162ページ

● 尊敬の意味をもつ接頭語・接尾《せつび》語

例 お住まい　ご両親　妹さん　○○様

❷ 謙譲語

● 「お（ご）～する（いたす）」 ― 尊敬語の「～になる」と混同しないように注意。

例 私は午後、先生とお会いする。　私がご案内いたします。

● 謙譲の意味をもつ特別な形の動詞

例 行く→参る・伺う

❸ 丁寧語

● 丁寧の助動詞「です・ます」、丁寧の意味の言葉「ございます」

例 私の姉です。　今行きます。　私が店長でございます。

注目！ ◎敬語の種類の見分け方

敬語の種類を見分けるときは、**誰《だれ》に対する敬語か**で判断する。

①尊敬の動詞と謙譲の動詞
・目上の人やあまり親しくない間柄《あいだがら》の人の動作→**尊敬語**
・自分や自分の身内の動作→**謙譲語**

②尊敬の接頭語と丁寧の接頭語
・目上の人など、ある人に対して使われているもの→**尊敬語**
・聞き手に対して丁寧な印象を与《あた》えるもの→**丁寧語**

Step 1 基礎力チェック問題

解答 別冊24ページ

1 【敬語の働き】

次の〔　〕に当てはまる語句の記号を選びなさい。

敬語は話し手が、相手や〔ア ほかの話し手　イ 話題の中の人　ウ 身内以外の人〕に対して、敬意や丁寧《ていねい》な気持ちを表す表現である。

2 【尊敬語】

次の問いに記号で答えなさい。

(1) 次の各文の――線部のうち、尊敬語はどれか。〔　〕

ア 私が荷物をお持ちします。

イ 明日、そちらに伺います。

ウ 祖母がよろしくと申しております。

エ 原《はら》さんのお父様も参加される。

(2) 次の――線部のうち、尊敬語の名詞はどれか。〔　〕

ア お茶をいれる。

イ 三日間お休みをもらう。

ウ 先生のお話をよく聞く。

エ お菓子《かし》をたくさん買う。

3 【謙譲語】

次の各文の――線部のうち、謙譲語《けんじょう》はどれか。記号で答えなさい。〔　〕

ア 資料はこちらでご用意いたします。

イ 僧侶《そうりょ》がお話しになる。

ウ こちらが非常口でございます。

エ 社長が新年の挨拶《あいさつ》をされる。

4 【丁寧語】

次の各文の――線部のうち、丁寧語ではないものはどれか。記号で答えなさい。〔　〕

ア では、これから会議を始めます。

イ 私が山田《やまだ》でございます。

ウ きれいなお花を飾《かざ》る。

エ 貴重なご意見に感謝する。

5 【敬語の使い方】

次のうち、敬語の使い方が適切でない文はどれか。記号で答えなさい。〔　〕

ア 僕《ぼく》は、先生に「はい。」とおっしゃった。

イ 先生の長年のコレクションを拝見した。

ウ 冷めないうちに召《め》しあがってください。

エ お客様のご用件を承る。

得点アップアドバイス

2 尊敬語は、目上の人などの動作について用いられることに注意。

3 謙譲語は、自分や自分の身内の動作について用いられることに注意。

4 ウ・エのような名詞の敬語の場合も、誰《だれ》に対して使われているかに注目して考える。

Step 2

実力完成問題

解答 ▶ 別冊24ページ

1 【敬語の種類の識別】

次の——線部に使われている敬語の種類を、あとのア～ウから選び、記号で答えなさい。

(1) 私が一人で参ります。〔　〕
(2) 父は帰っております。〔　〕
(3) はい、私が村山《むらやま》です。〔　〕
(4) ぜひお読みになってください。〔　〕
(5) 少し運動をなさるとよいでしょう。〔　〕

ア 尊敬語　イ 謙譲《けんじょう》語　ウ 丁寧《ていねい》語

2 注意 【尊敬語】

次の——線部の言葉を、A「お(ご)～になる」か「～れる・られる」を使った表現と、B尊敬の意味をもつ特別な形の動詞を使った表現との二種類で、書き直しなさい。

(1) 先生が夏休み中の注意事項《じこう》を言った。
(2) 遠慮《えんりょ》なさらずに、食べてください。
(3) 宮沢《みやざわ》君のお母さんが向こうから来た。

(1) A〔　〕 B〔　〕
(2) A〔　〕 B〔　〕
(3) A〔　〕 B〔　〕

3 注意 【謙譲語】

次の——線部の言葉を、謙譲の意味をもつ特別な形の動詞を使って書き直しなさい。

(1) 母が「くれぐれもよろしく。」と言っておりました。
(2) ご家族の方にもおすそ分けとして与《あた》えたいです。
(3) 姉は恩師のご両親に初めて会った。
(4) 先生の小さいころのお話を聞いた。

(1)〔　〕 (2)〔　〕
(3)〔　〕 (4)〔　〕

4 重要 【尊敬語と謙譲語の対応】

次の表の〔　〕(1)～(6)に当てはまる語を答えなさい。

普通《ふつう》の言い方	特別な形の尊敬語	特別な形の謙譲語
行く	いらっしゃる	参る・〔(1)〕
見る	〔(2)〕	〔(3)〕
〔(4)〕	召《め》しあがる	〔(5)〕
する	なさる	〔(6)〕

(1)〔　〕 (2)〔　〕
(3)〔　〕 (4)〔　〕
(5)〔　〕 (6)〔　〕

5 【丁寧語】

次の各問いに答えなさい。

(1) 次の――線部を、助動詞を使って丁寧語に書き直しなさい。

① 友人に手紙を書いた。

② 父は喜ぶだろう。

(2) 次の――線部をさらに丁寧な言い方に書き直しなさい。

① 右に見えますのが六本木《ろっぽんぎ》ヒルズです。

② いろいろな品物があります。

6 よくでる 【敬語の識別】

次のア～オの――線部から、ほかと敬語の種類が異なるものを一つ選び、記号で答えなさい。

ア 親切にしていただき、ありがとうございました。

イ お兄様のことはよく存じあげております。

ウ 私が、ご案内をいたします。

エ 担当の高橋《たかはし》がご説明申しあげます。

オ ご都合のよいときに、いつでもおいでください。

7 ミス注意 【適切な謙譲語】

次の会話は、父親の友人Aからかかってきた電話に、中学生のBが出て答えたものですが、Bの敬語の使い方には誤りがあります。――線部を正しい表現に書き改めなさい。

A「お父様に代わっていただけますか。」

B「お父さんは、今、いらっしゃいません。」

8 【適切な敬語】

次の会話は、校外学習で食品加工工場を見学させてもらうため、訪問先の工場の担当者Aに、中学生のBが事前にかけている電話の内容の一部です。――線部ア～エで、敬語の使い方が適切ではないものを一つ選び、記号で答えなさい。

A「こちらへはどうやって（ア）参られますか。」

B「皆《みな》でバスに乗って（イ）伺《うかが》います。」

A「バス停からの道順は、（ウ）ご存じですか。」

B「はい、ホームページで確認して（エ）おります。」

入試レベル問題に挑戦

9 【適切な敬語】

お客様を校長室まで案内する際の敬語の使い方として正しいものを、ア～カから二つ選び、記号で答えなさい。

ア どうぞこちらのスリッパをお履《は》きしてください。

イ 私が校長室までご案内になります。

ウ 校長室は職員室の隣《となり》にございます。

エ 校長先生は今、席をお外しになっていらっしゃいますので、お戻《もど》りになるまでお待ちください。

オ 校長室の窓から見えるグラウンドで、今、練習をしているサッカー部は、昨年、全国大会に初出場を果たされました。

カ ただ今、校長が戻って参りました。お待たせしてしまい、申し訳ございませんでした。

【　・　】

ヒント

お客様に対しては尊敬語を、学校関係者には謙譲語を、適切に使っているかどうかに注目しよう。

定期テスト予想問題

出題範囲：和語・漢語・外来語／類義語・対義語・多義語／慣用句・ことわざ・故事成語／敬語

時間 50分

解答 別冊25ページ

得点 ／100

1 次の言葉を、それぞれ下の指示に従って書き換《か》えるとどうなりますか。あとのア～ウから選び、例のように記号で答えなさい。【2点×5】

例 グラウンド ─→外来語を漢語に
ア 運動場　イ 広場　ウ コート　〔 ア 〕

(1) 背後 ─→漢語を和語に
ア バック　イ 背景　ウ 後ろ

(2) 知らせ ─→和語を漢語に
ア 通知　イ きざし　ウ ニュース

(3) 衝撃《しょうげき》 ─→漢語を外来語に
ア 驚《おどろ》き　イ ショック　ウ 打撃

(4) プレゼント ─→外来語を和語に
ア 贈《おく》り物　イ 進物　ウ 提出物

(5) 書簡 ─→漢語を和語に
ア 手紙　イ レター　ウ 書状

(1)	(2)	(3)	(4)	(5)

2 次の各問いに答えなさい。

(1) 次の熟語の類義語を、あとの□の中の漢字を組み合わせて作りなさい。【4点×3】

① 放浪《ほうろう》 ＝ □　② 残念 ＝ □
③ 詳細《しょうさい》 ＝ □

委　漂　遺　泊　憾　願　請　細

(2) 次の熟語の対義語を、漢字で書きなさい。【4点×5】

① 客観 ⇕ □　② 感情 ⇕ □
③ 慎重《しんちょう》 ⇕ □　④ 過失 ⇕ □
⑤ 相対 ⇕ □

(3) 次の「息」はどのような意味を表しますか。あとから適切なものを選び、記号で答えなさい。【3点×4】

① ぴったり息が合う。　② 静かに息を引き取る。
③ 息をつく暇《ひま》がない。　④ 権力者の息がかかった候補者。

ア 保護。後ろ盾《だて》。　イ お互《たが》いの気持ちや考え。
ウ 慌《あわ》てている様子。　エ 命。生命。
オ 休憩《きゅうけい》すること。

(1)		(2)		(3)
①	①	④	①	
②	②	⑤	②	
③	③		③	
			④	

3 次の各問いに答えなさい。

【3点×6】

(1) 下の意味を表す慣用句になるように、次の□に適切な言葉を入れなさい。

① さじを□ →見込《みこ》みがないと諦《あきら》める。

② 鼻が□ →誇《ほこ》りに思う。

③ 枚挙に□がない →たくさんあって数え切れない。

(2) 「雲泥《うんでい》の差」とほぼ同じ意味を表すことわざをア～エから一つ選び、その記号で答えなさい。

ア どんぐりの背比べ　イ 渡《わた》りに船

ウ ぬれ手であわ　エ 月とすっぽん

(3) 「情けは人のためならず」の意味として適切なものをア～エから選び、記号で答えなさい。

ア 情けは自分のためにかけるものだ。

イ 人に情けをかけるといつか自分に返ってくる。

ウ 情けはすべての生物にかけるべきだ。

エ 情けをかけるのは人のためにならない。

(4) 「物事を完成させるための最後の大事な仕上げ。」という意味の故事成語を、ア～エから選び、記号で答えなさい。

ア 捲土重来《けんどちょうらい》　イ 臥薪嘗胆《がしんしょうたん》

ウ 明鏡止水《めいきょうしすい》　エ 画竜点睛《がりょうてんせい》

(1)			(2)	(3)	(4)
①	②	③			

4 次の各問いに答えなさい。

【4点×6】

(1) 次の――線部を、〈　〉内の指示に従って適切な敬語表現に書き直しなさい。

① 先生が笑う。〈「お（ご）～になる」を用いた表現〉

② 先生と話す。〈「お（ご）～する」を用いた表現〉

③ 先生の作品を見る。〈特別な形の動詞〉

④ お客様がお土産《みやげ》をくれる。〈特別な形の動詞〉

⑤ 先生が手紙を書く。〈「れる・られる」を用いた表現〉

⑥ これから出かける。〈「です・ます」を用いた表現〉

(2) 次の敬語表現のうち適切なものを、ア～オから選び、記号で答えなさい。【4点】

ア 今、市長がお越《こ》しになられました。

イ 担当者からの説明を伺《うかが》われましたか。

ウ 先生とお約束になった時間に職員室に行く。

エ お客様が午後一時に到着《とうちゃく》されるはずだ。

オ ご報告をお聞きした感想を聞かせてください。

(1)						(2)
①	②	③	④	⑤	⑥	

1 古文の基礎／竹取物語

攻略のコツ　歴史的仮名遣いや古語に注意して、古文の読み方に慣れよう。

リンク
ニューコース参考書 中学国語
202～206, 218～221ページ

テストに出る！ 重要ポイント

● 歴史的仮《か》名《な》遣《づか》い

古文で使われている仮名遣いを**歴史的仮名遣い**という。歴史的仮名遣いの読み方には、次のような原則がある。

❶ 語頭以外の「は・ひ・ふ・へ・ほ」は「わ・い・う・え・お」と読む。

例 あはれ→あわれ　いふ（言ふ）→いう　おほし（多し）→おおし

❷ ワ行の「ゐ・ゑ・を」は「い・え・お」と読む。

例 ゐる（居る）→いる　こゑ（声）→こえ　をかし→おかし

❸ 「au・iu・eu」（母音の連続）は、それぞれ「ô・yû・yô」と読む。

例 まうす（申す）（mau）→もうす（mô）　れうり（料理）（reu）→りょうり（ryô）

❹ エ段の音のあとに「ふ」が続くときは、二段階で考える。

例 けふ（今日）→けう（keu）→きょう（kyô）

語頭以外の「ふ」は「う」と読む。（❶のきまり）

母音が連続する「eu」は「yô」と読む。（❸のきまり）

❺ 「くわ・ぐわ」は「か・が」と読む。

例 くわし（菓子）→かし　ぐわんじつ（元日）→がんじつ

❻ 「ぢ・づ」は「じ・ず」と読む。

例 もみぢ→もみじ　わづか→わずか

● 古語

古文で使われている言葉を**古語**という。現代では使われない言葉や、現代でも使われているが意味が異なる言葉がある。

❶ 現代では使われない言葉

例 いと＝非常に。とても。　おぼゆ＝思われる。似る。

❷ 主に使われる意味が、現代語とは異なる言葉

例 をかし＝趣《おもむき》がある。すばらしい。　おどろく＝はっと気がつく。目を覚ます。

● 語句の省略

古文では、主語・助詞・述語が書かれないことがある。

例 （翁《おきな》が）あやしがりて、寄りて見るに……（翁が不思議に思って、近寄って見ると……）
主語がない

春はあけぼの（が）（をかし）。（春は明け方がすばらしい。）
助詞がない　述語がない

● 竹取《たけとり》物語

現在に伝わる**日本最古の物語**。平安《へいあん》時代初期に作られたと考えられているが、作者は不明。「かぐや姫《ひめ》」の話として知られ、伝《でん》奇《き》物語（空想的な伝説などをもとに創作された物語）に分類される。

Step 1 基礎力チェック問題

解答 別冊26ページ

1 【歴史的仮名遣《かなづか》い】

次の——線部を現代仮名遣いに直し、すべて平仮名で書きなさい。

(1) 目に髪《かみ》のおほへるを……　〔　　〕
(2) 揺《ゆ》り上げ揺りすゑ漂《ただよ》へば……　〔　　〕
(3) よろづのことに……　〔　　〕
(4) 登るべきやうなし。　〔　　〕
(5) うつくしうて……　〔　　〕
(6) 月日は百代《はくたい》の過客《くわかく》にして……　〔　　〕

2 【古語の意味】

次の——線部の古語の意味を、それぞれア〜ウから一つ選び、記号で答えなさい。

(1) いとうつくしうてゐたり。
ア 少し　イ とても　ウ やはり　〔　　〕

(2) さすがに恐《おそ》ろしくおぼえて……
ア 見たくて　イ 思われて　ウ 記憶《きおく》して　〔　　〕

(3) 雨など降るもをかし。
ア 面白い　イ 変である　ウ 趣《おもむき》がある　〔　　〕

3 【助詞の省略】

□に当てはまる助詞を、それぞれあとのア〜ウから一つ選び、記号で答えなさい。

(1) 今は昔、竹取《たけとり》の翁《おきな》といふものありけり。
【現代語訳】今ではもう昔のことだが、竹取の翁とよばれる人□いた。
ア を　イ の　ウ が　〔　　〕

(2) 天人のよそほひしたる女、山の中よりいで来て……
【現代語訳】天人の身なり[A]した女性[B]、山の中から出てきて……
A〔　　〕　B〔　　〕

4 【竹取物語】

次の文章を読んで、あとの問いに答えなさい。

今は昔、竹取の翁といふものありけり。野山にまじりて竹を取りつつ、よろづのことに使ひけり。
（『竹取物語』より）

(1) ——線部「野山にまじりて」は、誰《だれ》の行為《こうい》か。文章中から書き抜《ぬ》きなさい。
〔　　〕

(2) 『竹取物語』は、いつ頃《ごろ》作られたと考えられているか。次のア〜ウから一つ選び、記号で答えなさい。
ア 奈良《なら》時代初期　イ 平安《へいあん》時代初期　ウ 鎌倉《かまくら》時代初期　〔　　〕

得点アップアドバイス

1 (1)「ほ」「へ」ともに、語頭以外のハ行音であることに注意。
(4)「やう(yau)」は「au」、(5)「しう(siu)」は「iu」と母音が連続していることに注意。「au」は「ô」、「iu」は「yû」と読む。

3 (1)の□と(2)のBには、主語を示す助詞が省略されている。このように、主語を示す助詞は省略されることが多い。

Step 2

実力完成問題

解答 別冊26ページ

1 よくでる 【歴史的仮名遣《かなづか》い】

次の――線部の読み方を、現代仮名遣いで、すべて平仮名で書きなさい。

(1) 立ち上るとぞ、言ひ伝へたる。〔　　〕

(2) 雨など降るもをかし。〔　　〕

(3) 予もいづれの年よりか……〔　　〕

2 【古語の意味】

次の――線部の語句の意味を、それぞれア～ウから一つ選び、記号で答えなさい。

(1) 三寸《さんずん》ばかりなる人、いとうつくしうてゐたり。〔　　〕

ア 立っている
イ 座っている
ウ 眠《ねむ》っている

(2) 百人ばかり天人具して、昇《のぼ》りぬ。〔　　〕

ア 連れて
イ 探して
ウ 見つめて

(3) 士《つはもの》どもあまた具して山へ登りける……〔　　〕

ア 少し
イ 数人
ウ たくさん

3 【竹取《たけとり》物語・くらもちの皇子《みこ》】

次の文章を読んで、あとの問いに答えなさい。

竹取の翁《おきな》夫婦に育てられた女の子は美しく成人し、「なよ竹のかぐや姫《ひめ》」と名づけられた。かぐや姫は、求婚《きゅうこん》してきた五人の貴公子に結婚の条件として難題を出した。そのうちの一人、くらもちの皇子は、蓬萊《ほうらい》の玉の枝を手に入れてくることになったが、にせものの枝を作って姫をだまそうとする。次は、架空《かくう》の冒険《ぼうけん》談のうち、蓬萊山の様子を、くらもちの皇子が竹取の翁やかぐや姫に語る部分である。

これやわが求むる山ならむ[a]と思ひて、さすがに恐《おそ》ろしくおぼえて、山のめぐりをさしめぐらして、二、三日ばかり、見歩《みあり》くに、天人のよそほひしたる女[b]、山の中よりいで来て、銀《しろかね》の金《かな》鋺《まる》を持ちて、水をくみ歩く。これを見て、船より下りて、「この山の名を何とか申す。」と問ふ。女、答へていはく[c]、「これは、蓬萊の山なり。」と答ふ。これを聞くに、うれしきことかぎりなし。

その山、見るに、①さらに登るべきやうなし。その山のそばひらをめぐれば、②世の中になき花の木ども立てり。③金《こがね》・銀・瑠璃《るり》色の水、山より流れいでたり。それには、色々の玉の橋渡《わた》せり。そのあたりに、照り輝《かかや》く④木ども立てり。

その中に、この⑤取りてまうで来たりしは、いと⑥わろかりしかども、⑦のたまひしに違《たが》はましかばと、この花を折りてまうで来dたるなり。

（『竹取物語』より）

【現代語訳】

これこそ私が探し求めている山だろうと思って、（うれしいのですが）やはり恐ろしく思われて、山の周囲を（船で）こぎ回らせて、二、三日ほど見て回っていますと、天人の身なりをした女性が、山の中から出てきて、銀のおわんを持って、水をくんでいきます。これを見て、（私は）船から下りて、「この山の名は何というのですか。」と尋《たず》ねました。女性が言うことには、「これは、蓬莱の山です。」と答えました。これを聞いて、（私は）うれしくてたまりませんでした。

その山は、見ると、（険しくて）[A]登りようがありません。その山の斜面《しゃめん》のすそを回ってみると、この世の中にはないような花の木々[ ]立っています。金・銀・瑠璃色の水[ ]、山から流れ出ています。その流れには、色さまざまの玉でできた橋が架《か》かっています。その付近に、光り輝《かがや》く木々[ ]立っています。

その中で、ここに取ってまいりましたのは、とても[B]のですが、おっしゃったものと違《ちが》っていては（いけないだろう）と、この花の枝を折ってまいったのです。

よくでる

(1) ～～線部a～dの読み方を、現代仮名遣いで、すべて平仮名で書きなさい。

a 山ならむ 〔　　〕

b よそほひしたる 〔　　〕

c 答へていはく 〔　　〕

d まうで来たるなり 〔　　〕

ミス注意

(2) 上の【現代語訳】の[A]には――線部①「さらに」の現代語訳が、[B]には――線部⑥「わろかりしか」の現代語訳が入ります。[A]・[B]に入る現代語訳として適切なものを、それぞれア～エから一つ選び、記号で答えなさい。

A さらに　ア そのうえ　イ すでに　ウ まったく　エ まっすぐ 〔　　〕

B わろかりしか　ア 汚《きたな》かった　イ よくなかった　ウ 美しかった　エ 悪くなかった 〔　　〕

(3) ――線部②・④「木ども立てり」、③「金・銀・瑠璃色の水、山より流れいでたり」を現代語訳する際は、どんな助詞を補ったらよいですか。次の[ ]に共通して入る助詞を平仮名一字で書きなさい。

【現代語訳】

● 木々[ ]立っています。

● 金・銀・瑠璃色の水[ ]、山から流れ出ています。

〔　　〕

重要

(4) ――線部⑤「取りてまうで来たりし」、⑦「のたまひし」は、誰《だれ》の行為《こうい》を指していますか。それぞれ次のア～エから一つ選び、記号で答えなさい。

ア くらもちの皇子

イ 天人の身なりをした女性

ウ かぐや姫

エ 竹取の翁

⑤〔　　〕　⑦〔　　〕

定期テスト予想問題

出題範囲：古文の基礎／竹取物語

時間 50分
解答 別冊27ページ

得点 ／100

1 次の文章を読んで、あとの問いに答えなさい。

今は昔、①竹取《たけとり》の翁《おきな》といふものありけり。野山にまじりて竹を取りつつ、よろづのことに使ひけり。名をば、さぬきのみやつこと a なむいひける。

その竹の中に、②もと光る竹なむ一筋ありける。A あやしがりて、③寄りて見るに、筒《つつ》の中光りたり。④それを見れば、三寸《さんずん》ばかりなる人、B いとうつくしうて ⑤ b ゐたり。

翁 c 言ふやう、「我、朝ごと夕ごとに見る竹の中に*おはするにて⑥*知りぬ。*子になりたまふべき人なめり。」とて、手にうち入れて、家へ持ちて来《き》ぬ。妻の嫗《おうな》に預けて d 養はす。うつくしきこと、限りなし。いと幼ければ、*籠《こ》に入れて養ふ。（中略）

この*ちご、養ふほどに、すくすくと大きになりまさる。*三月《みつき》ばかりになるほどに、*よきほどなる人になりぬれば、*髪上げ《かみあ》など*さうして、髪上げさせ、*裳着《も》す。

（『竹取物語』より）

*おはするにて＝いらっしゃるので。　*知りぬ＝わかった。
*子になりたまふべき人なめり＝（私の）子におなりになるはずのかたのようだ。
*籠＝竹籠《たけかご》。　*ちご＝幼児。
*三月ばかりになるほどに＝三か月ほど過ぎた頃《ころ》には。
*よきほどなる人＝一人前の大きさの人。
*髪上げ＝女子の成人の儀式《ぎしき》。垂らしていた髪を結《ゆ》い上げること。
*さうして＝あれこれ手配して。
*裳着す＝裳（女性が正装のときに、はかまの上からまとった衣服）を着せる。

(1) 『竹取物語』は、どんな分野の作品ですか。次のア～エから一つ選び、記号で答えなさい。【6点】

ア 歌物語　イ 伝奇《でんき》物語
ウ 軍記物語　エ 随筆《ずいひつ》

(2) ～～～線部a～dの読み方を、現代仮名遣《かなづか》いで、すべて平仮名で書きなさい。【6点×4】

(3) ══線部A・Bの語句の意味として適切なものを、それぞれア～エから一つ選び、記号で答えなさい。【6点×2】

A あやしがりて
ア 驚《おどろ》いて　イ 感動して
ウ 不思議に思って　エ 恐《おそ》ろしく思って

B うつくしうて
ア きれいな様子で　イ かわいらしい様子で
ウ 立派な様子で　エ 楽しげな様子で

(4) ——線部①「竹取の翁」の正しい名前を文章中から書き抜《ぬ》きなさい。【6点】

思考

(5) ——線部①「竹取の翁」は、どんなことを仕事にしていましたか。竹取の翁について書かれている部分から読み取って、現代語で二十字以内で書きなさい。【8点】

(6) ——線部②「もと光る竹」とありますが、竹取の翁が見たとき、この竹は根元や筒の中が光っていたことのほかに、どんなことが普通《ふつう》の竹と違《ちが》っていましたか。現代語で二十五字以内で書きなさい。【8点】

(7) ——線部③「寄りて見るに」、——線部⑤「ゐたり」は、誰《だれ》の行《こう》為《い》ですか。それぞれ次の**ア**～**エ**から一つ選び、記号で答えなさい。【6点×2】

ア 竹取の翁　**イ** 嫗

ウ 竹取の翁と嫗　**エ** 三寸ばかりなる人

(8) ——線部④「それ」が指しているものを文章中から三字で書き抜きなさい。【6点】

(9) ——線部⑥「知りぬ」とありますが、竹取の翁がわかったことが書かれている部分を、文章中から十三字で書き抜きなさい。【6点】

(10) 次の文は、文章中の一部分とその現代語訳です。□㋐・㋑に入る助詞をそれぞれ一字で書きなさい。【6点×2】

・寄りて見るに、筒の中光りたり。

【現代語訳】

近寄って見ると、筒の中□㋐光っている。

・髪上げさせ、裳着す。

【現代語訳】

髪□㋑上げさせ、裳を着せる。

(1)	(2)	(3)	(4)	(5)	(6)	(7)	(8)	(9)	(10)
	a なむいひける b ゐたり c 言ふやう d 養はす	A B		20	25	③ ⑤			㋐ ㋑

定期テスト予想問題

2 係り結び／枕草子／平家物語／徒然草

攻略のコツ 係り結びについて理解するとともに、代表的な作品を通して、古典に親しもう。

リンク
ニューコース参考書
中学国語
206～207，222～235ページ

テストに出る！ 重要ポイント

係り結び

文中に**係りの助詞「ぞ・なむ・や・か・こそ」**があると、文末の結びの活用形が変化する。このきまりを**係り結び**という。

係りの助詞	意味	結び	文例
ぞ なむ	強調	連体形	・扇《あふぎ》（オウ）は空へぞ上がりける。（終止形は「けり」。） ［訳］扇は空へと舞《ま》い上がった。 ・もと光る竹なむ一筋ありける。（終止形は「けり」。） ［訳］根元の光る竹が一本あった。
や か	疑問・反語	連体形	・いづれの山か天に近き。（終止形は「近し」。）（疑問） ［訳］どの山が天に近いか。 ・彼《かれ》に劣《おと》るところやある。（終止形は「あり」。）（反語） ［訳］彼に劣るところがあるだろうか。いや、ない。
こそ	強調	已然形《いぜんけい》	・尊《たふと》（トウト）くこそおはしけれ。（終止形は「けり」。） ［訳］尊くいらっしゃいました。

枕草子《まくらのそうし》

❶ **成立・作者**……平安《へいあん》時代中期に**清少納言《せいしょうなごん》**によって書かれた。

❷ **種類・特徴《とくちょう》**……**随筆《ずいひつ》**。見聞、季節の感想、人生観などが、知的で細やかな感覚でつづられている。「をかし」の文学といわれる。

❸ **構成**……約300の章段からなる。主な内容は、次の三つ。

(1) **記録的な内容**……宮中などでの出来事や見聞を書いたもの。

(2) **「ものづくし」**……同じ種類のものを集め、並べあげたもの。

(3) **随想的なもの**……自然や人間などについての考えを述べたもの。

平家《へいけ》物語

❶ **成立・作者**……鎌倉《かまくら》時代に成立した。作者は信濃前司行長《しなののぜんじゆきなが》といわれるが、はっきりしない。

❷ **種類・特徴**……**軍記物語**。仏教の**無常観**（すべてのものは移り変わり、人生ははかないものだとする考え方）が基調となっている。

❸ **構成**……平家と源氏《げんじ》の戦いを軸《じく》にして描《えが》かれ、全体は、(1)平家の栄華《えいが》、(2)平家の衰退《すいたい》、(3)平家の滅亡《めつぼう》の三部に分けることができる。

徒然草《つれづれぐさ》

❶ **成立・作者**……鎌倉時代末期に**兼好法師《けんこうほうし》**によって書かれた。

❷ **種類・特徴**……**随筆**。仏教の**無常観**が反映されている。

❸ **構成**……序段のほか、243段からなる。主な話題としては、(1)人生論・教訓などを示したもの、(2)自然観照的なものがある。

Step 1 基礎力チェック問題

解答 別冊28ページ

1 【係り結び】次の文には、係り結びが使われています。それぞれの文から、係りの助詞を書き抜《ぬ》きなさい。

(1) さぬきのみやつことなむいひける。〔　　〕

(2) あやしうこそものぐるほしけれ。〔　　〕

(3) その煙《けぶり》、いまだ雲の中へ立ち上るとぞ、言ひ伝へたる。〔　　〕

2 【係り結び】次の文のうち、係り結びが使われているのはどれですか。ア～エから二つ選び、記号で答えなさい。

ア あやしがりて、寄りて見るに、筒《つつ》の中光りたり。

イ この山の名を何とか申す。

ウ いと小さく見ゆるはいとをかし。

エ 扇《あふぎ》も射よげにぞなつたりける。

〔　　・　　〕

3 【枕草子《まくらのそうし》・徒然草《つれづれぐさ》】次の作品の作者名を漢字で書きなさい。

(1) 枕草子〔　　〕

(2) 徒然草〔　　〕

4 【枕草子・平家《へいけ》物語・徒然草】次の各問いに記号で答えなさい。

(1) 次の作品が書かれたのは、あとのア～エのいつか。

① 枕草子〔　　〕

② 平家物語〔　　〕

③ 徒然草〔　　〕

ア 奈良《なら》時代　イ 平安《へいあん》時代

ウ 鎌倉《かまくら》時代　エ 江戸《えど》時代

(2) 次の作品の種類は、あとのア～エのどれか。

① 枕草子〔　　〕

② 平家物語〔　　〕

③ 徒然草〔　　〕

ア 伝奇《でんき》物語　イ 軍記物語

ウ 歌物語　エ 随筆《ずいひつ》

5 【平家物語】『平家物語』についての説明として適切でないものを、ア～エから一つ選び、記号で答えなさい。〔　　〕

ア 「平曲《へいきょく》」として琵琶法師《びわほうし》によって語り伝えられた。

イ 全編にわたって、平家一門の栄華《えいが》が描《えが》かれている。

ウ 漢語を巧《たく》みに交えた文章で、独特の調子とリズムがある。

エ 作品に仏教の無常観が反映されている。

得点アップアドバイス

ヒント **係りの助詞は「ぞ・なむ・や・か・こそ」**

係り結びの問題では、係りの助詞と文末の活用形に注目する。

3 (1)『枕草子』の作者は、『源氏《げんじ》物語』の作者である紫式部《むらさきしきぶ》と並び称《しょう》されることが多い。

4 (2)②『平家物語』は合戦を中心に描いた物語である。

5 適切でないものを一つ選ぶことに注意する。

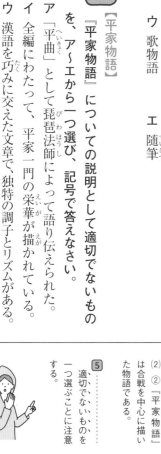

Step 2　実力完成問題

解答 ▶ 別冊28ページ

1 【徒然草《つれづれぐさ》】

次の文章を読んで、あとの問いに答えなさい。

①つれづれなるままに、日暮らし、硯《すずり》に向かひて、心にうつりゆくよしなし事を、そこはかとなく②書きつくれば、③あやしうこそものぐるほしけれ。

（兼好法師《けんこうほうし》『徒然草』序段より）

重要 (1) ――線部①「つれづれなる」の現代語訳として適切なものを、次のア～エから一つ選び、記号で答えなさい。

ア 充実《じゅうじつ》していて、幸福な状態。
イ することがなく、退屈《たいくつ》な状態。
ウ ひっそりとしていて、もの寂《さび》しい状態。
エ 思いどおりにならず、いらいらしている状態。

〔　　〕

(2) ――線部②「書きつくれば」とありますが、どんなことを書きつけるのですか。文章中から十二字で書き抜《ぬ》きなさい。

よくでる (3) ――線部③「あやしうこそものぐるほしけれ」は、「こそ」があるために、文末の「けり」が「けれ」に変わっています。このような古典の表現を何といいますか。

〔　　〕

2 【枕草子《まくらのそうし》】

次の文章を読んで、あとの問いに答えなさい。

うつくしきもの　瓜《うり》にかきたる*ちごの顔。雀《すずめ》の子の*ねず鳴きするにをどり来る。*二つ三つばかりなるちごの、いそぎて這《は》ひ来る道に、いと小さき塵《ちり》のありけるを、目ざとに見つけて、いとをかしげなる指《および》にとらへて、大人ごとに見せたる、いとうつくし。頭《かしら》は*あまそぎなるちごの、目に髪《かみ》のおほへるを、*かきはやらで、*うちかたぶきて物など見たるも、うつくし。

（清少納言《せいしょうなごん》『枕草子』第145段より）

*ちご＝幼児。　*ねず鳴き＝ねずみの鳴きまね。
*二つ三つばかり＝二、三歳《さい》ぐらい。
*あまそぎ＝肩《かた》の辺りで切りそろえた髪型。おかっぱ。
*かきはやらで＝（手で）かきあげもしないで。
*うちかたぶきて＝（首を）少しかしげて。

ミス注意 (1) ――線部「うつくしきもの」の現代語訳として適切なものを、次のア～エから一つ選び、記号で答えなさい。

ア きれいなもの。　イ かわいらしいもの。
ウ 小さいもの。　エ 趣《おもむき》のあるもの。

〔　　〕

よくでる (2) 作者が文章中で「うつくしきもの」として挙げているものを、次のア～カから四つ選び、記号で答えなさい。

〔　　〕

ア　瓜に描《か》いた幼児の顔。
イ　ねずみのように鳴く雀の子。
ウ　踊《おど》るようにしてやってくる雀の子。
エ　二、三歳ぐらいの幼児が急いではってくる様子。
オ　小さなごみをつまんで大人に見せる幼児のしぐさ。
カ　おかっぱの幼児が首を少しかしげて、ものを見ている姿。

［　・　・　］

3 【平家《へいけ》物語】

次の文章を読んで、あとの問いに答えなさい。

〈屋島《やしま》の戦いで海上に逃《のが》れた平家は、陸の源氏《げんじ》と激しく戦った。日暮《く》れを迎《むか》えて両軍が引きあげるとき、平家の一そうの小舟《こぶね》が岸に近づき、扇《おうぎ》を竿《さお》の先につけて舟端《ふなばた》に立て、手招きをした。これを見た義経《よしつね》は、弓の名手である那須与一《なすのよいち》に扇の的を射るように命じた。〉

与一、かぶら*を取ってつがひ、よつぴいてひやうど放つ。小《こ》兵《ひやう》といふぢやう、十二束三伏《そくみつぶせ》、弓は強し、浦響《うらひび》くほど長鳴りして、あやまたず扇の要《かなめ》ぎは一寸ばかりおいて、ひいふつとぞ射切つたる。かぶらは海へ入《い》りければ、扇は空へぞ上がりける。しばしは虚空《こくう》にひらめきけるが、春風に一《ひと》もみ二《ふた》もみもまれて、海へさつとぞ散つたりける。夕日のかかやいたるに、みな*紅《くれなゐ》の扇の日出《いだ》したるが、白波の上に漂《ただよ》ひ、浮《う》きぬしづみぬ揺《ゆ》られければ、沖には平家、ふなばたをたたいて感じたり、陸《くが》には源氏、えびら*をたたいてどよめきけり。

（『平家物語』より）

*かぶら＝かぶら矢。音を立てて飛ぶように作った矢。
*みな紅の扇の日出だしたるが＝金の日輪を描《えが》いた真っ赤な扇が。
*えびら＝腰《こし》につけて使う、矢を入れる道具。

(1) ――線部「与一」は、次のア・イのどちらの武士ですか。記号で答えなさい。

ア　平家　　イ　源氏

［　　］

入試レベル問題に挑戦

(2) 次は、本文を読んで、野村《のむら》さんと島田《しまだ》さんが話し合った内容の一部です。これを読んで、あとの問いに答えなさい。

野村さん　波に漂う扇の様子が［A］。
島田さん　そうだね。与一が的を射抜いたあとの人々の様子を対句《ついく》で表現している「［B］」の部分も印象に残るね。

① ［A］に入る内容として適切なものを、次のア〜ウから一つ選び、記号で答えなさい。

ア　漢語を多用して描かれていて、独特のリズムがあるね
イ　擬音語《ぎおんご》を使って描かれていて、躍動感《やくどう》があるね
ウ　色彩《しきさい》豊かに描かれていて、絵画的だね

［　　］

ハイレベル
② ［B］に入る部分を文章中から探し、初めと終わりの五字を書き抜きなさい。（句読点は字数に含《ふく》めません。）

［　　　　　］～［　　　　　］

ヒント
矢が扇に当たった瞬間《しゅんかん》が書かれているのは「ひいふつとぞ射切つたる」の部分なので、A・Bともに、そのあとの文章に注目しよう。Bは島田さんが「人々の様子」と言っていることに注意しよう。

定期テスト予想問題

出題範囲：係り結び／枕草子／平家物語／徒然草

時間 50分
解答 別冊29ページ

得点　　／100

1

次の文章を読んで、あとの問いに答えなさい。

春はあけぼの。やうやう白くなりゆく①山ぎは、すこしあかりて、紫《むらさき》だちたる雲㋐のほそくたなびきたる。

夏は夜。月のころはさらなり、闇《やみ》もなほ、蛍《ほたる》の多く飛びちがひたる。また、ただ一つ二つなど、ほのかに②うち光りて行くも③をかし。雨など降るもをかし。

秋は夕暮れ。夕日のさして山の端《は》いと近《ちか》うなりたるに、烏《からす》㋑の寝《ね》どころへ行くとて、三《み》つ四《よ》つ、二つ三つなど、飛びいそぐさへあはれなり。まいて雁《かり》などのつらねたるが、いと小さく見ゆるはいとをかし。日入《い》り果てて、風㋒の音《おと》、虫の音《ね》など、はた言ふべきにあらず。

冬は④つとめて。雪㋓の降りたるは言ふべきにもあらず、霜《しも》のいと白きも、またさらでもいと寒きに、火などいそぎおこして、炭もて渡《わた》るもいとつきづきし。昼になりて、ぬるくゆるびもていけば、火桶《ひをけ》の火も白き灰がちになりてわろし。

（清少納言《せいしょうなごん》『枕草子《まくらのそうし》』第1段より）

(1)　——線部①「山ぎは」の意味として適切なものを、次のア～エから一つ選び、記号で答えなさい。【7点】

ア　山の、空に接しているところ。　イ　山の上の空。
ウ　山の、ふもとに近い辺り。　エ　空の、山と接する辺り。

(2)　——線部②「うち光りて行く」ものは何ですか。文章中から一字で書き抜《ぬ》きなさい。【7点】

(3)　——線部③「をかし」と似た意味を表している言葉を、文章中から五字で書き抜きなさい。【7点】

(4)　「秋は夕暮れ」の段落を、視覚で捉《とら》えた部分と聴覚《ちょうかく》で捉えた部分とに分けると、聴覚で捉えた部分はどこからですか。初めの五字を書き抜きなさい。【7点】

(5)　——線部④「つとめて」の意味として適切なものを、次のア～エから一つ選び、記号で答えなさい。【7点】

ア　早朝　イ　日中　ウ　夕方　エ　深夜

(6)　‖線部㋐～㋓の「の」のうち、ほかと働きの異なるものを一つ選び、記号で答えなさい。【6点】

(1)	(4)
(2)	
(3)	(5)
	(6)

2

次の文章を読んで、あとの問いに答えなさい。

祇園精舎《ぎをんしやうじや》の鐘《かね》の声、①諸行無常《しよぎやうむじやう》の響《ひび》きあり。沙羅双樹《しやらさうじゆ》の花の色、盛《じやう》者必衰《しやひつすい》の理《ことわり》をあらはす。②おごれる人も久しからず、ただ春の夜《よ》の夢のごとし。たけき者もつひには滅《ほろ》びぬ、ひとへに風の前の塵《ちり》に同じ。

（『平家物語《へいけものがたり》』冒頭《ぼうとう》より）

(1) ――線部①「諸行無常」の意味として適切なものを、次のア～エから一つ選び、記号で答えなさい。【7点】

ア この世の出来事は、すべて繰《く》り返されているということ。
イ この世のすべてのものは、常に移り変わっていくということ。
ウ 謙虚《けんきょ》に生きていれば、栄える時がいつか必ず来るということ。
エ 生きていくためには、努力をし続ける必要があるということ。

(2) ――線部②「おごれる人も久しからず」と対になっている部分を、文章中から書き抜きなさい。【7点】

(1)	(2)

3 次の文章を読んで、あとの問いに答えなさい。

仁和寺《にんなじ》にある法師、年寄るまで*石清水《いはしみづ》を拝まざりければ、心うく覚えて、あるとき思ひたちて、ただ一人、徒歩《かち》より詣《まう》でけり。極楽《ごくらく》寺《じ》・高良《かうら》などを拝みて、かばかりと心得て帰りにけり。

さて、かたへの人にあひて、「年ごろ思ひつること、果たしはべりぬ。聞きしにも過ぎて、尊《たふと》くこそおはし［A］。そも、参りたる人ごとに山へ登りしは、何事かありけん、ゆかしかりしかど、神へ参るこそ*本意《ほい》なれと思ひて、山までは見ず。」とぞ言ひ［B］。

少しのことにも、*先達《せんだち》はあらまほしきことなり。

（兼好法師《けんこうほうし》『徒然草《つれづれぐさ》』第52段より）

*石清水＝石清水八幡宮《いわしみずはちまんぐう》。京都《きょうと》府八幡《やわた》市の男山《おとこやま》の山上にある。
*本意＝本来の目的。
*先達＝案内者。指導者。

(1) 文章中の［ ］A・Bに入る適切な語句を、係り結びに注意して、それぞれ次のア～ウから一つ選び、記号で答えなさい。【7点×2】

ア けり（「けり」の終止形）　イ けれ（「けり」の已然形《いぜんけい》）
ウ ける（「けり」の連体形）

(2) ――線部「ゆかしかりしかど」は「知りたかったけれど」という意味ですが、法師はどんなことを知りたかったのですか。次のア～エから一つ選び、記号で答えなさい。【7点】

ア 山の上には何があるのかということ。
イ 山の上からは、どんな景色が見えるのかということ。
ウ 山の上に行くには、どうすればよいのかということ。
エ 山の上までは、どれくらいの時間で行けるのかということ。

(3) 法師が山に登らなかったのはなぜですか。法師が話している理由を文章中から十五字以内で探し、初めの五字を書き抜きなさい。【7点】

(4) 結局、法師はどこを参拝して帰ってきたのですか。文章中から書き抜きなさい。【7点】

思考
(5) この文章の主題は、どんなことですか。次の［ ］に入る内容を、現代語で十字以内で書きなさい。【10点】

●ちょっとしたことにも、［ ］ものであるということ。

(1)		(2)	(3)	(4)	(5)
A	B				

10

3 万葉・古今・新古今／おくのほそ道

攻略のコツ 和歌や芭蕉の作品を通して古典にふれ、表現の特徴や作者の思いをつかもう。

リンク
ニューコース参考書
中学国語
208～209，
236～247ページ

テストに出る！ 重要ポイント

和歌

和歌は、五音と七音を基調とする、日本の伝統的な定型詩である。

● 句切れ……一首の中で、意味が切れる部分を**句切れ**という。句切れには、初句切れ・二句切れ・三句切れ・四句切れがある。

和歌の表現技法

❶ **枕詞《まくらことば》**……特定の語を導き、語調を整える言葉。多くは五音。

例 ひさかたの → 光・日・空　白たへの → 衣・袖《そで》・雲

❷ **序詞《じょことば》**……ある言葉や句を導くための六音以上の言葉。

例 多摩川《たまがは(ワ)》にさらす手作り さらさらに何そこの児《こ》のここだ愛《かな》しき　東歌《あずまうた》

「さらさらに」を導く序詞。

❸ **掛詞《かけことば》**……一つの言葉に、同音の複数の語の意味をもたせる技法。

例 ほととぎす夢かうつつか朝露《あさつゆ》のおきて別れし暁《あかつき》の声　詠《よ》み人知らず

「おき」に「置き」と「起き」の二つの意味をもたせている。

万葉集《まんようしゅう》

❶ 成立……奈良《なら》時代末期までに成立した。

❷ 編者……大伴家持《おおとものやかもち》が深くかかわったと考えられている。

❸ 特徴《とくちょう》・歌風……**現存する日本最古の歌集。**幅広《はばひろ》い階層の人々の感動や思いが、力強く素朴《そぼく》な歌風によってうたわれている。

古今和歌集《こきんわかしゅう》

❶ 成立……平安《へいあん》時代前期に成立した。

❷ 撰者《せんじゃ》……紀友則《きのとものり》・紀貫之《つらゆき》・凡河内躬恒《おおしこうちのみつね》・壬生忠岑《みぶのただみね》。

❸ 特徴・歌風……醍醐《だいご》天皇の命令によって作られた**最初の勅撰《ちょくせん》和歌集。**知的で、優しく繊細《せんさい》な歌風によってうたわれている。

新古今和歌集《しんこきんわかしゅう》

❶ 成立……鎌倉《かまくら》時代前期に成立した。

❷ 撰者……藤原定家《ふじわらのさだいえ》(ていか)・藤原有家《ありいえ》・藤原家隆《いえたか》・藤原雅経《まさつね》ら。

❸ 特徴・歌風……後鳥羽《ごとば》上皇の命令によって作られた八番目の勅撰和歌集。感覚的で、深い味わいのある歌風によってうたわれている。

おくのほそ道

❶ 成立・作者……江戸《えど》時代前期に**松尾芭蕉《まつおばしょう》**によって書かれた。

❷ 種類……旅を記録した**紀行文**（俳句を含《ふく》む紀行文＝俳諧《はいかい》紀行文）。

❸ 内容……元禄《げんろく》2（1689）年3月、門人の河合曾良《かわいそら》と江戸を出発し、奥羽《おうう》・北陸《ほくりく》地方を経て、美濃国大垣《みののくにおおがき》（現在の岐阜《ぎふ》県大垣市）に至る、約150日間の旅の体験や見聞が記されている。

Step 1 基礎力チェック問題

解答 別冊30ページ

1 【和歌の句切れ・表現技法】

次の〔　〕に当てはまる語句の記号を選びなさい。

(1) 次の□の中の和歌は〔ア 初句切れ　イ 二句切れ　ウ 三句切れ　エ 四句切れ〕である。

> 思ひつつ寝《ぬ》ればや人の見えつらむ夢と知りせば覚めざらましを　小野小町《おののこまち》
>
> 【歌意】恋《こい》しく思いながら寝《ね》たので、あの方が夢に現れたのだろうか。夢とわかっていたなら、目を覚まさなかったのに。

(2) 多くは五音で、特定の語を導いて、語調を整える言葉を〔ア 序詞《じょことば》　イ 枕詞《まくらことば》　ウ 掛詞《かけことば》〕という。

2 【和歌集】

次の説明に合う和歌集を、あとのア～ウから選び、記号で答えなさい。

(1) 平安《へいあん》時代に作られた、最初の勅撰《ちょくせん》和歌集。代表的な歌人は、在原業平《ありわらのなりひら》や小野小町など。〔　〕

(2) 奈良《なら》時代に成立したと考えられている、現存する日本最古の歌集。〔　〕

(3) 鎌倉《かまくら》時代に作られた、八番目の勅撰和歌集。代表的な歌人は、藤原定家《ふじわらのさだいえ》(ていか)や西行法師《さいぎょうほうし》など。〔　〕

ア 万葉集《まんようしゅう》　イ 古今和歌集《こきんわかしゅう》　ウ 新古今和歌集《しんこきんわかしゅう》

3 【おくのほそ道】

次の各問いに記号で答えなさい。

(1) 『おくのほそ道』が書かれたのは、いつか。〔　〕

ア 平安時代　イ 鎌倉時代　ウ 江戸《えど》時代　エ 明治《めいじ》時代

(2) 「月日は百代《はくたい》の過客《くわかく》にして」の「過客」の意味は、次のうちのどれか。〔　〕

ア 旅人　イ 昔の人　ウ 若者　エ 客

4 【おくのほそ道】

次の俳句の季語を書きなさい。

(1) 卯《う》の花に*兼房《かねふさ》見ゆる白毛《しらが》かな　曾良《そら》〔　〕

(2) 五月雨《さみだれ》の降り残してや光堂《ひかりだう》　芭蕉《ばしょう》〔　〕

(3) 閑《しづ》かさや岩にしみ入る蝉《せみ》の声　芭蕉〔　〕

(4) 荒海《あらうみ》や佐渡《さど》によこたふ天河《あまのがは》　芭蕉〔　〕

*兼房＝源義経《みなもとのよしつね》の家臣の一人。

得点アップアドバイス

1 (1) 歌の意味がいったん切れる箇所《かしょ》に注目する。現代語訳の文にした際に、「。」(句点)が入る箇所が句切れの位置である。

2 3 教科書に出てくる古典作品は、書かれた時代を覚えておこう。「奈良→平安→鎌倉→室町《むろまち》→江戸→明治」といった元号も、時代順に覚えておくようにする。

ヒント **季語は季節を表す言葉**
俳句の中から、動植物や自然現象、行事など、季節感のある言葉を探そう。

Step 2 実力完成問題

解答 別冊30ページ

1 【万葉集《まんようしゅう》・古今和歌集《こきんわかしゅう》・新古今和歌集《しんこきんわかしゅう》】

次の和歌を読んで、あとの問いに答えなさい。

A 君待つと我《あ》が恋《こ》ひ居《を》れば我《わ》が屋戸《やど》のすだれ動かし秋の風吹《ふ》く　額田王《ぬかたのおおきみ》

B 秋来《き》ぬと目にはさやかに見えねども風の音にぞおどろかれぬる　藤原敏行《ふじわらのとしゆき》

C ひさかたの光のどけき春の日にしづ心《ごころ》なく花の散るらむ　紀友則《きのとものり》

D 道の辺《べ》に清水《しみづ》流るる柳《やなぎ》かげしばしとてこそ立ちどまりつれ　西行法師《さいぎょうほうし》

E 見わたせば花も紅葉《もみぢ》もなかりけり浦《うら》の苫屋《とまや》の秋の夕暮《ゆふぐれ》　藤原定家《さだいえ》（ていか）

＊我が恋ひ居れば＝私が恋《こい》しく思っていると。　＊秋来ぬと＝秋が来たと。
＊屋戸＝家もしくは家の戸口。
＊さやかに＝はっきりと。　＊道の辺＝道のほとり。

(1) ――線部①「すだれ動かし」とありますが、何がすだれを動かしたのですか。和歌の中から書き抜《ぬ》きなさい。〔　　〕

ミス注意 (2) ――線部②「おどろかれぬる」の意味として適切なものを、次のア～エから一つ選び、記号で答えなさい。〔　　〕

ア はっと気づかされた　イ びっくりさせられた
ウ 心地よかった　エ 怖《こわ》かった

(3) Cの和歌には枕詞《まくらことば》が用いられています。その枕詞を和歌の中から書き抜きなさい。〔　　〕

(4) ――線部③「立ちどまりつれ」とありますが、立ち止まったときの作者の心情として適切なものを、次のア～エから一つ選び、記号で答えなさい。〔　　〕

ア いつまで続くかわからない長旅にあきあきしている。
イ 旅の途中《とちゅう》で得たすがすがしさに、ほっとしている。
ウ ゆっくり休むことができず、残念に思っている。
エ 急がなくてはいけないと思い、あせっている。

よくでる (5) Eの和歌は何句切れですか。次のア～オから一つ選び、記号で答えなさい。〔　　〕

ア 初句切れ　イ 二句切れ　ウ 三句切れ
エ 四句切れ　オ 句切れなし

(6) A～Eの和歌の中から、次の①・②の表現技法が用いられているものをすべて選び、記号で答えなさい。

① 体言止め　② 係り結び　①〔　　〕　②〔　　〕

2 【おくのほそ道】次の文章を読んで、あとの問いに答えなさい。

①*三代の栄耀《ええう》一睡《いつすい》のうちにして、大門《だいもん》の跡《あと》は一里こなたにあり。秀衡《ひでひら》が跡は田野《でんや》になりて、金鶏山《きんけいざん》のみ形を残す。まづ、*高《たか》館《だち》に登れば、北上川《きたかみがは》南部より流るる大河なり。衣川《ころもがは》は、和泉《いづみ》が城《じやう》をめぐりて、高館の下《もと》にて大河に落ち入る。泰衡《やすひら》らが旧跡《きうせき》は、衣《ころも》が関《せき》を隔《へだ》てて南部口《なんぶぐち》をさし固め、夷《えぞ》を防ぐと見えたり。*さても義臣すぐってこの城に籠《こ》もり、功名一時《こうみやういちじ》の草むらとなる。「*国破れて山河あり、城春にして草青みたり」と笠《かさ》打ち敷《し》きて、時のうつるまで②涙《なみだ》を落としはべりぬ。

夏草や兵《つはもの》どもが夢の跡

③卯《う》の花に*兼房《かねふさ》見ゆる白毛《しらが》かな　　曾良《そら》

（松尾芭蕉《まつおばしょう》『おくのほそ道』より）

*三代の栄耀＝藤原清衡《ふじわらのきよひら》・基衡《もとひら》・秀衡の三代の栄華《えいが》。
*高館＝源義経《みなもとのよしつね》の館の跡。　*さても＝それにしても。
*国破れて……＝杜甫《とほ》の「春望《しゅんぼう》」という詩による。
*兼房＝源義経の家臣の一人。義経とともに戦い、戦死した高齢《こうれい》の武士。

よくでる

(1) ――線部①「三代の栄耀一睡のうちにして」の意味として適切なものを、次のア～エから一つ選び、記号で答えなさい。

ア 藤原三代の栄華は、短時間のうちに実現したということ。
イ 藤原三代の栄華は、はかなく消え果てたということ。
ウ 藤原三代の栄華は、語り継《つ》がれていくということ。
エ 藤原三代の栄華は、夢の中に出てくるようにすばらしいということ。

〔　　〕

(2) ――線部②「涙を落としはべりぬ」について、次の①・②に答えなさい。

① 作者（芭蕉）は、どんな様子を見て涙を流したのですか。次の□に当てはまる言葉を、文章中から三字で書き抜きなさい。

● 高館が□□□になってしまった様子。

重要

② 作者（芭蕉）は、どんなことを感じて涙を流したのですか。適切なものを次のア～エから一つ選び、記号で答えなさい。

ア 藤原三代の栄華のすばらしさ。
イ 自然の雄大《ゆうだい》さ。
ウ 人の世のはかなさ。
エ 人間関係のもろさ。

〔　　〕

入試レベル問題に挑戦

(3) ――線部③「卯の花に兼房見ゆる白毛かな」の句について、次のようにまとめました。□に入る言葉を、この句の中の言葉を使って、五字以上、十字以内で書きなさい。

> この句の作者である曾良は、□を見て、白髪《しらが》の兼房が奮戦している様子を連想したのである。

□□□□□□□□□□

ヒント
「曾良が見たもの」と「兼房」の共通点を捉《とら》えよう。

定期テスト予想問題

出題範囲：万葉・古今・新古今／おくのほそ道

時間 50分　解答 別冊31ページ

得点　　／100

1 次の和歌を読んで、あとの問いに答えなさい。

A 春過ぎて夏来《きた》るらし白たへの衣《ころも》干したり天《あめ》の香具山《かぐやま》　持統《じとう》天皇

B 東《ひむがし》の野に炎《かぎろひ》の立つ見えてかへり見すれば月傾《かたぶ》きぬ　柿本人麻呂《かきのもとのひとまろ》

C 人はいさ心も知らずふるさとは花ぞ昔の香《か》ににほひける　紀貫之《きのつらゆき》

D 思ひつつ寝《ぬ》ればや①人の見えつらむ夢と知りせば覚めざらましを　小野小町《おののこまち》

E 玉の緒《を》*よ絶えなば絶えねながらへば②忍《しの》ぶることの弱りもぞする　式子内親王《しょくしないしんのう》

＊玉の緒＝命。

(1) Aの和歌では、二つの色が対照されています。何色と何色ですか。それぞれ漢字一字で書きなさい。【5点×2】

(2) Bの和歌は、一日のいつ頃《ごろ》の情景をうたったものですか。次のア～エから一つ選び、記号で答えなさい。【5点】

ア 夜明け　イ 昼頃　ウ 夕暮れ　エ 深夜

(3) Cの和歌で対照されているものは、何と何ですか。十字以内で書きなさい。【8点】

(4) ――線部①「人」とは、誰《だれ》のことですか。適切なものを次のア～エから一つ選び、記号で答えなさい。【5点】

ア 自分の子供　イ 両親　ウ 恋《こい》しく思っている人　エ 自分自身

(5) Eの和歌は何句切れですか。次のア～オから一つ選び、記号で答えなさい。【5点】

ア 初句切れ　イ 二句切れ　ウ 三句切れ　エ 四句切れ　オ 句切れなし

(6) ――線部②「忍ぶること」とありますが、ここでの意味として適切なものを、次のア～エから一つ選び、記号で答えなさい。【6点】

ア わずらっている病気のつらさに耐《た》える力。
イ 恋心を人に知られないよう秘めている力。
ウ 世の中の不正を嫌《きら》い、正義を貫《つらぬ》き通す力。
エ 自分の夢に向かって挑戦《ちょうせん》し続ける力。

(7) A～Eの和歌の中から、体言止めが用いられているものを一首選び、記号で答えなさい。【5点】

(1)	(3)	(4)
・	（10字以内）	
(2)		(5)
		(6)
		(7)

2 次の文章を読んで、あとの問いに答えなさい。

①月日は百代《はくたい》の過客《くわかく》にして、行きかふ年もまた旅人なり。舟《ふね》の上に生涯《しやうがい》を浮《う》かべ、馬の口とらへて老いを迎《むか》ふる者は、日々旅にして②旅をすみかとす。③*古人も多く旅に死せるあり。*予もいづれの年よりか、片雲《へんうん》の風にさそはれて、漂泊《へうはく》の思ひやまず、海浜《かいひん》にさすらへて、去年《こぞ》の秋、江上《かうしやう》の破屋《はをく》に蜘蛛《くも》の古巣をはらひて、やや年も暮れ、春立てる霞《かすみ》の空に、白河《しらかは》の関《せき》越《こ》えむと、④そぞろ神の物につきて心をくるはせ、道祖神《だうそじん》の招きにあひて、取るもの手につかず、股引《ももひき》の破れをつづり、笠《かさ》の緒《を》付けかへて、三里に灸《きう》すゆるより、松島《まつしま》の月まづ心にかかりて、住めるかたは人に譲《ゆづ》りて、*杉風《さんぷう》が別墅《べつしよ》に⑤移るに、

草の戸も住み替《か》はる代《よ》ぞ雛《ひな》の家

*面《おもて》八句を庵《あん》の柱に懸《か》け置く。

（松尾芭蕉《まつおばしょう》『おくのほそ道』より）

*古人＝昔の人。　*予＝私。　*杉風＝芭蕉の門人の杉山《すぎやま》杉風。
*面八句＝俳諧《はいかい》で、百句の連句を二つ折りにした紙四枚に書くとき、一枚目の紙の表に記す八句のこと。「表八句」とも書く。

(1) ――線部①「月日は百代の過客にして、行きかふ年もまた旅人なり」の部分に用いられている表現技法を、次のア～エから一つ選び、記号で答えなさい。【5点】

ア 倒置《とうち》　**イ** 対句《ついく》　**ウ** 反復　**エ** 擬人法《ぎじんほう》

(2) ――線部②「旅をすみかとす」とありますが、旅をすみかとする人として、どんな職業の人が挙げられていますか。漢字二字の言葉で、二つ答えなさい。【5点×2】

(3) ――線部③「古人」とは、ここでは具体的には誰《だれ》を指していますか。次のア～キから四人選び、記号で答えなさい。【3点×4】

ア 孔子《こうし》　**イ** 李白《りはく》　**ウ** 杜甫《とほ》　**エ** 宗祇《そうぎ》
オ 兼好法師《けんこうほうし》　**カ** 西行法師《さいぎょう》　**キ** 小林一茶《こばやしいっさ》

思考

(4) ――線部④「そぞろ神の……取るもの手につかず」から、作者のどんな様子がわかりますか。二十字以内で書きなさい。【8点】

(5) ――線部⑤「移る」の主語を、文章中から書き抜《ぬ》きなさい。【5点】

(6) 「草の戸も……」の俳句の季語と季節を答えなさい。【5点×2】

(7) この文章の主題として適切なものを、次のア～エから一つ選び、記号で答えなさい。【6点】

ア 人生は旅のようなものである。
イ 旅をするには準備が必要である。
ウ 旅先で死ぬのはつらいことである。
エ 住み慣れた家を離《はな》れるは、つらいものだ。

(1)	(2)	(3)	(4)	(5)	(6)	(7)
	・	・　・　・	20		季語 季節	

1 漢文の基礎／故事成語

攻略のコツ 送り仮名や返り点に注意して漢文を読もう。故事成語の由来と意味も覚えよう。

リンク
ニューコース参考書
中学国語
256～262ページ

テストに出る！ 重要ポイント

漢文の基礎《きそ》知識

漢文とは、漢字のみを使用した中国《ちゅうごく》の文語文と、それにもとづいて書かれた文章のことで、日本の言語や文学に大きな影響《えいきょう》を与《あた》えた。

❶ **白文《はくぶん》**……元のままの文。
※訓点《くんてん》（句読点《くとうてん》・送り仮名《がな》・返り点）は付いていない。

例 学 而 時 習 之

❷ **訓読文《くんどく》**……漢文を日本語として読むために、白文に**訓点**（**句読点・送り仮名・返り点**）を補った文のこと。

例 学ビテ而時ニ習フレ之ヲ。
送り仮名（漢字の右下に片仮名で入れる）
返り点（漢字の左下に入れる）
句読点

❸ **返り点**……**読む順序**を示す符号《ふごう》。漢字の左下に付ける。
- レ点《れてん》（下の字からすぐ上の一字に返って読むことを示す。）
- 一《いち》・二点《にてん》（下の字から二字以上隔《へだ》てた上の字に返って読むことを示す。）
- 上《じょう》・下点《げてん》（一・二点を付けた部分を挟《はさ》み、「上」から「下」に返って読むことを示す。）

例 花ハ欲《ほっ》スレ然《も》エント
有リ下朋《とも》自《より》二遠方一来タル上

❹ **書き下《くだ》し文**……訓読文を、読む順序に従って、**漢字仮名交じり文**にした文のこと。

例 学びて時に之《これ》を習ふ。

故事成語

中国の古典に記された、故事とよばれる話からできた言葉のこと。

助長《じょちょう》【故事】 宋《そう》の国の人で、苗《なえ》が生長しないのを心配して上に引っ張る者がいた。帰宅して家の人に「苗を引っ張って生長を助けてやったので、疲《つか》れた。」と言ったので、子供が驚《おどろ》いて走って苗を見に行くと、苗は枯《か》れてしまっていた。世の中には、苗を無理に引っ張るように、無理に成長させようとする者が多いことだ。

漁夫《ぎょふ》（父）の利《り》【故事】 鳥が貝の肉を食べようとすると、貝は食べられまいと鳥のくちばしを挟《はさ》んだ。互《たが》いに譲《ゆず》らないでいるところへ漁師が来て、鳥も貝もどちらも捕《と》らえてしまった。

五十歩百歩《ごじっぽひゃっぽ》【故事】 梁《りょう》の恵王《けいおう》が、孟子《もうし》にこう尋《たず》ねた。「自分は心を尽《つ》くして国を治めているのに、民が増えない。隣国《りんごく》ではよい政治を行っているようには思えないが民は減っていないようだ。なぜなのだろう。」と。孟子は、戦争が好きな恵王のためにたとえ話で答えた。「戦いで負けたとき、ある兵は百歩逃《に》げてとどまり、ある兵は五十歩逃げてとどまった。五十歩逃げた兵が、百歩逃げた兵に対して、自分のほうが勇気があると百歩逃げた者を笑ったとしたら、王様はどう思うか。」と。恵王が「五十歩でも百歩でも逃げたのには変わりない。」と答えると、孟子は、「今の恵王の政治は、隣国の政治と大きくは変わりない。もっと徳のある政治をするべきだ。」と恵王を諭《さと》した。

Step 1 基礎力チェック問題

解答 別冊32ページ

1 【漢文の基礎《きそ》知識】 次の各問いに答えなさい。

(1) 漢文の説明として合うものには○、合わないものには×をつけよ。

① 漢文とは、日本語の語順で書かれた漢字仮名《かな》交じり文のことをいう。〔　〕

② 訓点とは、文章の作者本人によってあらかじめ付けられたものである。〔　〕

③ 訓点のうち、送り仮名は、平仮名で漢字の右下に入れるものである。〔　〕

④ 訓点のうち、返り点は漢字の左下に入れるものである。〔　〕

⑤ 訓点に従って日本語の漢字仮名交じり文に書き直したとき、助詞や助動詞に当たる部分は、平仮名に直して書く。〔　〕

(2) 次の□に、返り点に従って、読む順序を算用数字で書け。

① □□レ□□。

② □レ□□二□□□□一。

③ □□下□□二□□□一□□上。

④ □二□□㆑□。

⑤ □□□下□二□□□㆑□□上。

2 【故事成語】 次の故事成語の意味を、それぞれあとのア〜オから選び、記号で答えなさい。

(1) 漁夫《ぎょふ》(父)の利《り》〔　〕

(2) 助長《じょちょう》〔　〕

(3) 五十歩百歩《ごじっぽひゃっぽ》〔　〕

ア 危険を冒《おか》さなければ、大きな利益や成果を手に入れることはできないということ。

イ 両者が争っているうちに、第三者が利益を横取りすること。

ウ 少しの違《ちが》いはあっても、実際はほとんど同じであること。

エ 一度してしまったことは、なかったことにはできないということ。

オ 援助《えんじょ》して成功させようとして、かえって逆効果になり、害を与《あた》える結果になること。

得点アップアドバイス

1 (1) 漢文を日本語の文章のように読むための工夫を押《お》さえ、それぞれのきまりを正しく覚えよう。

(2) 返り点の法則を押さえよう。レ点《れてん》、一《いち》・二点《にてん》、上《じょう》・下点《げてん》を基本とし、これらを組み合わせたり、返り点の種類を増やしたりして示されている。

④・⑤ ㆑点《いちれてん》は、まずレ点に従って読んでから、一・二点の順に読む。

2 故事の内容をもとにどのような意味で用いられているかを、とらえよう。

Step 2

実力完成問題

解答 別冊32ページ

1 【漢文の基礎知識《きそ》】

次の各問いに答えなさい。

(1) 次の文の種類を、それぞれあとのア～ウから選び、記号で答えなさい。

① 既《すで》ニ罷《や》メテ帰ルレ国ニ。　〔　　〕

② 既に罷めて国に帰る。　〔　　〕

③ 既 罷 帰 国　〔　　〕

ア 白文《はくぶん》　イ 訓読文《くんどく》　ウ 書き下《くだ》し文

注意

(2) 「予《われ》苗《なえ》を助けて長《ちょう》ぜしむ。」と読むことができるように、次の漢文に送り仮名《がな》と返り点を付けなさい。

〔予　助　苗　長　矣　。〕

重要

(3) 次の漢文を書き下し文に直しなさい。

① 走ラセテレ馬ヲ西来 欲《ほつ》(ホッ)スレ到《いた》ラントレ天ニ。　〔　　〕

② 牀《しやう》(ショウ)前《ぜん》看《み》ル二月《げつ》(ゲッ)光《かう》(コウ)ヲ一。　〔　　〕

③ 西ノカタ出《い》ヅレバ二陽《やう》(ヨウ)関《くわん》(カン)ヲ一無カラン二故人一。　〔　　〕

④ 百聞ハ不《ず》レ如《し》カ二一見ニ一。　〔　　〕

⑤ 客《かく》ニ有リ下能《よ》ク為《な》ス二狗《く》盗《たう》(トウ)ヲ一者上。　〔　　〕

⑥ 貧ニシテ不《ず》二常ニハ得一レ油ヲ。　〔　　〕

2 よくでる 【故事成語】

次の意味の故事成語を、それぞれあとのア～エから選び、記号で答えなさい。

(1) 周りが敵や反対者ばかりで味方がいないこと。　〔　　〕

(2) 一歩もあとには引けない状況《じょうきょう》で、物事に当たること。　〔　　〕

(3) 物事の様子がわからず、判断できないこと。　〔　　〕

(4) 予想がすべて当たること。　〔　　〕

ア 五里霧中《ごりむちゅう》　イ 四面楚歌《しめんそか》

ウ 百発百中《ひゃっぱつひゃくちゅう》　エ 背水《はいすい》の陣《じん》

3 【故事成語】次の文章を読んで、各問いに答えなさい。

①*賈《か》島《たう(トウ)》挙《きよ(キヨ)》に赴《おもむ》きて京《けい》に至《いた》り、驢《ろ》に騎《の》りて詩を賦《ふ》し、「僧《そう》は推す月《げつ(ゲッ)》下《か》の門」の句を得たり。推を改めて*敲《かう(コウ)》と作《な》さんと欲《ほつ(ホッ)》す。手を引きて推《すい》敲《かう(コウ)》の勢《いきほひ(オイ)》を作すも、②未《いま》だ決《けつ(ケッ)》せず。覚えず*大尹《たいゐん(イン)》*韓愈《かんゆ》に衝《あた》る。乃《すなは(スナワ)》ち③具《つぶさ》に言ふ(ウ)。愈曰《ゆい(ワ)》はく、「敲の字佳《よ》し。」と。④遂《つひ(ツイ)》に*轡《くつわ》を並べて詩を論ずることを久しうす。

*賈島＝中唐《ちゅうとう》の詩人。　*敲＝「敲《たた》く」の意。
*大尹＝首都の長官。　*韓愈＝中唐の詩人・文章家。役人でもあった。
*轡＝馬やろばの口にくわえさせる金具。

注意 (1) ――線部①「賈島挙に赴きて京に至り」と読むことができるように、次の漢文に送り仮名と返り点を付けなさい。

〔 賈 島 赴 挙 至 京 〕

重要 (2) ――線部②「未だ決せず」を現代語訳しなさい。

〔　　　　〕

(3) ――線部③「具に言ふ」とは「くわしく説明した」という意味ですが、誰《だれ》が、誰に対してどのようなことを説明したのですか。〔　　〕に当てはまる言葉を書き抜《ぬ》きなさい。

●〔a　　〕が〔b　　〕に、「〔c　　〕」という句を思いついたのだが、〔d　　〕の字を〔e　　〕と変えるかどうか迷っていること。

よくでる (4) 韓愈は、賈島に対してどのように答えましたか。一文で書き抜きなさい。〔　　〕

(5) ――線部④「遂に轡を並べて詩を論ずることを久しうす。」とは、どういう意味ですか。次のア〜ウから一つ選び、記号で答えなさい。

ア 賈島と韓愈は、ろばから下りて、新たな詩の表現についてしばらく相談し合った。
イ 賈島と韓愈は、ろばを隣《となり》どうしに並べて、詩についてしばらく論じ合った。
ウ 賈島と韓愈は、ろばを向き合わせて、詩作の奥深《おくぶか》さについてしばらく話し合った。

〔　　〕

入試レベル問題に挑戦

(6) この漢文から読み取れることとして適切なものを、次のア〜エから一つ選び、記号で答えなさい。

ア 文章をよりよいものにするには、外出中も常に考え続ける必要があること。
イ 文章をよりよいものにするには、より多くの人の意見を聞いて検討するべきであること。
ウ 文章をよりよいものにしようと考え続ける姿勢があってこそ、よい作品が生まれるということ。
エ 文章をよりよいものにしようと考え続けるには、ともに語り合う友の存在が不可欠であること。

〔　　〕

ヒント
賈島がどのようにして句を作ろうとしていたかに注目。

定期テスト予想問題

出題範囲：漢文の基礎／故事成語

時間 50分
解答 別冊33ページ

得点 ／100

1 次の文章を読んで、各問いに答えなさい。 【8点×6】

楚《そ》人《ひと》に、盾《たて》と矛《ほこ》とを*鬻《ひさ》ぐ者有り。之《これ》を①誉《ほ》めて曰《い》は《(ワ)》く、「吾《わ》が盾の堅《かた》きこと、*能《よ》く陥《とほ(トオ)》すもの莫《な》きなり。」と。又《また》、其《そ》の矛を②誉めて曰は《(ワ)》く、「吾が矛の利*なること、物に於《お》いて陥さざる無きなり。」と。或《ある》ひと曰は《(ワ)》く、③「子《し》の矛を以《もつ(モッ)》て、子の盾を陥さば何如《いかん》。」と。④其の人応《こた(ウ)》ふること能《あた(ワ)》はざるなり。

＊鬻ぐ＝売る。　＊能く＝〜できる。
＊利なる＝鋭《するど》い。

(1) ――線部①「誉めて」、②「誉めて」とありますが、それぞれ何のどんなことを誉めているのですか。現代語で簡単に説明しなさい。

(2) ――線部③「子の矛を以て、子の盾を陥さば」に従い、解答欄《らん》の白文に送り仮名《がな》と返り点を付けなさい。

(3) ――線部④「其の人応ふること能はざるなり。」の意味として適切なものを、次の**ア**〜**ウ**から一つ選び、記号で答えなさい。

ア その人は、優れた矛と盾を同時に使ったら必ず戦いに勝てるのかどうかわからなかったということ。
イ その人は、自分が売っている矛と盾の品質がどのくらいよいのか保証できなかったということ。
ウ その人は、その鋭《するど》い矛で堅《かた》い盾を突《つ》いたら、結果はどうなのかという質問に答えられなかったということ。

(4) この話からできた故事成語について、**a**漢字二字で答え、**b**その意味として適切なものを次の**ア**〜**ウ**から一つ選び、記号で答えなさい。

ア 二つの事柄《ことがら》が切り離《はな》せない関係にあること。
イ 二つの事柄のつじつまが合っていないこと。
ウ 二つの事柄の一方を選択《せんたく》する必要があること。

(1)	①	
	②	
(2)		以子之矛、陥子之盾
(3)		
(4)	a	
	b	

2 次の文章を読んで、各問いに答えなさい。

楚《そ》に*祀《まつ》る者有り。其《そ》の*舎人《しやじん(シャ)》に*卮《し》酒《しゅ(シュ)》を*賜《たま(タモ)》ふ《(ウ)》。舎人相謂《あひい(アイ)》ひ《(イ)》ていは《(ワ)》く、「①数人之《これ》を飲まば足らず、一人《いちにん》②之を飲まば余り有らん。③*請《こ》ふ《(ウ)》地にゑ《(エ)》がきて蛇《へび》を為《つく》り、先《ま》づ《(ズ)》成る者酒を飲まん。」と。

一人の蛇、先づ《(ズ)》成る。酒を引きて、まさに之を飲まんとす。*すなは《(ワ)》ち左手に卮を持ち、右手に蛇をゑ《(エ)》がきていは《(ワ)》く、「吾《われ》よく④これが足を為《な》さん。」と。いまだ成らざるに、一人の蛇成る。其の卮を奪《うば》ひ《(イ)》ていは《(ワ)》く、「⑤蛇はもとより足なし。子《し》いづ《(ズ)》くんぞよくこれが足を為《な》さん。」と。⑥遂《つひ(ツイ)》に其の酒を飲む。蛇の足を為《つく》る者、終《つひ(ツイ)》に其の酒を亡《うしな》ふ《(ウ)》。

＊祀る者＝祭りをつかさどる者。　＊舎人＝門人。
＊卮＝約八リットルが入る大きさのさかずき。
＊賜ふ＝お与《あた》えになる。
＊請ふ＝「どうだろうか」とあることをもちかける意味合いで使われている。
＊すなはち＝そこで。そういうわけで。

(1) ――線部①「数人之を飲まば足らず」に従い、解答欄の白文に送り仮名と返り点を付けなさい。【8点】

(2) ――線部②「之」、④「これ」の指し示すものを、それぞれ漢字一字で答えなさい。【6点×2】

(3) ――線部③「請ふ」とありますが、どんなことを持ちかけたのですか。［A］・［B］に当てはまる言葉を書きなさい。【8点×2】

● 地面に［A］の絵を描《か》いて、最初に仕上げた者が［B］こと。

(4) ――線部⑤「蛇はもとより足なし。子いづくんぞよくこれが足を為さん。」の意味として適切なものを、次のア～ウから一つ選び、記号で答えなさい。【8点】

ア 蛇にはもともと足はないのに、あなたはなぜ蛇に足があるとよいと思ったのだろうか。
イ 蛇にはもともと足はないのに、想像で描こうとするとは、あなたはどうかしているのではないか。
ウ 蛇にはもともと足はないのに、あなたにどうやってそれが描けるというのだろうか。

(5) ――線部⑥「遂に其の酒を飲む。」とありますが、酒を飲んだのは次のア・イのどちらですか。記号で答えなさい。【8点】

ア 最初に蛇の絵を仕上げた者。
イ 二番目に蛇の絵を仕上げた者。

(1)	(2)	(3)
数 人 飲 之 不 足	②	A
	④	B

(4)	(5)

2 漢詩

攻略のコツ

漢詩の形式・構成・表現技法や、漢詩の最盛期・代表的な詩人を押さえよう。

リンク
ニューコース参考書
中学国語
258～259，
264～266ページ

テストに出る！ 重要ポイント

漢詩の形式と表現技法

漢詩とは、漢字だけを使用し、きまりに従って書かれた**詩**である。

❶ **形式**……句数（行数）と一句（一行）の文字数によって分けられる。

文字数／句数	四句	八句
五字	五言絶句《ごごんぜっく》	五言律詩《りっし》
七字	七言《しちごん》絶句	七言律詩

❷ **構成**……絶句の四つの句の組み立てを起承転結《きしょうてんけつ》という。（律詩は二句ずつで起承転結の構成になっている。）

起句《きく》	第一句	情景や場面をうたい**起**こす。
承句《しょうく》	第二句	起句を**承**《う》けて、発展させる。
転句《てんく》	第三句	内容を一**転**させる。
結句《けっく》	第四句	全体をまとめて**結**ぶ。

❸ **表現技法**

● **対句**《ついく》……構造・意味が対応する二つの句を並べること。

● **押韻**《おういん》……同じ韻（同じ響《ひび》きの音）をもつ字を特定の句の末尾《まつび》に置くこと。

例 対句

地形 江 ⟷ 山
色彩《しきさい》 碧 ⟷ 青
生物 鳥 ⟷ 花
色彩 逾白 ⟷ 欲然

例 押韻

江ハ碧ニシテ鳥ハ逾ヨ白ク
山ハ青クシテ花ハ欲スレ然エント
今春看ス又過グ
何レノ日カ是レ帰年ナラン

然 → ネン（nen）
年 → ネン（nen）

代表的な唐《とう》の詩人

中国の**唐**の時代、特に国力が全盛を迎《むか》えた玄宗皇帝《げんそうこうてい》の時代に多くの詩人たちが活躍《かつやく》し、絶句や律詩などの形式も整えられた。

● **孟浩然**《もうこうねん》（689～740年）……各地を旅したり、郷里で暮らしたりしながら、自然の世界をうたった。五言詩が得意な自然派詩人。「**春暁**《しゅんぎょう》」の作者。

● **李白**《りはく》（701～762年）……酒と自由な生活を愛し、各地を旅して詩を作った。明るく雄大《ゆうだい》な作風から「詩仙《しせん》」とよばれる。「**黄鶴**《こうかく》**楼**《ろう》**にて孟浩然の広陵**《こうりょう》**に之**《ゆ》**くを送る**」の作者。

● **杜甫**《とほ》（712～770年）……中国を代表する詩人で、「詩聖《しせい》」とよばれる。写実的な作風で、社会の矛盾《むじゅん》や人生の苦しみ、悩《なや》みをうたった。「**絶句**《ぜっく》」「**春望**《しゅんぼう》」の作者。

Step 1

基礎力チェック問題

解答 別冊34ページ

1 【漢詩の形式と構成】

次の各問いに答えなさい。

(1) 次の漢詩の形式に関する文の〔　　〕に当てはまる語句の記号を選べ。

● 漢詩の形式は、句数と一行の字数で分類する。句数が四句のものを〔ア 絶句《ぜっく》　イ 律詩〕、八句のものを〔ア 絶句　イ 律詩《りっし》〕という。また、一行の字数が五字のものを〔ア 五句　イ 五言《ごごん》〕、七字のものを〔ア 七句　イ 七言《しちごん》〕という。

(2) 漢詩の構成における次の役割に当てはまる句を、それぞれあとのア～エから選び、記号で答えよ。

①詩の全体をまとめる。〔　　〕

②前の句を承《う》けて展開する。〔　　〕

③情景や場面をうたい始める。〔　　〕

④これまでの内容を変化させる。〔　　〕

ア 起句《きく》　イ 承句《しょうく》　ウ 転句《てんく》　エ 結句《けっく》

2 【漢詩の表現技法】

次の〔　　〕に当てはまる語句の記号を選びなさい。

(1) 〔ア 構造　イ 段落〕や意味が対応した句を並べる表現技法を、〔ア 押韻《おういん》　イ 対句《ついく》〕という。

(2) 同じ響《ひび》きをもつ字を特定の句の〔ア 冒頭《ぼうとう》　イ 末尾《まつび》〕に置く表現技法を、〔ア 押韻　イ 対句〕という。

3 【唐《とう》の代表的な詩人】

①次の詩人の説明に当てはまるものを、それぞれあとのア～ウから選び、記号で答えなさい。②代表作を、それぞれあとのエ～カから選び、記号で答えなさい。

(1) 孟浩然《もうこうねん》　①〔　　〕　②〔　　〕

(2) 杜甫《とほ》　①〔　　〕　②〔　　〕

(3) 李白《りはく》　①〔　　〕　②〔　　〕

ア 酒と自然と自由な生活を愛し、明るく雄大《ゆうだい》な作風から「詩仙《しせん》」とよばれた詩人である。

イ 自然の世界についての詩をうたい、五言詩が得意な自然派詩人である。

ウ 写実的な作風で社会の矛盾《むじゅん》や人生の苦しみや悩《なや》みをうたい、「詩聖《しせい》」とよばれた詩人である。

エ 「春望《しゅんぼう》」

オ 「春暁《しゅんぎょう》」

カ 「黄鶴楼《こうかくろう》にて孟浩然の広陵《こうりょう》に之《ゆ》くを送る」

得点アップアドバイス

1 (1) 句数(行数)と一句(一行)の文字数によって、漢詩の形式が分けられることを押《お》さえよう。
(2) 絶句の場合は一句ずつ、律詩の場合は二句ずつで構成されている。

2 漢詩の代表的な表現技法の特徴《とくちょう》を押さえよう。

3 代表的な詩人の作風や代表作を覚えよう。

Step 2 実力完成問題

解答 別冊34ページ

1 【漢詩】次の漢詩を読んで、各問いに答えなさい。

絶句《(ゼッ)ぜつく》　杜甫《とほ》

江ハ碧ニシテ鳥ハ逾ヨ白ク
山青花欲然
今春看ス又過グ
何レノ日カ是レ帰年ナラン

江《(コウ)かう》は碧《みどり》にして鳥は逾《いよい》よ白く
山《やま》は青《あお》くして花《はな》は然《も》えんと欲《(ホッ)ほっ》す
今春《(シュン)こんしゆん》看《み》す又《また》過《す》ぐ
何《(イズ)いづ》れの日か、是《こ》れ帰年《きねん》ならん

重要 (1) この漢詩の形式を次の**ア**〜**エ**から一つ選び、記号で答えなさい。

ア 五言《ごごん》絶句　**イ** 五言律詩《りっし》
ウ 七言《しちごん》絶句　**エ** 七言律詩

〔　　〕

注意 (2) ――線部「山　青　花　欲　然」に、書き下《くだ》し文に従い、送り仮名《がな》と返り点を付けなさい。

〔 山　青　花　欲　然 〕

よくでる (3) この漢詩では、色彩《しきさい》がどのように対比されていますか。次の□に当てはまる色を漢字一字で答えなさい。ただし、**A**〜**C**は漢詩の中から書き抜《ぬ》き、**D**は自分で考えて書きなさい。

・第一句…「江」の**A**と「鳥」の**B**
・第二句…「山」の**C**と「花」の**D**

A〔　　〕　**B**〔　　〕
C〔　　〕　**D**〔　　〕

(4) この漢詩の第一句と第二句のように、構造・意味が対応する句を並べる表現技法を何といいますか。漢字二字で答えなさい。

□□

(5) この漢詩で押韻《おういん》している字を、次の**ア**〜**エ**から二つ選び、記号で答えなさい。

ア 白　**イ** 然
ウ 過　**エ** 年

〔　　〕・〔　　〕

ハイレベル (6) この漢詩に描《えが》かれている作者の心情として適切なものを次の**ア**〜**エ**から一つ選び、記号で答えなさい。

ア 美しい風景を来年も見たいという希望。
イ 季節の移ろいとともに迎《むか》える老いへの恐《おそ》れ。
ウ なかなか帰郷できないことへの嘆《なげ》き。
エ 穏《おだ》やかな時の中で感じた過去への懐《なつ》かしさ。

〔　　〕

2 【漢詩】次の漢詩を読んで、各問いに答えなさい。

*春望《しゅんぼう（シュン）（ボウ）》　杜甫《とほ》

*国破レテ山河在リ
*城春ニシテ草木深シ
感ジテハレ時ニ花ニモ濺ギレ涙ヲ
恨ンデハレ別レヲ鳥ニモ驚カスレ心ヲ
烽火連ナリ二三月ニ一
家書抵ル二万金ニ一
白頭搔ケバ更ニ短ク
③渾《す》ベテ欲《ほっ》スレ不《ざ》ラントレ勝《た》ヘレ*簪《しん》ニ

国破《くにやぶ》れて山河《さんが》在《あ》り
城春《しろはる》にして草木《さうもく（ソウ）》深《ふか》し
時《とき》に感《かん》じては花《はな》にも涙《なみだ》を濺《そそ》ぎ
①別《わか》れを恨《うら》んでは鳥《とり》にも心《こころ》を驚《おどろ》かす
烽火《ほうくわ（カ）》三月《さんげつ》に連《つら》なり
②家書《かしよ（ショ）》万金《ばんきん》に抵《あた》る
白頭《はくとう》搔《か》けば更《さら》に短《みじか》く
[　　　　　　]

*春望…春の眺《なが》めのこと。
*国…首都。長安《ちょうあん》のこと。
*城…城壁《じょうへき》に囲まれた首都のこと。同じく長安を指す。
*簪…冠《かんむり》を髪《かみ》に留めるためのかんざしのこと。

重要 (1) この漢詩の形式を、次のア～エから一つ選び、記号で答えなさい。
ア 五言絶句　イ 五言律詩
ウ 七言絶句　エ 七言律詩
〔　　　〕

(2) ――線部①「別れ」、②「家書」が指すものを、それぞれ次のア～エから選び、記号で答えなさい。
ア 友との別れ　イ 家族との別れ
ウ 家族からの手紙　エ 家に伝わる書物
①〔　　　〕　②〔　　　〕

よくでる (3) ――線部③「渾ベテ欲スレ不ラントレ勝ヘレ簪ニ」を、下段の[　　]に当てはまるように書き下し文にしなさい。
〔　　　　　　〕

入試レベル問題に挑戦

(4) この漢詩とその作者についてまとめた、次の文章の[　　]A～Dに当てはまる言葉や漢数字を、それぞれ書きなさい。

> この漢詩の作者杜甫は、中国を代表する詩人で[A]とよばれました。「春望」では、第一・二句、第[B]句、第五・六句が対句《ついく》になっており、偶数《ぐうすう》句末の「深・[C]・金・簪」が押韻《おういん》しています。
> 第一・二句で「国」「城」と述べられているのは、この時代の首都[D]のことです。

A〔　　　〕　B〔　　　〕
C〔　　　〕　D〔　　　〕

ヒント
Dは、杜甫が活躍《かつやく》した唐《とう》の時代の首都である。

定期テスト予想問題

出題範囲：漢詩

時間 50分
解答 別冊35ページ

得点 ／100

1 次の各問いに答えなさい。

(1) 次の漢詩の形式の説明に当てはまる漢詩を、それぞれあとの**ア**～**エ**から選び、記号で答えなさい。【5点×6】

① 四句から成り、一句が五字の詩。
② 八句から成り、一句が五字の詩。
③ 四句から成り、一句が七字の詩。
④ 八句から成り、一句が七字の詩。

ア 五言絶句《ごごんぜっく》　**イ** 五言律詩《ごごんりっし》
ウ 七言絶句《しちごんぜっく》　**エ** 七言律詩

(2) 次の説明に合う表現技法を、それぞれあとの**ア**～**エ**から選び、記号で答えなさい。

① 構造・意味が対応した二つの句を並べること。
② 同じ響《ひび》きをもつ字を特定の句の末尾《まつび》に置くこと。

ア 倒置《とうち》　**イ** 対句《ついく》
ウ 押韻《おういん》　**エ** 体言止め

(1)	(2)
①	①
②	②
③	
④	

2 次の漢詩を読んで、各問いに答えなさい。

春暁《しゅんげう(シュン)(ギョウ)》　孟浩然《まうかうねん(モウ)(コウ)》

春眠不《ず》レ覚エレ暁ヲ
②処処聞啼鳥
夜来風雨ノ声
花落ツルコト知ル多少

春眠《しゅんみん(シュン)》①暁《あかつき》を覚《おぼ》えず
処処《しょしょ(ショ)(ショ)》啼鳥《ていてう(チョウ)》を聞《き》く
夜来風雨《やらいふうう》の声《こゑ(コエ)》
③花落《はなお》つること知《し》る多少《たせう(ショウ)》

(1) この漢詩のa形式、b構成を、それぞれ漢字四字の言葉で答えなさい。【5点×2】

(2) この詩で押韻している字を三つ書きなさい。【4点×3】

(3) ——線部①「暁を覚えず」の意味として適切なものを、次の**ア**～**ウ**から一つ選び、記号で答えなさい。【5点】

ア 夜が明けたことはない。
イ 夜が明けたことに気づかない。
ウ 夜明けに気づかないくらい暗い。

(4) ――線部②「処 処 聞 啼 鳥」に、書き下《くだ》し文に従って、送り仮名《がな》と返り点を付けなさい。【5点】

(5) ――線部③「花落つること知る多少」の意味として適切なものを、次の**ア**～**ウ**から一つ選び、記号で答えなさい。【5点】

ア 花は多少散るものだと知っている。

イ 花が散ったのを知ることはできるのだろうか。

ウ 花はどれくらい散ったのだろうか。

(1)	(2)	(4)
a		処 処 聞 啼 鳥
b	(3)	(5)

3 次の漢詩を読んで、各問いに答えなさい。

黄鶴楼《くわうかくろう（コウ）》にて孟浩然の広陵《くわうりよう（コウ）（リョウ）》に之《ゆ》くを送る　李白《りはく》

①故人西ノカタ辞シ二黄鶴楼ヲ一
②煙《えん》花《くわ（カ）》三《さん》月《ぐわつ（ガツ）》下ル二揚《やう（ヨウ）》州《しう（シュウ）》一
孤帆ノ遠影碧空ニ尽キ
惟ダ見ル長江ノ天際ニ流ルルヲ

故人《こじん》西《にし》のかた、黄鶴楼《くわうかくろう（コウ）》を辞《じ》し
［　　　　］
③孤帆《こはん》の遠影《ゑんえい（エン）》、碧空《へきくう》に尽《つ》き
惟《た》だ見《み》る長江《ちやうかう（チョウ）（コウ）》の天際《てんさい》に流《なが》るるを

(1) ――線部①「故人」について、次の各問いに答えなさい。

a 「故人」の意味として適切なものを、次の**ア**～**ウ**から一つ選び、記号で答えなさい。【5点】

ア 亡《な》くなった人。　**イ** 故郷の幼なじみ。

ウ 古くからの親友。

b 「故人」とは、具体的には誰《だれ》を指しますか。上の段から名前を書き抜《ぬ》きなさい。【5点】

c 「故人」は、**1**どこから去って、**2**どこへ向かおうとしているのですか。漢詩の中からそれぞれ書き抜きなさい。【4点×2】

(2) ――線部②「煙 花 三 月 下ル二揚 州一」を書き下し文にしなさい。【5点】

(3) ――線部③「孤帆の遠影、碧空に尽き」から読み取れることとして適切なものを、次から一つ選び、記号で答えなさい。【5点】

ア 遠くから、小さな舟《ふね》が故人を迎《むか》えにきたという状況《じょうきょう》。

イ 遠ざかっていく故人の孤独な姿を見送る作者の姿。

ウ 遠ざかる舟に乗る故人が、作者に向けて手を振《ふ》る様子。

(4) この漢詩に描《えが》かれている心情として適切なものを、次の**ア**～**ウ**から一つ選び、記号で答えなさい。【5点】

ア 壮大《そうだい》な自然への憧《あこが》れ。　**イ** 死者への哀悼《あいとう》。

ウ 別離《べつり》の悲しみ。

(1)	(2)	(3)
a		
b		(4)
c 1		
2		

3 論語

攻略のコツ 『論語』の特色や、『論語』に収められた孔子の言葉の意味をとらえよう。

リンク
ニューコース参考書
中学国語
268～270ページ

テストに出る！ 重要ポイント

『論語《ろんご》』の特色

❶ **成立**……中国の春秋《しゅんじゅう》時代末期（紀元前400年前後）。孔子《こうし》が直接書いたものではなく、孔子の死後、**弟子たちが孔子の言行や弟子たちとの問答をまとめたもの**である。

❷ **内容**……孔子の思想である「**仁**《じん》（思いやり）」や「**礼**《れい》（社会的な作法・きまり）」など、人としての生き方が書かれている。

❸ **構成**……約500の短い章で構成される。

時代背景や影響《えいきょう》

中国の春秋時代の末期には、周《しゅう》という王朝の権威《けんい》が弱まり、多くの国が並び立ち、互《たが》いに争っていた。そのような**戦乱の時代**の中で、孔子は人の生き方を正し、**平和な社会が実現**することを目指した。

孔子の人物像

- 紀元前551年頃《ごろ》に魯《ろ》という国で生まれた、古代中国の思想家。
- **儒家**《じゅか》の始祖で、「**聖人**」と仰《あお》がれた。

『論語』の中の言葉

- **「己《おのれ》の欲《ほっ》せざる所《ところ》は、人《ひと》に施《ほどこ》すこと勿《な》かれ。」**
  自分がほかの人からされたくない、してほしくないと思うようなことは、自分も人に対してしてはならない。
- **「過《あやま》ちて改《あらた》めざる、是《これ》を過ちと謂《い》ふ《（ウ）》。」**
  過ちを犯したことを知っていながらも改めようとしない、これを本当の過ちというのだ。
- **「君子《くんし》は和《わ》して同《どう》ぜず、小人《しょうじん》は同《どう》じて和《わ》せず。」**
  君子は周囲とうまくやるが、流されることはない。つまらない人は人にへつらったり振《ふ》り回されたりするが、人と調和しない。
- **「知《し》らざるを知《し》らずと為《な》す。是《これ》知《し》るなり。」**
  知っていることは知っている、知らないことは正直に知らないとすることが、真に知っていることだ。
- **「過《あやま》ちては則《すなわ》ち改《あらた》むるにはばかること勿《なか》れ。」**
  もし自分に過ちがあれば、真心に従ってすぐにでも改めることだ。
- **「過《す》ぎたるは猶《なほ》《（ナオ）》及《およ》ばざるがごとし。」**
  物事をしすぎるのは、し足りないのと同じようによくない。物事にはちょうどよい程度がある。
- **「後生畏《こうせいおそ》るべし。」**
  自分よりも年が若い者は、努力しだいで今後どのようにも優れた人物になる可能性があるので、畏《おそ》れ敬わなければならない。

Step 1 基礎力チェック問題

解答 別冊36ページ

1 【『論語《ろんご》』の特色・時代背景・孔子《こうし》の人物像】

次の各問いに答えなさい。

(1) 『論語』の説明として合うものには○、合わないものには×をつけよ。

① 『論語』は孔子が、自分自身の言行や弟子たちとの問答をまとめたものである。〔　〕

② 『論語』は、中国の春秋《しゅんじゅう》時代末期に成立したが、この時代は国々が権力争いをする戦乱の時代だった。〔　〕

③ 孔子は道教《どうきょう》の始祖で、「聖人」と仰《あお》がれた。〔　〕

(2) 孔子の思想を表した言葉を次の**ア**〜**エ**から二つ選び、記号で答えよ。

ア 非攻《ひこう》　**イ** 兼愛《けんあい》

ウ 礼《れい》　**エ** 仁《じん》

〔　〕・〔　〕

2 【『論語』の中の言葉】

次の各問いに答えなさい。

(1) 次の『論語』の中から生まれた故事成語の意味を、それぞれあとの**ア**〜**エ**から選び、記号で答えよ。

① 過《す》ぎたるは猶《なほ》(ナオ)及《およ》ばざるがごとし。〔　〕

② 過《あやま》ちて改めざる、是《これ》を過ちと謂《い》ふ。〔　〕

③ 己《おのれ》の欲《ほっ》せざる所《ところ》は人《ひと》に施《ほどこ》すこと勿《な》かれ。〔　〕

④ 後生《こうせい》畏《おそ》るべし。〔　〕

ア 自分がしてほしくないことは、自分も人に対してしてはならない。

イ 過ちを犯したことを知っていながら改めようとしないのが、本当の過ちである。

ウ 自分よりも若い人は、将来優れた人物になる可能性があるので、畏れ敬わなければならない。

エ 物事をしすぎるのは、し足りないのと同じくらいよくないものだ。

(2) 『論語』の中の「不知為不知」を「知らざるを知らずと為《な》す。」と読むことができるように、返り点を正しく付けたものを次の**ア**〜**エ**から一つ選び、記号で答えよ。〔　〕

ア 不レ知為レ不レ知

イ 不レ知為二不知一

ウ 不二知一為二不知一

エ 不知為二不知一

得点アップアドバイス

1 (1) 『論語』が中国のいつの時代に、どのような形で成立したのかについて押《お》さえよう。

(2) 孔子の思想とは、思いやりと社会的な作法・きまりの二つ。

2 (1) 『論語』の中から多くの故事成語が生まれたことと、それぞれの意味を押さえておこう。

(2) 返り点の付け方は106ページで確認しよう。

Step 2 実力完成問題

解答 ▶ 別冊36ページ

1 【『論語《ろんご》』】

次の『論語』の一節を読んで、各問いに答えなさい。

子①曰《ハク》、「温《メテ》レ故《キヲ》而知《レバ》レ新《シキヲ》、可以為師矣。」

子《し》曰《い》はく(ワ)、「②故《ふる》きを温めて新しきを知れば、③以《もつ》(モッ)て師たるべし。」と。

重要 (1) ――線部①「子」とは、ここでは誰《だれ》のことですか。次のア〜ウから一つ選び、記号で答えなさい。

ア 皇帝《こうてい》　**イ** 孔子《こうし》　**ウ** 孔子の弟子の一人　〔　　〕

(2) ――線部②「故きを温めて新しきを知れば」について、次の各問いに答えなさい。

a 「故きを温めて新しきを知る」とは、どういうことですか。適切なものを次の**ア**〜**ウ**から一つ選び、記号で答えなさい。

ア 昔の学問や伝統などを知ることで、今の自分たちへの影響《えいきょう》を認識するということ。

イ 昔の学問や伝統などを学び直すことで、その意義に初めて気づくということ。

ウ 昔の学問や伝統などを研究することで、新たな意義や価値を発見するということ。　〔　　〕

b この部分から生まれた故事成語を漢字四字で書きなさい。

注意 (3) ――線部③「以て師たるべし」に従い、次の白文に送り仮名《がな》と返り点を付けなさい。

〔 可 以 為 師 矣 〕

---

2 【『論語』】

次の『論語』の一節を読んで各問いに答えなさい。

子曰《ハク》、「吾①十有五《ニシテ》而②志《ス》二于学《ニ》一。三十《ニシテ》而立《ツ》。

四十《ニシテ》而③不《ず》レ惑《まどハ》。五十《ニシテ》而知《ル》二天命《ヲ》一。

六十《ニシテ》而④耳順《したがフ》。七十而従心所欲、

不《ず》レ踰《エ》レ矩*《ヲ》。」

子曰はく、「吾《われ》十有五にして学に志す。三十にして立つ。四十にして惑《まど》(ワ)はず。［　　　　］。六十にして耳順《したが》(ウ)ふ。七十にして心の欲《ほっ》(ホッ)する所に従ひ(イ)て、矩《のり》を踰《こ》えず。」と。

*矩＝定規。ここでは、規範《きはん》や秩序《ちつじょ》を意味する。

(1) ——線部①「吾」と同じ人物を指す言葉を、漢文の中から一字で書き抜《ぬ》きなさい。〔　　〕

よくでる

(2) ——線部②「而」のように、書き下《くだ》し文にするときに読まない字のことを何といいますか。三字で答えなさい。

□□□

(3) ——線部③「五十ニシテ而知ル二天命ヲ一。」を書き下し文にしなさい。

〔　　〕

注意

(4) ——線部④「七十而従心所欲」を、「七十にして心の欲する所に従ひ《い》て」という書き下し文に従って返り点を付けた場合、正しいものはどれですか。次のア〜エから一つ選び、記号で答えなさい。〔　　〕

ア 七十二而従一心レ所レ欲
イ 七十二而従レ心所一欲
ウ 七十而従二心所一レ欲
エ 七十而従二心所レ欲一

(5) 年代順にどのようなことが述べられていますか。それぞれあとのア〜カから選び、記号で答えなさい。

a 十五…〔　　〕　b 三十…〔　　〕
c 四十…〔　　〕　d 五十…〔　　〕
e 六十…〔　　〕　f 七十…〔　　〕

ア あれこれ迷わなくなる。
イ 天から与《あた》えられた使命を知る。
ウ 学問を志すようになる。
エ 心のままに振《ふ》る舞《ま》っても道を外さなくなる。
オ 学問で身を立てる自信がもてるようになる。
カ 人の意見が素直に聞けるようになる。

入試レベル問題に挑戦

(6) 次の生徒たちの会話を読んで、あとの各問いに答えなさい。

西山《にしやま》　「吾十有五にして学に志す。」の「十有五」は、十五歳《さい》のことなんだって。今の私たちと同じくらいの年だよね。この孔子の言葉から、「[A]歳」を意味する「志学《しがく》」という言葉ができたんだって。

大川《おおかわ》　へえ。僕《ぼく》にはまだ、明確に将来の目標を定めるのはちょっと難しそうだなあ。それに、立派な人物になるまで[B]歳までかかったとは、僕たちもまだまだ先が長いね。

飯田《いいだ》　この一節はどうやって人が成長していくのかを伝えているのだと思う。だから、「志学」に続いて、「而立《じりつ》」「C不惑《ふわく》」「知命《ちめい》」「D耳順《じじゅん》」「従心《じゅうしん》」が、年齢《ねんれい》を表す言葉として残ったのだと思うよ。それぞれの年代になったときにどのような境地に至るのかの目安になるのではないかな。

① [A]・[B]、——線部C・Dに当てはまる年齢を、それぞれ漢数字で答えなさい。

A〔　　〕　B〔　　〕
C〔　　〕　D〔　　〕

② 飯田さんは、この孔子の言葉から生まれた年齢を表す言葉をどのようにとらえていますか。会話の中の言葉を使って書きなさい。

〔　　〕

ヒント
「志学（十五）」のあとの「而立」は「三十」を表すことに注目。

定期テスト予想問題

出題範囲：論語

時間 50分
解答 別冊36ページ

得点 ／100

1 次の『論語《ろんご》』の一節を読んで、各問いに答えなさい。

A 子曰《ハク》、「知《ル》レ之《ヲ》者《ハ》、不《ず》レ如《カ》二好《ム》レ之《ヲ》者《ニ》一。好《ム》レ之《ヲ》者《ハ》、不《ずト》レ如《シカ》二楽《シム》レ之《ヲ》者《ニ》一。」

①子《し》曰《い》は《（ワ）》く、「之《これ》を知る者は、之を好む者に②如《し》かず。之を好む者は、之を楽しむ者に如かず。」と。

B 子曰《ハク》、「学《ビテ》而不《ざレバ》レ思《ハ》則《チ》罔《シ》、③思《ヒテ》而不《ざレバ》レ学《バ》則《チ》殆《シト》。」

子《し》曰《い》は《（ワ）》く、「学びて思は《（ワ）》ざれば則《すなは（スナワ）》ち罔《くら》し、□則ち殆《あやふ（アヤウ）》し。」と。

(1) ――線部①「子曰はく」、②「如かず」を現代語訳しなさい。【6点×2】

(2) Aの漢文で、最も優れていると述べられている人は、どんな人ですか。次のア～ウから一つ選び、記号で答えなさい。【7点】

ア 知る者
イ 好む者
ウ 楽しむ者

(3) Aの漢文で述べられていることを、日本のことわざで表した場合に当てはまるものを、次のア～ウから一つ選び、記号で答えなさい。【7点】

ア 下手の横好き
イ 好きこそものの上手なれ
ウ 苦あれば楽あり

(4) ――線部③「思《ヒテ》而不《レ》学《バ》」を、□に当てはまるように書き下《くだ》し文にしなさい。【6点】

(5) Bの漢文では、学問にはどのようなことが大切だと述べられていますか。適切なものを次のア～オから二つ選び、記号で答えなさい。【7点×2】

ア 自然の法則に従うこと。
イ 自分自身で考えること。
ウ これまでの体験を大切にすること。
エ 書物などから知識を得ること。
オ 常に新しいことに挑戦《ちょうせん》すること。

(1)	(2)	(4)
①		
	(3)	
②		(5)

2 『論語』の一節を読んで、各問いに答えなさい。

子　曰《ハク》、「①学《ビテ》而　時《ニ》②習《フ》レ之《ヲ》、不《ず》二亦　説《バシカラ》一乎《や》。
有《リ》下③朋　自《より》二遠　方一来《タル》上、不《ず》二亦　楽《シカラ》一乎《や》。
A人　不　知　而　不　慍、不《ず》二亦　④君　子《ナラ》一乎《やト》。」

子曰《しい》は《(ワ)》く、「学びて時に之《これ》を習ふ《(ウ)》、B亦説《またよろこ》ばしからずや。
朋《とも》遠方より来たる有り、亦楽しからずや。
人知らずして⑤慍《うら》みず、亦君子ならずや。」と。

(1) ……線部A「人　不　知　而　不　慍」に、「人知らずして慍みず」に従い、送り仮名《がな》と返り点を付けなさい。【6点】

(2) ……線部B「亦説ばしからずや」を現代語に訳しなさい。【6点】

(3) ――線部①「学《ビテ》」の「学ぶ」、②「習《フ》」の「習ふ《(ウ)》」とは、どういうことですか。適切なものをそれぞれ次の**ア**～**エ**から選び、記号で答えなさい。【7点×2】

ア 自分自身で考えること。
イ 繰《く》り返し復習すること。
ウ 書物などから知識を得ること。
エ 常に新しいことに挑戦すること。

(4) ――線部③「朋」、④「君子」とは、どういう人のことですか。次の**ア**～**カ**からそれぞれ選び、記号で答えなさい。【7点×2】

ア 幼少期をともに過ごした幼なじみのこと。
イ 師のもとで優劣《ゆうれつ》を競ったライバルのこと。
ウ ともに学び志を同じくする学友のこと。
エ 世間の中でもまれて出世した人のこと。
オ 徳を積んだ人格者のこと。
カ 人に教えを施《ほどこ》す教師のこと。

(5) ――線部⑤「慍みず」とありますが、どのようなことに不満を抱《いだ》かないと言っているのですか。適切なものを次の**ア**～**エ**から一つ選び、記号で答えなさい。【7点】

ア 世間の人々が学問の重要さを知らずにいること。
イ 世間の人々が自分を理解してくれないこと。
ウ 世間の人々が自分に教えを求めに来ないこと。
エ 世間の人々が自分と友達になろうとしないこと。

(6) 孔子《こうし》の言う、学問をすることの意義とは、どのようなことですか。適切なものを次の**ア**～**エ**から一つ選び、記号で答えなさい。【7点】

ア 学問を十分に身につけ、自然界の法則を学ぶこと。
イ 学問を十分に身につけ、社会的に高い地位につくこと。
ウ 学問を十分に身につけ、世間的な評価を得ること。
エ 学問を十分に身につけ、優れた人物になること。

(1)	(2)	(3)
人　不　知　而　不　慍		①
		②
		(4)
		③
		④
		(5)
		(6)

高校入試対策テスト

時間 50分
解答 別冊38～39ページ

得点 /100

1 次の文節と単語についての各問いに答えなさい。【2点×2】

(1) 次の文を文節に分け、その数を算用数字で答えなさい。

●では、人間を他者と区別する最も大きな特徴《とくちょう》はなんだろうか。

(2) 次の文を単語に分けたものとして適切なものを、あとの**ア**～**エ**から選び、記号で答えなさい。

●ずっとみんなを待っていた。

ア ずっと／みんなを／待っていた
イ ずっと／みんなを／待って／いた
ウ ずっと／みんな／を／待っ／て／いた
エ ずっと／みんな／を／待っ／て／い／た

(1)	(2)

2 次の文節どうしの関係についての各問いに答えなさい。【2点×2】

(1) 次の文の――線部の文節が直接かかる部分を、あとの**ア**～**エ**から選び、記号で答えなさい。

●それはひとえに花というもののもつ偶然《ぐうぜん》の要素をかけがえのないものとしてどれだけ生かしているかどうかにかかっている。

ア もつ　**イ** かけがえのない
ウ どれだけ　**エ** かかっている

(2) 次の文の――線部「読んでいる」の「読んで」と「いる」の文節どうしの関係を、あとの**ア**～**エ**から選び、記号で答えなさい。

●計画書を、父は目を丸くして読んでいる。

ア 主・述の関係　**イ** 修飾《しゅうしょく》・被《ひ》修飾の関係
ウ 並立の関係　**エ** 補助の関係

3 次の単語についての各問いに答えなさい。【3点×4】

(1) ――線部の動詞の活用の種類がほかと異なるものを**ア**～**エ**から選び、記号で答えなさい。

ア あの人は、怒《おこ》らない。　**イ** 科学は、自然とは違《ちが》う。
ウ 自然は常に変化する。　**エ** 誰《だれ》もが皆《みな》そう思っている。

(2) ――線部の単語の活用形がほかと異なるものを**ア**～**エ**から選び、記号で答えなさい。

ア 迷わずその道を歩んだ。　**イ** いろいろな情報があります。
ウ そう思うこともある。　**エ** とてもプラスになった。

(3) 「おなかが痛かった。」の――線部の単語と同じ品詞のものを、**ア**～**エ**から選び、記号で答えなさい。

ア 痛みを分かち合う。　**イ** 頭は、それほど痛まない。
ウ 足をぶつけて、痛がる。　**エ** 痛ければ、病院に行け。

(1)	(2)

(4) ——線部の単語の品詞がほかと異なるものをア～エから選び、記号で答えなさい。

ア いきなり笑い出した。
イ 部屋がとても乾燥《かんそう》している。
ウ とんだ災難にあった。
エ なにしろ今日は忙《いそが》しいのだ。

(1)	(2)	(3)	(4)

4 次の各文の——線部の単語と意味・用法が同じものをア～エから選び、記号で答えなさい。【3点×4】

(1) あまりの乱暴な振《ふ》る舞《ま》いに仰天《ぎょうてん》したのだ。

ア 花がきれいに咲《さ》いた。
イ 真夏の暑さにまいっている。
ウ 楽しそうに笑っている。
エ 若いのにしっかりしている。

(2) 大丈夫《だいじょうぶ》だろうとは思うが少し心配になった。

ア 入賞が自信につながる。
イ 勉強もするが運動もする。
ウ 室内で遊ぶのが好きだ。
エ 誘《さそ》ったが来なかった。

(3) いろいろの約束事に縛《しば》られることもあるだろう。

ア 故郷に帰ると、昔のことが思いだされる。
イ 歓迎会《かんげいかい》には、社長も出席されるらしい。
ウ 誕生日のパーティーに招かれる。
エ 朗読の手本として、まず先生が読まれる。

(4) それは、物と物の間の何もない空間を指す言葉だ。

ア 私たちの予想もしないことが起こった。
イ 次の日曜日は、サッカーの練習がない日だ。
ウ やらねばならない仕事がたくさんある。
エ いつまでもずっと変わらないものがある。

(1)	(2)	(3)	(4)

5 次の部首・画数についての各問いに答えなさい。【3点×2】

(1) 漢字「活」の部首と同じ部首を持つ漢字を行書で書いたものをア～エから選び、記号で答えなさい。

ア 補　イ 伯　ウ 演　エ 絡

(2) 行書で書かれた次の漢字を楷書《かいしょ》で書いた場合、「飛」と総画数が同じになるものをア～エから選び、記号で答えなさい。

ア 班　イ 孫　ウ 筆　エ 祝

(1)	(2)

6 次の各熟語と構成が同じものをア～エから選び、記号で答えなさい。【2点×4】

(1) 背景
ア 悲喜　イ 温泉　ウ 観劇　エ 仁愛

(2) 注意
ア 急行　イ 膨張《ぼうちょう》　ウ 縦横　エ 兼職《けんしょく》

(3) 長距離《ちょうきょり》
ア 好条件　イ 国際的　ウ 松竹梅　エ 自由化

(4) 不機嫌《ふきげん》
ア 不審者《ふしんしゃ》　イ 不可欠　ウ 不手際　エ 不燃物

(1)	(2)	(3)	(4)

7 次の各熟語の対義語をア〜エから選び、記号で答えなさい。【3点×2】

(1) 創造

ア 消滅《しょうめつ**》　イ 現実　ウ 模倣《もほう》　エ 改造

(2) 能動

ア 受動　イ 不動　ウ 停止　エ 先導

(1)
(2)

8 次の文の――線部①〜④の敬語の種類の組み合わせを、あとのア〜エから選び、記号で答えなさい。【3点】

●「小鳥をご覧になる①ときのために、双眼鏡《そうがんきょう》を差し上げ②ようと思ったのでございます③。」と、その人に申し上げ④ました。

ア ①尊敬語―②謙譲語《けんじょうご》―③尊敬語―④謙譲語

イ ①謙譲語―②謙譲語―③丁寧語《ていねいご》―④尊敬語

ウ ①尊敬語―②謙譲語―③丁寧語―④謙譲語

エ ①丁寧語―②尊敬語―③謙譲語―④丁寧語

9 次の文章を読んで、あとの問いに答えなさい。（……線の左側は現代語訳です。）【8点×3】

近ごろの歌仙（和歌の名人）には、民部卿定家《みんぶきょうていか》、宮内卿家隆《くないきょういえたか》とて、一双《いっそう》にいはれけり。そのころ、「われも、われも。」とたしなむ人多けれど、いづれも、この二人には及《およ》ばざりけり。

ある時、後京極摂政《ごきょうごくのせっしょう》、宮内卿を召《め》して、「この世に歌詠《うたよ》みに多く聞《きこ》ゆる中に、いづれか勝《すぐ》れたる。心に思はむやう、ありのままにのたまへ（おっしゃれ）。」と御尋《おたず》ねありけるに、「いづれも分きがたく。」と申して、思ふやうありける①を、「いかに、いかに。」とあながちに（強引に）問はせ給《たま》ひければ②、ふところより畳紙《たとうがみ》（畳んだ紙）を落《おと》して、やがて（そのまま）罷《まか》り出《い》でけるを、御覧《ごらん》ぜられければ、

明けばまた秋のなかばも過ぎぬべし
かたぶく月の惜《を》しきのみかは

と書きたりけり。

これは民部卿の歌なり。かねて、かかる御尋ね③あるべしとは、いかでか（どうしてわかるだろうか）知らむ。もとよりおもしろくて、書きて持たれたりけるなめり。

これら用意深きたぐひなり。

（『十訓抄《じっきんしょう》』より）

(1) ――線部①「思ふやうありける」を現代仮名遣《かなづか》いに直し、すべて平仮名で書きなさい。

(2) ――線部②「問はせ給ひければ」の主語として適切なものを、ア〜エから選び、記号で答えなさい。

ア 民部卿定家　イ 宮内卿家隆　ウ 後京極摂政　エ 作者

(3) ――線部③「かかる御尋ね」は、「このようなお尋ね」という意味ですが、ここでは、どのようなことを尋ねたのですか。適切な

ものをア～エから選び、記号で答えなさい。

ア どのような紙に書けば、歌がすぐれて見えるかということ。
イ 最近の歌詠みの中で、誰《だれ》がすぐれているかということ。
ウ 歌を詠むのには、どの季節がすぐれているかということ。
エ すぐれた歌を贈《おく》られたお礼には何が喜ばれるかということ。

(1)	(2)	(3)

10 次の【漢詩Ⅰ】【漢詩Ⅱ】を読んで、あとの問いに答えなさい。【3点×7】

【漢詩Ⅰ】　*汪倫《おうりん》に贈る　李白《りはく》

李白舟《ふね》に乗つて将《*まさ》に行かんと欲《ほっ》す
忽《たちま》ち聞く岸上踏歌《*とうか》の声
*桃花潭《とうかたん》の水深さ千尺
及《およ》ばず汪倫の我を送るの情に

李白乗レツテ舟ニ将ニ欲レス行カント
忽チ聞ク岸上踏歌ノ声
桃花潭ノ水深サ千尺
不レ及バ汪倫ノ送レルノ我ヲ情ニ

*汪倫＝李白の友人。　*将に＝今にも。　*踏歌＝足で地を踏《ふ》み調子をとって歌うこと。またはその歌。　*桃花潭＝川の名前。潭は、水が深くよどむところ。

【漢詩Ⅱ】　*黄鶴楼《くわうかくろう》にて孟浩然《まうかうねん》の広陵《くわうりよう》に之《ゆ》くを送る　李白

故人西のかた黄鶴楼を辞し
煙花《えんくわ》三月揚州《*やうしう》に下る
孤帆《こはん》の遠影碧空《ゑんえいへきくう》に尽《つ》き
惟《*た》だ見る長江《ちやうかう》の天際*に流るるを

故人西ノカタ辞ニシ黄鶴楼一ヲ
煙花三月下ニル揚州一ニ
孤帆ノ遠影碧空ニ尽キ
惟ダ見ル長江ノ天際ニ流ルルヲ

*黄鶴楼＝長江のほとりにあった高い建物。　*揚州＝長江下流の都市。広陵のこと。
*惟だ＝「唯だ」と表記される場合もある。　*天際＝空の果て。

(1) 【漢詩Ⅰ】【漢詩Ⅱ】に共通する漢詩の形式を、漢字四字で答えなさい。

(2) 【漢詩Ⅱ】の中で、「別れを告げる」という意味で用いられている語句を、一句目から漢字一字で書き抜《ぬ》きなさい。

(3) 【漢詩Ⅰ】【漢詩Ⅱ】の書き下し文に共通して見られる表現技法をア～エから選び、記号で答えなさい。

ア 対句　イ 反復
ウ 倒置《とうち》　エ 体言止め

(4) 【漢詩Ⅰ】【漢詩Ⅱ】の内容を比較《ひかく》してまとめた次の文章の、（　）①～④に当てはまる適切な言葉をア～エから選び、記号で答えなさい。

●【漢詩Ⅰ】では、作者の李白が（ ① ）立場であったが、【漢詩Ⅱ】では逆に、（ ② ）立場になっている。
また、それぞれの漢詩の感動の中心は、【漢詩Ⅰ】では、川の深さよりも深い、友人の心遣《こころづか》いに対する（ ③ ）であるが、【漢詩Ⅱ】では、大河の広がりによって際立《きわだ》つ言いようのない（ ④ ）である。

ア 見送る　イ 見送られる
ウ 感謝の思い　エ 孤独《こどく》感

(1)	(2)	(3)	(4) ①	(4) ②	(4) ③	(4) ④

高校入試対策テスト

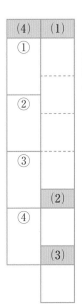

カバーイラスト	いつか
ブックデザイン	next door design（相京厚史，大岡喜直） 株式会社エデュデザイン
本文イラスト	加納徳博
編集協力	坪井俊弘，鈴木瑞穂，浅沼美加
データ作成	株式会社四国写研
製作	ニューコース製作委員会 （伊藤なつみ，宮﨑純，阿部武志，石河真由子，小出貴也，野中綾乃，大野康平，澤田未来，中村円佳，渡辺純秀，相原沙弥，佐藤史弥，田中丸由季，中西亮太，髙橋桃子，松田こずえ，山下順子，山本希海，遠藤愛，松田勝利，小野優美，近藤想，辻田紗央子，中山敏治）

学研ニューコース問題集　中学国語

学研の書籍・雑誌についての新刊情報・詳細情報は，下記をご覧ください。
［学研出版サイト］https://hon.gakken.jp/

この本は下記のように環境に配慮して製作しました。
●製版フィルムを使用しない CTP 方式で印刷しました。
●環境に配慮して作られた紙を使っています。

【学研ニューコース】

問題集

中学国語

［別冊］

解答と解説

- 解説がくわしいので，問題を解くカギやすじ道がしっかりつかめます。
- 特に誤りやすい問題には，「ミス対策」があり，注意点がよくわかります。

「解答と解説」は別冊になっています。本冊と軽くのりづけされていますので，はずしてお使いください。

Gakken

1 言葉の単位・文節どうしの関係

Step1 基礎力チェック問題 (5ページ)

1 (1)ア (2)イ

解説 (1)「段落」は、文章の中でまとまった意味や内容を表すひと区切り。言葉の単位の大きさとしては、「文章」のほうが大きい。

2 (1)ウ (2)エ

3 (1)ア (2)イ (3)エ

解説 (2)「何が―どんなだ」という主・述の関係のパターンの文。「きれいだ」は、述語になっている。

4 (1)エ (2)ア

解説 (1)ウ「友人と」「宿題を」は、どちらも「する」を修飾《しゅうしょく》する修飾語。

Step2 実力完成問題 (6〜7ページ)

1 (1)文節 (2)単語

解説 言葉の単位は、大きいものから順に文章(談話)・段落・文・文節・単語となる。

2 3

解説 「文」とは、一つのまとまった意味や内容をひと続きで言い終える言葉の単位である。文の終わりには句点(。)を付ける。

3 (1)4 (2)5 (3)6 (4)2

解説 (3)「この」と「店の」が文節に区切れることに注意。

(4)「読みたいのなら」「貸しましょうか」は、どちらも、これ以上は文節として区切れない。

4 (1)6 (2)8 (3)9 (4)9

解説 (2)「マラソン大会」は一単語。また「参加し」は、言い切りの形が「参加する」となる一単語。

(4)「乗って行くぞ」の「て」「ぞ」は一単語。この部分は「乗っ/て/行く/ぞ」と単語に区切ることができる。

5 (1)友人が (2)彼が (3)風が (4)弟が

解説 (2)「彼《かれ》が―犯人だと」で「誰《だれ》が―何だ」という主・述の関係のパターンになっている。「犯人だと」の「と」は、「彼がこの事件の犯人だ」が発言内容であることを示している。

(4) ミス対策 一つの文の中に複数の主・述の関係が含《ふく》まれていることもあるので注意。どの述語にどの主語が対応しているかをとらえる。「焼いた」に対する主語が「兄が」で、「食べた」に対する主語は「弟が」。

6 (1)行事が (2)聞いた (3)ある (4)可能性を

解説 (3)「明日」は、「いつ」を表す修飾《しゅうしょく》語。述語「ある」について、それが「いつ」なのかをくわしく説明している。

7 (1)歌い・踊った (2)ハムと・卵を (3)安くて・おいしいので 〈各順不同〉

解説 並立の関係になる文節は、入れ替《か》えても文意が変わらない。(1)の「歌い/踊《おど》った」は「踊り/歌った」、(2)の「ハムと/卵を」は「卵と/ハムを」、(3)の「安くて/おいしいので」は「おいしくて/安いので」と入れ替えられる。

8 (1)歩いて・くるのが (2)引いて・ある (3)教えて・ください (4)買って・もらう 〈各順不同〉

解説 補助の関係の、補助的な意味を補う文節は、「〜て(で)」の形に続いていることが多い。

9 (1)ウ (2)イ (3)ア (4)エ (5)ア (6)カ (7)オ (8)イ

解説 (3)「選ばれたのが/私なら」で、「何が―何(誰)だ」という主・述の関係になっている。

(5) ミス対策 主・述の関係が文の部分に含まれている場合には、主語が「〜が」の形ではなく、「〜の」の形になっていることもある。

10 (1)5 (2)ア

解説 (1)「広葉樹と/針葉樹に/分ける/ことができます」と文節に区切れる。

(2)――線部②は、「幅《はば》が/広い」と文節に区切ることができ、「何が―どんなだ」の形の主・述の関係になっている。ア「雨が」と「降る」の関係も、「何が―どうする」の形で主・述の関係になっている。どちらも、上の文節が「〜が」という形になっていることに注意。

2 文の成分

Step 1 基礎力チェック問題 （9ページ）

1 (1)ア (2)イ (3)ア (4)ウ

解説 (4)の文には、「どうする」に当たる述語「食べました」はあるが、それに対応する「誰《だれ》が」に当たる主語は書かれていない。

2 (1)ア (2)イ (3)ウ

3 (1)イ (2)ウ (3)イ

解説 (1)「楽しかったので」は、理由を表し前後の関係を示している文の成分なので、接続語。「明日も」は、述語「遊ぼう」の内容をくわしく説明している文の成分なので修飾《しゅうしょく》語。

(3)イ「最後の」は「大会に」という体言を含《ふく》む文節を修飾する連体修飾語。連体修飾語による修飾・被《ひ》修飾の関係は、必ず連文節になる。

Step 2 実力完成問題 （10〜11ページ）

1 (1)先生が (2)成績が (3)私は (4)私だけ (5)父も (6)私も (7)私は

解説 (5)「私が」は、「作った」という文節と主・述の関係になって「クッキーを」を修飾《しゅうしょく》し、「私が作ったクッキーを」という連文節で、述語を修飾する修飾部になっている。

(6)「今年の夏は」は、述語「参加します」を修飾する修飾部になっている。

(7) **ミス対策** 述部「感じている」に対応している主語は「私は」。「歌うのが」も「何が」を表すが、「楽しいと」と主・述の関係になって修飾部になっており、文の成分としての主語ではない。

2 (1)切る (2)美しい (3)シロです (4)違うのだ (5)読んだらしい (6)穏やかで (7)信じた

解説 (6) **ミス対策** (6)の文は、主語と述語が二つずつあり、その主・述の関係が対等な関係にある文（重文）。どの主語とどの述語が対応しているかに注意。

3 (1)ようやく・昨日・ホールで (2)ここには・たくさん (3)食卓に・たくさん 〈各順不同〉

解説 (3)「おいしそうな料理が」は、「何が」を表し、述語「並べられた」に対応する主部になっている。

4 (1)食べるならば (2)眠いので (3)でも

解説 (1)「食べるならば」は、「残しておきますよ」という、あとに続く内容の条件を示す接続語。

5 (1)さようなら (2)真実 (3)さあ

解説 (2)「真実」は、文頭に言葉を提示して強調する独立語になっている。

6 (1)イ (2)オ (3)エ (4)ウ (5)ア (6)ア (7)イ (8)エ

解説 (8)「空腹だが」は、予想されることとは逆の、「もう少し我慢《がまん》しよう」という結果があとに続く関係を示す接続語。

7 (1)ア (2)ウ (3)ウ (4)オ (5)イ (6)ア (7)エ (8)イ

解説 (7) **ミス対策** 「風が吹《ふ》くと」のように、あとに続く内容の条件を示す文の成分は、接続部。修飾部と間違《まちが》えやすいが、どの文節の内容もくわしく説明してはいないので注意。

8 (1)楽しく元気に (2)そのときの気持ちを (3)列の先頭に・立っているのが 〈順不同〉

解説 (1)「楽しく」と「元気に」は、並立の関係なので、連文節になる。

(3)「列の」と「先頭に」は「列の」が連体修飾語になっている修飾・被修飾の関係、「立って」と「いるのが」は補助の関係で、それぞれ連文節になる。

9 (1)どのように (2)向かっていた

解説 (1)「エジソンの発明品は（主部）」「世界の文明に（修飾部）」「貢献《こうけん》していったのだろうか（述部）」は、それぞれ連文節になっている。

(2)文の成分としては、「私の関心は」が「何が」に当たる主部、「向かっていた」が「どうする」に当たる述部で、「私の関心は—向かっていた」で文全体の主・述の関係になっている。

3 単語の分類

Step 1 基礎力チェック問題 （13ページ）

1 (1) ア・イ (2) ア (3) ア・イ

解説 (3) 自立語は常に文節の最初にあり、一文節中には一つしか存在しない。それに対して、付属語は、一文節中に一つも存在しないことも、複数存在することもある。

2 (1) エ (2) イ

解説 (1) エ「白く」は、「白かろ（う）」「白かっ（た）」「白い（。）」のように活用する。

3 (1) ウ (2) ア (3) イ (4) イ

解説 (3) 副詞は主に連用修飾《しゅうしょく》語になる品詞、連体詞は連体修飾語だけになる品詞である。

4 (1) イ (2) ア

Step 2 実力完成問題 （14〜15ページ）

1 (1) 4 (2) 5 (3) 5 (4) 5 (5) 6 (6) 5 (7) 4

解説 自立語は、一文節中に必ず一つ。文節の数が、自立語の数に一致《いっち》する。

(7) **ミス対策** 「思ったよりも」「重かったのだ」は一文節。それぞれ文節の最初にある「思っ（思う）」「重かっ（重い）」が自立語。単語の分類では、文節分けが基本になる。

2 (1) 海・とれ・魚・調理し・くれ
(2) 明日・早い・時間・起き・思う
(3) その・人物・立ち上がっ・大きな・声・歌っ
(4) 人間・いつも・社会・中・生き・いる
〈各順不同〉

解説 まず、文を文節に分け、各文節の最初にある自立語がどこまでかを考える。
(1) 「調理し（調理する）」で一単語。
(4) **ミス対策** 「生きているのだ」は二文節で、補助の関係になっている。含《ふく》まれている自立語は、「生き（生きる）」「いる」。単語の分類を考えるときには、文節どうしの関係についての知識も生かそう。

3 (1) A (2) B (3) A (4) B (5) B (6) A (7) A

解説 (5) 「始まるようだ」で一文節。文節の最初にある「始まる」が自立語なので、そのあとに付いている「ようだ」は付属語になる。

4 (1) A (2) B (3) A (4) B (5) B (6) A (7) B

解説 (2) **ミス対策** 「考え」は、(1)の「考えれ」と形が似ているが、別の単語なので注意。「考えれ」は「考え（ない）」「考える（。）」のように活用するが、「考え」は使い方によって語形が変わらない。

(6) 「簡単な」は、「簡単だろ（う）」「簡単だっ（た）」のように活用する単語である形容動詞。

5 (1) オ (2) キ (3) コ (4) ケ (5) ク (6) イ (7) カ (8) ウ (9) エ (10) ア

解説 品詞分類表は、品詞ごとの性質や働きをまとめたものである。品詞ごとに、下から上へたどっていくと、それぞれの品詞の性質や働きがわかる。

6 (1) B (2) A (3) A (4) B

解説 (1) 「富士山《ふじさん》」は、活用しない自立語で、主語になることができる名詞なので、体言。
(2) 「近い」は、単独で「どんなだ」を表す述語になることができ、「近かっ（た）」「近く（なる）」のように活用する形容詞なので、用言。
(3) 「泳げる」は、単独で「どうする」を表す述語になることができ、「泳げ（ない）」「泳げれ（ば）」のように活用する動詞なので、用言。
(4) 「これ」は、活用しない自立語で、主語になることができる名詞なので、体言。

7 (1) 3 (2) イ

解説 (1) 含まれている自立語は、「国王」「戦争」「かかる」「費用」「広い」「範囲《はんい》」「集め」。そのうち、活用する自立語である用言は、「かかる（動詞）」「広い（形容詞）」「集め（動詞）」の三単語。
(2) 「商人」は、活用しない自立語で、主語になることができる単語である体言。品詞としては、名詞になる。

定期テスト予想問題 （16〜17ページ）

1

(1) 文節 4 単語 7 (2) 文節 5 単語 9
(3) 文節 4 単語 7 (4) 文節 5 単語 7
(5) 文節 6 単語 9 (6) 文節 5 単語 9

解説 (2)「泣いて」と「いる」が文節に区切れることに注意。「泣いて／いる」で補助の関係になっている。
(5)「この」と「道を」は文節に区切れる。また、「この」が、これ以上は単語としては区切れないことにも注意。

2

(1) B (2) A (3) A (4) B

解説 (1)「きたる」は「日曜日に」を修飾《しゅうしょく》している。
(2)「レストランに」は「います」を修飾している。
(3)「穏《おだ》やかに」は「説得する」を修飾している。
(4)「花柄《はながら》の」は「ハンカチを」を修飾している。

3

(1) 紫式部は (2) 喜ばしいのは
(3) スピードの (4) 静けさが

解説 (1)「紫式部《むらさきしきぶ》は／書いたのです」で、「何が―どうする」という主・述の関係のパターンになっている。
(2)「喜ばしいのは／彼《かれ》の活躍《かつやく》だ」で、「何が―何だ」という主・述の関係のパターンになっている。
(3)「スピードの／上がる」で、「何が―どうする」という主・述の関係のパターンになっている。「スピードが／上がる」と言い換《か》えられることに注意。

4

(1) 過ごすのが (2) 変わる
(3) 報われると (4) 鑑賞した

解説 (1)「朗らかに」は、「過ごすのが」という文節について、「どのように」をくわしく説明している。
(2)「黄金色に」は、「変わる」という文節について、「何に」をくわしく説明している。
(3)「きっと」は、「報われると」という文節についての書き手（話し手）の気持ちや考えをくわしく説明している。
(4)「昨日」は、「鑑賞《かんしょう》した」という文節について、「いつ」をくわしく説明している。

5

(1) エ (2) イ (3) オ (4) ア (5) ウ

解説 (1) 並立の関係になる文節は、入れ替《か》えても文意が変わらない。「長所と／短所は」は「短所と／長所は」と入れ替えられる。
(3) 補助の関係の、補助的な意味を補う文節は、「〜て（で）」の形に続いていることが多い。
(4)「小動物の／うごめく」は、「何が―どうする」という主・述の関係。「小動物が／うごめく」と言い換えられることに注意。
(5)「眠《ねむ》いので」は、あとに続く内容の理由を表して接続している。

6

(1) カ (2) ウ (3) ア (4) ク (5) ケ (6) エ
(7) コ

解説 (1)「弟と／妹に」は並立の関係。連文節になって、「分ける」を修飾している。
(3)「11月23日は」は、「何が―何だ」という主・述の関係の「何が」に当たる文節。
(4)「風が／吹《ふ》くと」は、「何が―どうする」という主・述の関係。連文節になって、そのあとに続く内容の理由を表して接続している。
(6)「消えて／いく」は補助の関係なので、連文節になる。

7

(1) 5 (2) 7 (3) 6

解説 自立語は一文節に必ず一つだけ含《ふく》まれるので、文節の数がその文に含まれる自立語の数になる。
(1) 含まれている自立語は、順に「劇場」「前」「長い」「行列」「でき（できる）」。
(2) 含まれている自立語は、順に「あの」「人」「とても」「愉快な（愉快《ゆかい》だ）」「人」「聞い（聞く）」「い（いる）」。
(3) 含まれている自立語は、順に「絵文字」「ある」「概念《がいねん》」「視覚的に（視覚的だ）」「表現し（表現する）」「もの」。

8

(1) オ (2) イ (3) ク (4) ア (5) エ (6) ウ
(7) カ

解説 (1)(7) 品詞のうち、動詞・形容詞・形容動詞・名詞・副詞・連体詞・接続詞・感動詞の8品詞を自立語、助動詞・助詞の2品詞を付属語に分類する。
(2)(4) 動詞・形容詞・形容動詞は用言、名詞は体言ともよばれる。
(3) 用言のうち、動詞はウ段の音で言い切る。
(5)(6) 副詞と連体詞は、修飾語になる品詞だが、副詞は主に用言を修飾し、連体詞は体言だけを修飾する。

1 動詞 (1)

Step 1 基礎力チェック問題 (19ページ)

1 (1) ウ (2) イ (3) ウ

2 (1) ウ (2) ウ

解説 (1) 述語の文節がウ段で終わっているのは、ウ「捨てる」だけである。

3 (1) イ (2) エ (3) イ

4 (1) ア (2) ウ

解説 (2) カ行変格活用は「来る」一語、サ行変格活用は「する」と「〜する」という複合動詞にみられる。

Step 2 実力完成問題 (20〜21ページ)

1 打つ・悲しむ・増す・追う・いる・和らぐ 〈順不同〉

解説 動詞の言い切りの形は、五十音図のウ段の音で終わる。また、動詞は活用する自立語であることに注意。ウ段で終わる単語でも、「いわゆる」「しばらく」は活用しないので、動詞ではない。

2 (1) 起き・開ける (2) 寝る・し (3) 働け・応じ・増える (4) つけ・弾く 〈各順不同〉

解説 それぞれに含《ふく》まれている動詞は、(1)上一段活用「起きる」連用形・下一段活用「開ける」終止形、(2)下一段活用「寝《ね》る」連体形・サ行変格活用「する」未然形、(3)五段活用「働く」仮定形・上一段活用「応じる」連用形・下一段活用「増える」終止形、(4)下一段活用「つける」連用形・五段活用「弾《ひ》く」終止形である。

3 (1) 遊ん(で) (2) 泳い(で) (3) 眠っ(て) (4) 飛ん(で) (5) 買っ(て) (6) 咲い(て)

解説 動詞の音便は、「て(で)」のほかに、「眠《ねむ》った」「遊んだ」のように「た(だ)」が付く場合にもみられる。

4 ウ

解説 ア「協力する」は、「〜する」の形の複合動詞で、サ行変格活用。イ「書く」、エ「勝つ」は、五段活用。

5 イ

解説 イ「勉強する」は、「〜する」の形の複合動詞で、サ行変格活用。ア「過ぎ去る」、ウ「探す」、エ「明かす」は、五段活用。

6 (1) 間違え (2) 終わら (3) 招待さ (4) 飽き

解説 (1)

ミス対策 形の似ている「間違《まちが》う(五段活用)」と混同して「間違っ(た)」としないように注意。「間違える」は「ナイ」を付けると「間違え(ない)」となるので、下一段活用。「た」が続く連用形は「間違え(た)」になる。

7 (1) エ (2) オ (3) ウ (4) イ (5) ア (6) カ (7) エ (8) ア

解説 (3)「と」が続く活用形は終止形。言い切りの形だけでなく、「と」「から」「けれど」が続く場合にも終止形になる。

(7)

ミス対策 動詞の終止形と連体形は同じ形になるので注意。下に続く語で判別しよう。体言に続く場合だけでなく、「ので」「のに」が続く場合にも連体形になる。

8 (1) オ (2) ア (3) ウ (4) イ (5) エ (6) ウ (7) ア (8) イ

解説 (1)「想像し」は、サ行変格活用「想像する」の連用形。上一段活用と間違えないように注意。動詞の活用の種類を判別するときは、まず、カ行変格活用とサ行変格活用に当てはまるかどうかを確認するとよい。

9 (1) 4 (2) イ

解説 (1) 含まれている動詞は、「利用し(サ行変格活用・連用形)」「いる(上一段活用・連体形)」「いる(上一段活用・終止形)」「思い(五段活用・連用形)」。二文節である「利用している」を一語の動詞と間違えないように注意。

(2) ——線部③「見え」は、「ない」が続いていることから、未然形であることがわかる。下一段活用「見える」は、未然形と連用形が同じ形であることに注意。

2 動詞 (2)

Step 1 基礎力チェック問題 (23ページ)

1 (1)ア (2)イ (3)ア (4)イ (5)イ

解説 (3)ア「届く」は、イ「選ぶ」、ウ「配る」、エ「運ぶ」と異なり、「何を」を表す修飾語《しゅうしょく》で修飾することができないので、「何を」を表す修飾語を必要としない自動詞だとわかる。

(5)イ①「消せる」は、「～できる」という意味をもつ可能動詞。

2 (1)ア (2)ウ (3)イ

解説 (3)イ「読める」は、「読むことができる」と言い換《か》えることができる。

3 (1)イ (2)エ

解説 (2)エの「いる」は「見て」という文節と補助の関係になっている。

Step 2 実力完成問題 (24～25ページ)

1 (1)A (2)B (3)B (4)B (5)A (6)A (7)B

解説 自動詞と他動詞は、「何を」を表す修飾語《しゅうしょく》で修飾することができるかどうかで判別するとよい。

(1)「散る」、(5)「行く」は、「何を」を表す修飾語で修飾することができないので、どちらも自動詞である。

(6) ミス対策 「右側を」という文節が「歩く」を修飾しているが、「右側を」は「どこを」を表す修飾語。動作の対象である「何を」を表しているのではないことに注意しよう。「歩く」は、「何を」を表す修飾語で修飾することができないので自動詞。

2 (1)出す (2)変える (3)つける (4)広げる

解説 自動詞に対応する他動詞は、その動詞の語幹の全部または一部が共通している。

3 (1)座れる (2)浮ける (3)流せる (4)解ける (5)落とせる (6)取れる

解説 可能動詞は、五段活用の動詞から転じた下一段活用の動詞。それぞれ、――線部の動詞をもとにして、その語幹を生かして下一段活用に変えればよい。

(5) ミス対策 「落とす」の可能動詞を「落ちる」と間違《まちが》えないように注意しよう。「落ちる」は、他動詞である「落とす」に対応する自動詞(上一段活用)で、可能動詞ではない。

4 (1)ア (2)ウ (3)ウ

解説 可能動詞は、「～できる」という意味を含《ふく》んでいるかどうかで判別する。

(3) ミス対策 ア「緩《ゆる》める」は、語幹が同じ自動詞「緩む」に対応する他動詞で、可能動詞ではない。

5 (1)いけ・しまっ (2)みる・あげ (3)もらい・くる (4)ある・おい (5)いる 〈各順不同〉

解説 補助動詞は、その動詞本来の意味が薄《うす》れて前の文節を補助する働きをする動詞。前の文節が「～て(で)」になっていることが多い。

(5)「古い神社がある」の「ある」は、補助動詞ではなく、本来の「存在する」という意味で用いられている動詞。

6 (1)ア (2)イ (3)ウ

解説 (1)ア「して」「いる」で補助の関係になっている。

(2)イ「使って」「みる」で補助の関係になっている。

(3)ウ「貸して」「もらう」で補助の関係になっている。

7 (1)ウ (2)ア

解説 動詞の種類についての問題は、その動詞がどのような意味をもつかを考えなければならない。そこで、単語だけで判断するのではなく、文の中でどのように使われているかを考える。

(1)「身を隠《かく》せる」は「身を隠すことができる」と言い換《か》えることができる。

(2)「獲物《えもの》が現れる」の「現れる」は、「何を」は、「何を」を表す修飾語で修飾することができないので、自動詞。「何を」を表す修飾語は、「動作の対象」といわれることもある。

3 形容詞・形容動詞

Step 1 基礎力チェック問題 （27ページ）

1 (1) イ (2) イ (3) ア

解説 形容詞は、用言の一つなので、同じ用言の動詞と性質・働きが似ているが、状態・性質を表す単語であること、言い切りの形が「い」であることを特徴《とくちょう》としてとらえておこう。

2 (1) イ (2) イ (3) イ

解説 形容動詞は形容詞と性質・働きがほとんど同じだが、言い切りの形が「だ・です」で終わることを特徴としてとらえておこう。

3 (1) ア・イ (2) ウ・イ

4 (1) ア (2) ア

解説 補助形容詞は、その形容詞本来の意味が薄《うす》れて前の文節を補助する働きをする形容詞。補助動詞と同様、前の文節と補助の関係になる。

Step 2 実力完成問題 （28～29ページ）

1 深い・少ない・柔らかい・幼い・若い〈順不同〉

解説 形容詞の言い切りの形は、「い」で終わる。

2 (1) 近い (2) 黄色い (3) すがすがしい (4) 汚い (5) 短い (6) 冷たい

解説 (4)「汚《きたな》かっ（た）」は、形容詞「汚い」の連用形。
(6)「冷たかろ（う）」は、形容詞「冷たい」の未然形。

3 (1) 危なく (2) 面白かろ (3) 楽しけれ (4) 遅かっ

解説 (1)「ない」が続くので、「危ない」を連用形の「危なく（ない）」に活用させる。「ない」が続く活用形は、動詞の場合は未然形だが、形容詞の場合は連用形であることに注意しよう。
(2)「う」が続くので、「面白い」を未然形の「面白かろ（う）」に活用させる。
(3)「ば」が続くので、「楽しい」を仮定形の「楽しけれ（ば）」に活用させる。
(4)「た」が続くので、「遅《おそ》い」を連用形の「遅かっ（た）」に活用させる。

4 (1) イ (2) ウ (3) ア

解説 (2)

> **ミス対策** ア「かなり」と「よい」、イ「とても」と「よい」は、補助の関係ではなく修飾《しゅうしょく》・被《ひ》修飾の関係。補助形容詞を判別するときには、前の文節とどういう文節どうしの関係になっているかを確認しよう。

5 きれいだ・静かだ・順調です・丁寧だ・ユニークだ〈順不同〉

解説 形容動詞の言い切りの形は、「だ・です」で終わる。また、形容動詞には、「ユニークだ」のような「外来語＋だ」の形の単語もある。ほかに「ラッキーだ」「クールだ」などがある。

6 (1) 丈夫だ (2) 大切だ (3) 暇だ (4) 有名だ (5) 立派だ (6) 暖かだ (7) 和やかだ (8) 科学的だ

解説 (6)「冷え込《こ》んで」は、「冷え込ん（動詞「冷え込む」連用形）」＋「で（助詞）」の形なので、形容動詞ではない。
(8)

> **ミス対策** 形容動詞には、「～的だ」の形になる単語もある。「科学的だ」のほかに、「積極的だ」「一般《いっぱん》的だ」「理想的だ」などがある。

7 (1) 新鮮なら (2) 華やかだろ (3) 正直な (4) 器用で (5) かすかに

解説 (4)「ない」が続くので、「器用だ」を連用形の「器用で（ない）」に活用させる。形容動詞の連用形の活用語尾《ごび》は、「だっ」「で」「に」の三通りだが、「ない」が続く場合は、「で」に活用する。

8 (1) イ (2) オ (3) イ (4) エ (5) ア (6) ア (7) オ (8) エ

解説 形容詞・形容動詞のそれぞれの活用のしかたをマスターしておく。
(6)「～です」型の形容動詞の活用に注意。

9 (1) ウ (2) エ

解説 (1) ア「初めて」は活用しない自立語（副詞）、イ「学び」は動詞「学ぶ」の連用形、エ「考える」は動詞「考える」の連体形。
(2) 形容詞の活用のしかたを覚えておけばよいが、下に続く語が「介助《かいじょ》」という体言であることからも判断できる。

定期テスト予想問題 （30〜31ページ）

1 (1) **思う** (2) **来る** (3) **捨てる**

解説 動詞と同じ用言の、形容詞と形容動詞との違《ちが》いに注意しよう。動作・変化・存在を表し、ウ段の音で言い切れるのが動詞。

(1)「思っ（た）」は、動詞「思う」の連用形。「変だ（と）」は、状態・様子を表し、「だ」で言い切る形容動詞。

(2)「来（ない）」は、動詞「来る」の未然形。「いい（な）」は、状態・様子を表し、「い」で言い切る形容詞。

(3)「捨て（て）」は、動詞「捨てる」の連用形。「（捨てて）ほしい」は、状態・様子を表し、「い」で言い切る形容詞（補助形容詞）。

2 (1) **ウ** (2) **オ** (3) **イ** (4) **オ** (5) **ア** (6) **イ** (7) **エ**

解説 (1)「ナイ」を付けると、「はね（ナイ）」と活用語尾《ごび》がエ段の音になるので、下一段活用。

(2)「勉強する」は、「〜する」という形のサ行変格活用の複合動詞。複合動詞とは、動詞とほかの語が結び付いてできた動詞。

(3)「ナイ」を付けると、「み（ナイ）」と活用語尾がイ段の音になるので、上一段活用。

(5)「ナイ」を付けると、「こが（ナイ）」と活用語尾がア段の音になるので、五段活用。

3 (1) **自動詞 閉まる　他動詞 閉める**

(2) **自動詞 着く　他動詞 着ける**

(3) **自動詞 動く　他動詞 動かす**

(4) **自動詞 始まる　他動詞 始める**

解説 自動詞に対応する他動詞は、「何を」という修飾《しゅうしょく》語に続けて言い換《か》えてみればわかる。

(1) 他動詞「閉める」は、「食堂を閉める」のように用いる。

(3) 文に含《ふく》まれているもう一つの動詞「入れる」は他動詞なので注意しよう。

(4) 文に含まれているもう一つの動詞「聞く」は他動詞なので注意しよう。「話を聞く」のように用いる。

4 (1) **飛べる** (2) **持てる** (3) **行ける** (4) **休める**

解説 可能動詞は、「〜できる」という意味をもつ下一段活用の動詞。(2)に含まれている「並べる」、(3)に含まれている「かける」は、下一段活用の動詞ではあるが、どちらも「〜できる」という意味をもたない。また、(4)に含まれている「食べられる」は、「〜できる」という意味をもち、下一段活用と同様に活用するが、動詞「食べる」に可能の意味をもつ付属語（助動詞）「られる」が付いたもので、一語の可能動詞ではない。

5 (1) **ア** (2) **ウ**

解説 補助動詞は、「〜て（で）」の形に続いていることが多い。

(1) **ア**の「くれる」は、「持って」と補助の関係になる補助動詞。**ウ**「（プレゼントを）くれる」のような「相手がものを与《あた》える」という本来の意味は薄《うす》れている。**イ**「（日が）くれる」は、「太陽が沈《しず》んであたりが暗くなる」という意味の動詞。

6 (1) **幼い** (2) **多けれ** (3) **美しく**

解説 形容詞は、様子や状態を表し、言い切りの形が「い」で終わる活用する自立語。

(1)「幼い」は形容詞「幼い」の連体形。

(2)「多けれ」は形容詞「多い」の仮定形。

(3)「美しく」は形容詞「美しい」の連用形。

7 (1) **平和で** (2) **健やかな** (3) **元気でしょ**

解説 形容動詞は、様子や状態を表し、言い切りの形が「だ・です」で終わる活用する自立語。

(1)「平和で」は形容動詞「平和だ」の連用形。

(2)「健やかな」は形容動詞「健やかだ」の連体形。

(3)「元気でしょ」は形容動詞「元気です」の未然形。

8 (1) **イ** (2) **ウ**

解説 補助形容詞は、その形容詞本来の意味が薄れて前の文節を補助する働きをする形容詞。

(1) **イ**の「ない」は、「涼《すず》しく」と補助の関係になる補助形容詞。**ア**の「ない」のような「存在しない」という本来の意味は薄れている。**ウ**は、一語の形容詞「つまらない」の一部。

9 (1) **カ** (2) **ア** (3) **オ** (4) **エ** (5) **ア** (6) **ア** (7) **イ**

解説 活用形は、それぞれの活用形の主な用法に基づき、下に続く語によって判断する。

(2)「ない」に続いている動詞なので未然形。

(4)「こと」という体言に続いているので連体形。

(7)「明らかに」は、形容動詞（用言）「豊富だ」に係っているので連用形。

4 名詞

Step 1 基礎力チェック問題 （33ページ）

1 (1) イ (2) ア (3) エ

解説 (3) 名詞は、活用しない自立語。ア「帰宅する」は動詞、イ「丁寧《ていねい》に」は形容動詞、ウ「美しく」は形容詞。

2 (1) ア (2) エ

3 (1) ア (2) イ (3) イ (4) イ

4 (1) ア (2) ウ

解説 (1) イ「一斉《いっせい》」は「同時に行うこと」、ウ「一瞬《いっしゅん》」は「ほんのわずかの時間」、エ「一緒《いっしょ》」は「行動をともにすること」を意味する言葉で、物の数や、量・時間・順序などを表してはいない。

(2) 形式名詞の前には、常に連体修飾語《しゅうしょく》が付く。また、形式名詞は、平仮名《がな》で表記することが多い。

Step 2 実力完成問題 （34〜35ページ）

1 話し合い・うわさ・あなた・江戸時代・考え方 〈順不同〉

解説 「話し合い」「うわさ」「考え方」は普通《ふつう》名詞、「あなた」は代名詞、「江戸《えど》時代」は固有名詞。「必ず」は、活用しない自立語だが、「が」を付けても主語にならないので、名詞ではなく副詞。それ以外の単語は、活用する自立語の用言。

2 (1) 皿・5枚・テーブル

(2) 島崎藤村・記念館・母

(3) 一本め・道・左・区役所

(4) これ・ロンドン・建造物

(5) 問題・三つ・数式

(6) 桜・花・魅力・美しさ・こと 〈各順不同〉

解説 (4)

> ミス対策 「有名な」は言い切りの形が「有名だ」になる形容動詞。形容動詞の語幹は、名詞と間違《まちが》えやすいので注意しよう。必ず、活用するかどうかを確かめよう。

3 (1) ウ (2) ア (3) ウ (4) イ

解説 (1) ア、イの「代わり」は動詞「代わる」の連用形。

(3) ウ「喜び」は、アの動詞「喜ぶ」をもとにして転成した名詞。イの「喜ばしい」も「喜ぶ」から転成した単語だが、これは形容詞。

(4) ウ「残れる」は、アの「残る」をもとにした可能動詞。動詞「残る」から転成した名詞ではないので注意。

4 (1) エ (2) オ (3) ア (4) エ (5) イ (6) ウ

解説 (2)

> ミス対策 普通名詞の「もの」は、物事や事物を広く表す言葉だが、「欲しいもの」のような形式名詞の場合は、連体修飾語《しゅうしょく》を受けて具体的ではない物事を表し、本来の意味は薄《うす》れる。

5 (1) ア (2) イ (3) イ (4) ア

解説 代名詞とほかの品詞とを識別するには、付属語「が」を付けて、主語にして文が作れるかどうかを確かめればよい。(1) イ「こう」は副詞、(2) ア「どの」、(4) イ「その」は連体詞、(3) ア「あんな」は形容動詞「あんなだ」の連用形「あんなに」の語幹。

6 (1) イ (2) ア (3) ア (4) イ (5) イ (6) ア

解説 (1) ア「とおり」は、具体的な「道路」という意味をもつ普通名詞。

(2) イ「わけ」は、「理由」という意味をもつ普通名詞。「理由」のように、形のない物事を表していても、具体的な内容を表す名詞は、普通名詞。

(4) ア「こと」は、「出来事や事件」という意味をもつ普通名詞。

(5) ア「とき」は、具体的な「時刻」という意味をもつ普通名詞。

7 (1) エ (2) 4

解説 (1) ――線部①「ここ」は、「ここが高校だ。」のように、付属語「が」を付けて主語になるので、名詞（代名詞）。エ「それ」も、同様に「それが私のだ。」のように「が」を伴《ともな》って主語になる。ア「あの」は連体詞、イ「そんな」は形容動詞「そんなだ」の語幹、ウ「どう」は副詞。

(2) ――線部②の文には、順に「シューベルト（固有名詞）」「協奏曲（普通名詞）」「一回（数詞）」「こと（形式名詞）」の四つの名詞が含《ふく》まれている。

5 副詞

Step 1 基礎力チェック問題 （37ページ）

1 (1) ア (2) ア (3) イ

解説 (3) **ア**「花が」は、述語「咲《さ》いた」の主語。**ウ**「美しく」は、「咲いた」の修飾《しゅうしょく》語だが、活用する自立語の形容詞。

2 (1) エ (2) ア

解説 (2)「もっと」は、程度の副詞。程度の副詞は、「上を」のような体言を含《ふく》む文節も修飾する。

3 (1) ア (2) イ (3) ウ

4 (1) イ (2) ア

解説 (1) **イ**「ぜひ」は、「〜ください」「〜ほしい」などの言葉と呼応し、希望の意味を表す副詞。

(2) **ア**「たぶん」は、「〜だろう」「〜でしょう」などの言葉と呼応し、推量の意味を表す副詞。

Step 2 実力完成問題 （38〜39ページ）

1 (1) **とても・ゆったりと**

(2) **わんわんと・よく**

(3) **たとえ・ザーザー・必ず** 〈**各順不同**〉

解説 (1)「とても」は、「暖かそうな」に係る副詞。「ゆったりと」は、「着て」に係る副詞。

(2)「わんわんと」「よく」は、ともに「泣いた」に係る副詞。「わんわんと」のような擬態《ぎたい》語は、状態の副詞。

(3)「たとえ」「ザーザー」は、ともに「降っても」に係る副詞。「たとえ」は、「〜ても」などの言葉と呼応し、仮定の意味を表す副詞。「ザーザー」のような擬声《ぎせい》語は、状態の副詞。

2 (1) ① **きっと** ② **なるでしょう**

(2) ① **すっかり** ② **使い果たして**

(3) ① **かなり** ② **細かかったので**

(4) ① **ますます** ② **増えるだろう**

(5) ① **ずっと** ② **前から**

解説 (1)「きっと」は、「〜だろう」「〜でしょう」などの言葉と呼応し、推量の意味を表す副詞。

(5) **ミス対策** 程度の副詞である「ずっと」は、「前から」のような、体言を含《ふく》む文節も修飾《しゅうしょく》することに注意しよう。

3 (1) イ (2) イ (3) ア (4) イ (5) イ

解説 (1) **ア**「少ない」は、活用する自立語の形容詞。

(2) **ミス対策** **ア**「もっとも」は、形容動詞「もっともだ」の語幹。形容動詞の語幹には、副詞と間違《まちが》えやすいものが多い。「〜だ」「〜な」など、形容動詞の活用語尾《ごび》に該当《がいとう》する部分がないかに注意しよう。

(4) **ア**「けっこう」は、形容動詞「けっこうだ」の語幹。

(5) **ア**「その」は、活用しない自立語で連体修飾語だけになる連体詞。「本は」という体言を含む文節を修飾している。連体詞は、連用修飾語になることはできないので注意しよう。

4 (1) イ (2) ウ (3) ア (4) イ

解説 (4)「かなり」は、程度の副詞。「かなり広い。」「かなりゆっくり話す。」のように使う。

5 (1) ウ (2) ア (3) イ

解説 (2)「よもや」は、「まさか」とほぼ同じ意味の、否定の推量の意味を表す呼応の副詞。「〜まい」「〜ないだろう」などの言葉と呼応する。

6 (1) エ (2) ア (3) イ (4) オ (5) ウ

解説 (2) **ア**「もし」は、仮定の意味を表す呼応の副詞。「〜なら」「〜ば」などの言葉と呼応する。

7 (1) オ (2) ウ (3) エ (4) イ (5) ア

解説 (3)「たとえ」は、仮定の意味を表す呼応の副詞。「〜ても」などの言葉と呼応する。

(5)「ぜひ」は、希望の意味を表す呼応の副詞。「〜ほしい」「〜ください」などの言葉と呼応する。

8 (1) イ (2) ウ

解説 (1) ――線部①「すぐに」は、「近づいて」という用言を含む文節に係る副詞。**イ**「いつも」も同様に、「するのと」という用言を含む文節に係っている。どちらも活用しない自立語であることにも注意する。**ア**「小さな」は連体詞、**ウ**「すると」は接続語になる活用しない自立語の接続詞、**エ**「静かに」は形容動詞。

(2)「笑わずに」という否定（打ち消し）の意味を含む文節と呼応するのは、**ウ**「少しも」。

6 連体詞・接続詞・感動詞

Step 1 基礎力チェック問題 （41ページ）

1 (1) イ (2) ア (3) イ (4) イ

解説 (3) 連体詞は、活用しない自立語で、連体修《しゅう》飾《しょく》語だけになる働きをもつ品詞。ア「大きく」、エ「大きい」は活用する自立語の形容詞。ウ「大きさ」は名詞。連体詞と同じく活用しない自立語だが、「が」を伴《ともな》って主語になることから、連体詞ではないと判断できる。

2 (1) ア (2) ア (3) イ (4) ウ

解説 (3)「でも」は、前の事柄《ことがら》から予想されることとは逆の結果があとに続くことを表す逆接の接続詞。

(4) ウ「そこで」は、前の事柄が原因・理由となり、その順当な結果があとに続くことを表す順接の接続詞。ア「しかし」は逆接、イ「なぜなら」は説明・補足、エ「または」は対比・選択《せんたく》。

3 (1) イ (2) ア

Step 2 実力完成問題 （42〜43ページ）

1 (1) いかなる (2) この (3) 来る (4) あの (5) あらゆる

解説 (3)「次の」は、連体修飾語《しゅうしょく》になっているが、名詞「次」に付属語「の」が付いた文節なので、連体詞ではない。

(5)「わずかな」は、連体修飾語になっているが、「わずかだ」「わずかに」のように活用する形容動詞。

2 (1) ア (2) ア (3) ア (4) イ (5) イ

解説 (1) イ「たいして」は、「崩《くず》れなかった」という用言を含《ふく》む文節を修飾している副詞。連体詞は、体言を含む文節以外は修飾しない。

(2) イ「小さい」は、活用する自立語の形容詞。

(3) イ「そう」は、「言われれば」という用言を含む文節を修飾している副詞。

(4)

ミス対策 ア「いろいろな」は、「料理はいろいろだった。」「料理はいろいろだろう」のように活用する形容動詞。イ「いろんな」は、この形以外には変化しないので、活用しない自立語の連体詞と判断できる。品詞の識別をするときには、その単語が活用するかしないかを、必ず確認しよう。

3 (1) ア (2) イ (3) ア (4) イ

解説

(1)

ミス対策 接続詞を識別するときには、その単語がどういう関係で前後をつないでいるかを意識しよう。アの「また」は前の事柄《ことがら》にあとの事柄を付け加えることを表しているが、イの「また」は「会えると」という用言を含む文節に係るのみで、前後をつないではいない。アの「また」は、並立・累《るい》加《か》の接続詞で、イの「また」は副詞。

(4) イ「もっとも」は、前の事柄にあとの事柄が説明や補足を加えていることを表す説明・補足の接続詞。ここでは、前の事柄に「理論上であるが」という条件を補足している。

4 (1) イ (2) ア (3) ウ

解説 (1) イ「それとも」は、前の事柄とあとの事柄を比べたり、どちらかを選んだりすることを表す対比・選択《せんたく》の接続詞。

5 (1) オ (2) ウ (3) ア (4) エ (5) イ

解説 接続詞の種類を判別するときは、それぞれの接続詞がどのような関係で前後の事柄をつないでいるのかに注意する。

6 (1) ア (2) イ (3) ア

解説 (1) イ「どれ」、(3) イ「あれ」は名詞（代名詞）、(2) ア「ああ」は副詞。

7 (1) イ (2) エ

解説 (1) ——線部①「この」は、「話し合いでは」という体言を含む文節を修飾する、活用しない自立語の連体詞。イ「単なる」も同様に、「常識を」という体言を含む文節を修飾する、活用しない自立語である。ア「しかし」は接続詞。ウ「ある」は、「説得力のある」で主・述の関係になっている動詞。連体詞「ある」と間違《まちが》えないように注意しよう。エ「そこ」は名詞（代名詞）。

(2) ——線部②「いいえ」は、ほかの文節と係り受けの関係にならず、独立して返答の意味を表す感動詞である。

定期テスト予想問題 （44～45ページ）

1 (1) **名詞** 書店 **副詞** ふと **連体詞** 大きな
(2) **名詞** 問題 **副詞** すぐに **連体詞** いかなる

解説 名詞、副詞、連体詞は、すべて活用しない自立語だが、文の中での働きが異なるので、その違《ちが》いに注意して見分ける。
(1)「書店」は、付属語「が」を伴《ともな》って主語になれるので名詞。「ふと」は、「思い立って」という用言を含《ふく》む文節を修飾《しゅうしょく》しているので副詞。「大きな」は、「書店に」という体言を含む文節を修飾しているので連体詞。
(2)「問題」は、付属語「が」を伴って主語になれるので名詞。「すぐに」は、「解決できるだろう」という用言を含む文節を修飾しているので副詞。「いかなる」は、「問題でも」という体言を含む文節を修飾しているので連体詞。

2 (1) **ウ** (2) **エ** (3) **オ** (4) **イ** (5) **エ** (6) **ア**

解説 名詞の種類は、表している内容によって分類される。
(1)「50メートル」のように、物の長さを表すのは数詞。
(2)「私」、(5)「あれ」のように人や物事を指し示すのは代名詞。
(3)「とおり」は、「道路。往来」という本来の意味が薄《うす》れ、補助的・形式的に用いられている形式名詞。
(4)「アンデルセン」のように、人名などの固有の物事の名前を表すのは固有名詞。

3 (1) **ア** (2) **イ** (3) **ア** (4) **ウ** (5) **イ** (6) **ウ**

解説 (2)「ずっと」は「奥《おく》の」という体言を含む文節に係っている。このように、用言以外も修飾するのは程度の副詞。
(3)「ついに」は「達成した」に係り、「その状態に長い時間や経験を経て達した」という状態を表している副詞。
(4)「きっと」は、「～でしょう」という言い方と呼応し、推量の意味を表している。
(6)「全然」は、「～なかった」という言い方と呼応し、否定（打ち消し）の意味を表している。

4 (1) **イ** (2) **ウ** (3) **ア**

解説 (1)「まるで」は、「～ようだ（ように）」という言い方と呼応し、たとえの意味を表している。
(2)「なぜ」は、「～か」という言い方と呼応し、疑問の意味を表している。
(3)「もし」は、「～なら」という言い方と呼応し、仮定の意味を表している。

5 (1) **○** (2) **×** (3) **○** (4) **○** (5) **×** (6) **○**

解説 連体詞は、体言だけを修飾する働きの活用しない自立語。活用するかしないか、どの文節を修飾しているかに着目して識別する。
(2)「かなり」は副詞。「前の」という体言を含む文節を修飾しているが、「かなり面白い」「かなりきれいだ」のように用言も修飾するので、連体詞ではない。

6 (1) **品詞名** 副詞 **被《ひ》修飾語** 知りたいのだ
(2) **品詞名** 連体詞 **被修飾語** 問題は
(3) **品詞名** 連体詞 **被修飾語** 法則は
(4) **品詞名** 副詞 **被修飾語** 尊重すべきだ

解説 ━━線部は、すべて活用しない自立語で、主語にはなれず、修飾語になっている品詞なので、副詞か連体詞のどちらかになる。品詞名については、それぞれが修飾している文節が用言を含むか体言を含《ふく》むかで識別しよう。

7 (1) **ウ** (2) **オ** (3) **カ** (4) **ア** (5) **イ** (6) **エ**

解説 (1)「しかも」は、並立・累加《るいか》の接続詞。並立・累加の接続詞には、**ウ**「また」のほかに「さらに」「そして」などがある。
(3)「つまり」は、説明・補足の接続詞。説明・補足の接続詞には、**カ**「すなわち」のほかに「なぜなら」などがあるが、この文例には、「つまり」か「すなわち」が適している。

8 (1) **イ** (2) **ア** (3) **ウ**

解説 感動詞は、独立語だけになる品詞。ほかの文節と係り受けの関係にならず、独立しているかどうかに注意しよう。
(1) **ア**、**ウ**の「そう」はどちらも副詞。**ア**「そう」は「答えました」、**ウ**「そう」は「難しくはない」を修飾している。
(2) **イ**、**ウ**の「あの」はどちらも連体詞。**イ**「あの」は「本は」、**ウ**「あの」は「頃《ころ》の」を修飾している。
(3) **ア**、**イ**の「まあ」はどちらも副詞。どちらも下に続く連文節を修飾している。

1 助詞

Step1 基礎力チェック問題 （47ページ）

1 (1)ア (2)ウ (3)ア (4)イ

解説 (3)ア「なあ」は、主に文末の文節に付いて、話し手・書き手の気持ちや態度などを表す働きをする終助詞。イ「それ」は名詞（代名詞）、ウ「ああ」は感動詞、エ「ない」は形容詞。

(4)文の中から助詞を探すときは、まず文節に区切り、それぞれの文節の最初にある自立語に付いている付属語のうち、活用しないものを見つければよい。この文に含《ふく》まれている助詞は、順に「も」「から」「に」「よ」。

2 (1)ア (2)イ (3)ウ (4)エ (5)イ (6)ア (7)ウ

解説 (5)「が」は、主語を示す働きの格助詞。格助詞は、「が・の・を・に・へ・と・から・より・で・や」という十語のみ。「鬼《おに》が戸より出、空の部屋（を・に・が・と・より・で・から・の・へ・や）」という文にすると覚えやすい。

(6)「と」は、前の内容に対して、順当な流れの内容をあとにつなぐ関係（順接）を示す働きの接続助詞。

Step2 実力完成問題 （48〜49ページ）

1 (1)で・の・を (2)に・と・が・ずつ・て (3)が・しか・から・で・よ (4)けれど・は・かしら (5)は・に・へ・の・か 〈各順不同〉

解説 (1)「旅行しよう」の「よう」は、活用する付属語の助動詞。

(2)「少しずつ」の「ずつ」は、割り当ての意味を添《そ》える副助詞。

2 (1)ウ (2)イ (3)ア (4)ア (5)エ

解説 (2)「が」は、格助詞と接続助詞との識別に注意しよう。「が」が活用語に付いていれば、接続助詞。

3 (1)イ (2)ウ (3)ア (4)ア

解説 格助詞は、主に体言に接続するので、どんな単語に接続しているかで見分けるとよい。

(1)ア「から」は、接続助詞。「美しい」という用言に接続している。ウは接続詞「それから」の一部。

(4) **ミス対策** イ「に」は、形容動詞「元気だ」の連用形「元気に」の活用語尾《ごび》。格助詞「に」は、形容動詞の連用形の活用語尾と間違《まちが》えやすいので注意。単語の種類や意味を識別する際には、まず、自立語か付属語かを判断することが大切。

4 (1)ウ (2)イ

解説 (1) **ミス対策** ウ「読んで」と「みる」は補助の関係になっている文節。接続助詞「て（で）」には、前の文節に付いて、あとに補助的な意味の文節を続ける関係を示す働きがある。

(2)イ「が」は、前の内容に対して、その流れに反する内容をあとにつなぐ関係（逆接）を示す働きの接続助詞。イの「が」だけが活用語に接続していることに注意。

5 (1)オ (2)ウ (3)エ (4)ア (5)イ

解説 (4)「は」は、付いている文節が、その文全体の題目・話題であることを示す働きをしている。

6 (1)エ (2)ウ (3)ア (4)イ (5)オ

解説 終助詞は、その文の話し手・書き手の気持ちや態度を表す。終助詞の意味を考えるときは、その文が表す内容を考えるとよい。

7 (1)ウ (2)ウ

解説 (1)アは、形容動詞「穏《おだ》やかだ」の連用形「穏やかで」の活用語尾、イ、エは場所を示す格助詞。

(2)「対策が」は、述語「知りたい」の対象を示す主語。ウ「ゲーム機が」も、同様に述語「欲しい」の対象を示す主語になっている。ア、イは接続助詞。どちらも活用語に接続している。エは連体詞「我が」の一部。

2 助動詞 (1)

Step 1 基礎力チェック問題 （51ページ）

1 ア・イ

2 (1) エ (2) エ (3) ア

解説 (2) 助動詞は付属語なので、文節の最初にはこない。**ア**「欲しい」、**イ**「冷たい」、**ウ**「明るい」は、どれも自立語である形容詞。

(3)「降らないようだ」に含《ふく》まれている「ない」「ようだ」が助動詞。助動詞は、一文節中に複数存在することもある。

3 (1) イ (2) ウ (3) エ

解説 (2)「こと」が続いているので連体形。

(3)「ば」が続いているので仮定形。

4 (1) イ (2) ウ

解説 (1)「話させる」の「せる」は、ほかの人や物に、ある動作をさせるという「使役」の意味を表している。

(2) **ア**「ない」は否定、**イ**「らしい」は推定の意味の助動詞。

Step 2 実力完成問題 （52〜53ページ）

1 (1) 2 (2) 3 (3) 3 (4) 3 (5) 4

解説 それぞれの文に含《ふく》まれている助動詞は、順に、(1)「ない」「させる」、(2)「れ」「まし」「た」、(3)「た」「たがる」「まい」、(4)「ぬ」「ような」「だ」、(5)「た」「ような」「たい」「です」。(2)の「残念です」は、形容動詞「残念です」の終止形。「です」を助動詞と間違《まちが》えないように注意。

2 (1) そうだ (2) たがる (3) だ (4) ない (5) た (6) られる (7) せる

解説 (6)

> **ミス対策** 言い切りの形を「起きれる」と間違えないように注意しよう。上一段活用の動詞である「起きる」には、助動詞「れる」ではなく「られる」が付く。「起きれる」のような言い方（ら抜《ぬ》き言葉）は、よく使われるが、標準的ではないので注意。

3 (1) たく (2) でしょ (3) そうで (4) たろ (5) せ (6) らしかっ

解説 (5)

> **ミス対策** 「読まさせた」と間違えないように注意しよう。五段活用の動詞である「読む」には、助動詞「させる」ではなく「せる」が付く。「読まさせる」のような言い方（さ入れ言葉）は、誤用なので注意。

4 (1) ア (2) カ (3) オ (4) イ (5) エ (6) ウ

解説 活用形は、用言と同様、それぞれの活用形の主な用法に基づき、下に続く語によって判断する。

(3)「たら」は、助動詞「た」の仮定形。仮定形は、主に「ば」に続く活用形だが、「ば」を伴《ともな》わず、仮定形だけでも用いられる。

5 (1) ウ (2) オ (3) ア (4) エ (5) イ

解説 （　）の前にある単語の品詞と活用形に注意して、それぞれの接続に適する助動詞を選ぶ。

(1)「話さ」は、動詞「話す」の未然形。したがって、未然形に接続する助動詞である**ウ**「ない」が当てはまる。

(5)「話そ」のような、五段活用の動詞のオ段になる未然形活用語尾《ごび》に接続するのは**イ**「う」。

6 (1) ケ (2) ウ (3) イ (4) エ (5) オ (6) ク (7) ア (8) コ (9) カ (10) キ

解説 (1)「そうだ」には、推定・様態の「そうだ」と伝聞の「そうだ」という二種類の助動詞が存在するが、接続する活用形で見分ける。「届く」のような終止形に接続している場合は、伝聞の「そうだ」。

7 (1) イ (2) ウ

解説 (1) まず、それぞれが自立語か付属語かを確かめよう。**ウ**は動詞「できる」の一部、**エ**は形容動詞「有用だ」の連体形「有用な」の活用語尾なので、付属語ではない。残る**ア**と**イ**のうち、**ア**「に」は「……発酵《はっこう》食品は、食生活だ」のように言い切りの形にできないので、活用しない付属語である助詞と判断できる。

(2)「ませ」に続いている「ん」は、否定（打ち消し）の助動詞「ぬ（ん）」の終止形。「ぬ（ん）」は、未然形に接続するので、「ませ」は未然形とわかる。

3 助動詞 (2)

Step 1 基礎力チェック問題 (55ページ)

1 (1) イ (2) ア (3) ウ (4) エ

解説 (2)「受け身」とは、「ほかから動作を受ける」という意味なので、文中に「何(誰《だれ》)に」に当たる修飾《しゅうしょく》語があることが多い。

2 (1) ア (2) イ

解説 (2)「意志」とは、「これから行うことについて、話し手の決意を表す」という意味。

3 (1) ア (2) ウ (3) イ

解説 (2)「存続」とは、「ある状態が続いている」という意味。

4 (1) イ (2) ア (3) ウ

解説 (2) 助動詞「ない」は付属語なので、文節の最初にはこないことに注意しよう。

(3) 補助形容詞は、その形容詞本来の意味が薄《うす》れて前の文節を補助する働きをする形容詞。「存在しない」という意味を表す形容詞「ない」と、品詞としては同じだが、用法が異なる。

Step 2 実力完成問題 (56〜57ページ)

1 (1) イ (2) ア (3) エ (4) ア (5) ウ (6) イ

解説 (3)「お話しになる」と言い換《か》えられるので「尊敬」と判断できる。「話される」の主体(主語)が「先生」という敬意を表すべき対象であることにも注意しよう。

(5)

> **ミス対策** 「自発」の「れる・られる」は、「気持ちが自然にそうなる」という意味なので、「思い出す」「感じる」「しのぶ」「案じる」などの心の作用を表す動詞に付くことが多いということに注意しよう。

2 (1) イ (2) ア

解説 (1)「考えるつもりだ」と言い換えられるので「意志」と判断できる。**イ**も「借りるつもりだ」と言い換えられる。**ア**は「推量」、**ウ**は「勧誘《かんゆう》」。

(2)「たぶん完成するだろう」と「たぶん」が補えるので「推量」と判断できる。**イ**は「勧誘」、**ウ**は「意志」。

3 (1) ア (2) ウ (3) ア

解説 (1) **ア**は「続かぬ」と言い換えられるので否定(打ち消し)の助動詞と判断できる。**イ**、**ウ**は補助形容詞。どちらも、**イ**「寒くはない」、**ウ**「辛《から》くはない」と「は」が補える。

(3) **ア**「すくない(少ない)」は、一語の形容詞。「〜ない」の形になる形容詞には、ほかに「危ない」「きたない(汚《きた》い)」「頼《たよ》りない」などがあるので注意しよう。**イ**、**ウ**は否定(打ち消し)の助動詞。どちらも**イ**「間に合わぬ」、**ウ**「(一人も)いぬ」と言い換えられる。

4 (1) ウ (2) ア (3) イ (4) エ (5) イ

解説 (2)「先週」という過去を表す言葉があることから、「過去」と判断できる。

(3)「ちょうど今書けた」と補えるので、「完了《かんりょう》」と判断できる。

(4)「確か歯科医でしたね」と補えるので、「想起」と判断できる。

(5)「ついに大きくなった」と補えるので、「完了」と判断できる。完了の助動詞「た(だ)」は、「ちょうど」だけではなく、「ついに」が補えるかどうかでも識別できる。

5 (1) ア (2) ウ (3) イ

解説 「そうだ・そうです」には、推定・様態の助動詞と伝聞の助動詞の二通りあるが、伝聞の「そうだ・そうです」は、終止形に接続するので、取り除いても文として成立すれば、「伝聞」と判断できる。

6 (1) ウ (2) イ (3) ア

解説 「比喩《ひゆ》(たとえ)」の「ようだ・ようです」は、前に呼応の副詞「まるで」があるか、または補えるかで識別できる。

7 (1) イ (2) イ

解説 (1) **イ**「よくはない」と「は」が補えるので、補助形容詞「ない」と判断できる。**ア**、**ウ**、**エ**は、どれも否定(打ち消し)の助動詞。

(2) ——線部①は、「そうです」を取り除いても文として成立するので、伝聞の助動詞「そうです」。——線部②は、取り除くと文として成立しないので推定・様態の助動詞「そうです」。

定期テスト予想問題 （58〜59ページ）

1 (1) **ウ** (2) **ウ**

解説 格助詞は、主に体言（名詞）に付く。

(1) **ア**は助動詞「ない」に、**イ**は助動詞「だ（た）」に付いているので、格助詞ではない。どちらも接続助詞。

(2) **ア**は、形容動詞「元気だ」の連用形「元気に」の活用語尾《ごび》。**イ**は、接続助詞「のに」の一部。どちらも「に」で一単語ではないので注意しよう。

2 (1) **ウ** (2) **エ** (3) **オ** (4) **イ** (5) **ア**

解説 (2)「ばかり」は、付いている体言「動画」に、そのことだけに限定しているという意味を添《そ》えている。

(4)「さえ」は、付いている体言「風」が、ほかの事柄《ことがら》に付け加わっているという意味を添えている。

3 (1) **ア** (2) **ウ**

解説 接続助詞は、主に活用語（用言・助動詞）に付くことに注意しよう。

(1) **ア**は、「晴れだが」と助動詞「だ」に付いているので接続助詞。**イ**、**ウ**は格助詞。**イ**「話すのが」の「の」は、体言代用の働きをする格助詞なので、体言に準ずる。

(2) **ウ**は、「呼んでも」と動詞「呼ぶ」の連用形に付いているので接続助詞。**ア**、**イ**は副助詞。どちらも、体言に付いている。

4 (1) **エ** (2) **イ** (3) **ア** (4) **オ** (5) **ウ**

解説 (4)「ね」は、念を押《お》して確認する気持ちを表している。

(5)「とも」は、強く断定し、強調する気持ちを表している。

5 (1) **た** (2) **ます** (3) **ように** (4) **たがる** (5) **よう** (6) **まい**

解説 (1)「た」は、完了《かんりょう》の助動詞「た」の終止形。

(3)「ように」は、比喩《ひゆ》（たとえ）の助動詞「ようだ」の連用形。

(5)「よう」は、意志の助動詞「よう」の終止形。同じ意志の助動詞「う」と間違《まちが》えないように注意しよう。「説明しよう」の文節を単語で分けると、「説明し（動詞）／よう（助動詞）」となる。

6 (1) **ク** (2) **オ** (3) **ア** (4) **ウ** (5) **イ** (6) **カ** (7) **エ**

解説 (5)「湿《しめ》っている」に言い換《か》えられるので、**イ**「存続」と判断できる。この文例は、「湿った」ということが過去の時点に起こったということを表してはいないので、**キ**「過去」の意味にはならない。

(6)「そうだ」を取り除いても文として成立するので、**カ**「伝聞」と判断できる。

7 (1) **ウ** (2) **エ** (3) **ア** (4) **イ**

解説 (1)「自然に思い出される」と「自然に」が補えるので、**ウ**「自発」。「思い出す」という心の作用を表す動詞に付いていることからも判断できる。

(2)「ご出席になる」と言い換えられるので、**エ**「尊敬」と判断できる。「出席される」の主体（主語）が「先生」という敬意を表すべき対象であることにも注意しよう。

(3)「声をかけることをされる」と言い換えられるので、**ア**「受け身」と判断できる。

(4)「得ることができる」と言い換えられるので、**イ**「可能」と判断できる。

8 (1) **ア** (2) **イ** (3) **エ**

解説 (1) **ア**は、動詞「まとまる」の未然形に接続している否定（打ち消し）の助動詞。「まとまらぬ」と言い換えられることから判断できる。**イ**、**ウ**、**エ**は、いずれも補助形容詞「ない」。**イ**「難しくはない」、**ウ**「甘《あま》くはない」、**エ**「考えたくはない」と、いずれも直前に「は」を補うことができる。

(2) **イ**は、形容動詞「残念だ」の終止形の活用語尾。「とても残念だ」のように、用言を修飾《しゅうしょく》する働きの副詞「とても」で修飾できることから、この文節が用言だと判断できる。**ア**、**ウ**、**エ**は、いずれも断定の助動詞「だ」。断定の助動詞「だ」の直前には、**ア**「正しいはずだ」、**エ**「中学生だ」のように、主に名詞がある。**ウ**「美しいのだ」の「の」は、体言代用の働きをする格助詞なので、これも断定の助動詞「だ」と判断できる。

(3) **エ**は、「確か国道の向こうでしたね」のように「確か」を補えるので、想起の助動詞「た」。**ア**、**イ**、**ウ**は、いずれも完了の助動詞「た」。いずれの文例にも「ちょうど」か「ついに」が補える。

1 漢字の成り立ち／部首／筆順／画数

Step 1 基礎力チェック問題 （61ページ）

1 (1) ウ (2) イ (3) ウ
(4) ① イ ② ア ③ ウ

解説 (1) 物の形をかたどって表した象形文字の多くは、自然や動植物の姿や形を写し取ったものである。
(3) 象形文字や指事文字を組み合わせることで、会意文字が作られる。
(4) ① 漢字の多くは、この形声文字である。

2 (1) ア・ア (2) イ・イ
(3) イ・イ (4) ア・ア

解説 (1) 「りっしんべん」は「心」を表す部首。
(3) 「えんにょう」は「㇇ ㇋ 廴」と3画で書くことに注意。
(4) 「がんだれ（厂）」は形の似た「まだれ（广）」と間違《まちが》えないように注意。

3 (1) ア (2) イ (3) イ

解説 (2) 「水・小・赤」などは中の画を先に書くが、「火・性（忄）」のように中の画をあとに書く漢字もあるので、個々に覚えておく。

Step 2 実力完成問題 （62〜63ページ）

1 (1) ① a ② c ③ b ④ b ⑤ a ⑥ c
(2) ① 口・井 ② 月・同 ③ 艹・牙
④ 雨・相 ⑤ 金・定

解説 (1) ①「牛」は角がある牛の頭の形をかたどったもので、象形文字。②「林」は木を二つ組み合わせて、木が並んで生えているところを表したもので、会意文字。③「中」は、物（口）を線で貫《つらぬ》き、「うち」の意味を表したもので、指事文字。④「末」は、木の上の部分にこずえの部分を指し示す線を引いて、「こずえ・すえ」の意味を表したもので、指事文字。⑤「目」は、人の目の形をかたどったもので、象形文字。⑥「明」は、「日」と「月」の二つの字を組み合わせて「あかるい・あきらか」の意味を表したもので、会意文字。

2 (1) ① エ ② オ ③ カ ④ イ
⑤ ア ⑥ キ ⑦ ウ
(2) ① エ ② ケ ③ キ ④ イ ⑤ ア
⑥ ク ⑦ カ ⑧ コ ⑨ ウ ⑩ オ

解説 (2) 形の似た部首は、意味をとらえて区別する。①「朗」の「月」は月光に関する意味があるので「つき」。⑧「脚」の「月」は人体に関する意味があるので「にくづき」。③「祈」の「ネ」は神に関する意味があるので「しめすへん」。⑦「裸」の「衤」は衣服に関する意味があるので「ころもへん」。

3 (1) ① イ ② ア ③ ウ ④ ア
⑤ ア ⑥ イ ⑦ ア
(2) ① 7 ② 4 ③ 7 ④ 9 ⑤ 3

解説 (1) ②「必」の筆順は、形の似た「心」とは異なることに注意。④「上から下へ」、⑦「左から右へ」の原則に当てはまる。
(2)

> **ミス対策** ①「断」は、「米」を先に書いてから「㇄」の部分を書く。②「飛」の筆順は間違《まちが》えやすいので注意。「⺄ ⺄ 飞 飞 飞 飛 飛 飛 飛」となる。⑤「思」は「横角が先」の原則の例外の漢字で、横画と縦画が交差するとき、横画があとになり、「丨 冂 冂 田 田 田 思 思 思」となる。

4 (1) 9 (2) 10 (3) 8 (4) 7

解説 (1)「係」の「糸」の部分は6画、(2)「残」の「歹」の部分は4画、(3)「泡」の「勹」の部分は2画、(4)「即」の「卩」の部分は2画で書くことに注意。

5 (1) 神・ネ・しめすへん・9
(2) 橋・木・きへん・16
(3) 沼・氵・さんずい・8
(4) 請・言・ごんべん・15
(5) 締・糸・いとへん・15
(6) 閑・門・もんがまえ・12

解説 (1)「ネ（しめすへん）」か「衤（ころもへん）」かわかりづらいが、右側の「申」から「神」だと判断する。

2 音と訓／送り仮名／同訓異字・同音異義語

Step 1 基礎力チェック問題 （65ページ）

1 (1) ア・ウ・イ (2) ア

解説 (1)「明」の読みは、ア「メイ」が漢音《かんおん》、イ「ミン」が唐音《とうおん》。「行」の読みは、ア「コウ」が漢音、ウ「アン」が唐音。

2 (1) ア・イ (2) イ

解説 (1)「速い」は「し」が含《ふく》まれる形容詞ではないので、原則どおりに活用語尾《ごび》から送る。(2)は終止形「承る」に直し、「承らナイ」と活用させて確認する。

3 (1) イ (2) イ・ア (3) ア・ウ
(4) イ・イ (5) イ・イ

解説 (1) ア「捕」は「捕獲《ほかく》」、ウ「取」は「取得」などの熟語がある。
(3) イ「喚起《かんき》」は「呼び起こすこと」という意味。

Step 2 実力完成問題 （66〜67ページ）

1 (1) ① ウ ② エ ③ オ ④ イ ⑤ ア
(2) ① イ ② ア ③ エ ④ オ ⑤ ウ

解説 (1) ア「重」には「ジュウ・チョウ」、イ「形」には「ケイ・ギョウ」、ウ「画」には「ガ・カク」、エ「間」には「カン・ケン」、オ「納」には「トウ・ノウ・ナッ」という音がある。
(2) ア「降」には「ふ（る）・お（りる）・お（ろす）」、イ「苦」には「くる（しい）・くる（しむ）・くる（しめる）・にが（い）・にが（る）」、ウ「怠」には「おこた（る）・なま（ける）」、エ「速」には「はや（い）・はや（める）・はや（まる）・すみ（やか）」、オ「細」には「ほそ（い）・ほそ（る）・こま（か）・こま（かい）」という訓がある。

2 (1) ウ (2) イ (3) ウ (4) イ (5) イ
(6) ウ (7) イ (8) イ (9) ウ (10) ウ

解説 (1)「かならず」は副詞で、副詞は最後の音節を送るという原則があるので「ず」を送る。
(2)「すくない」は形容詞だが、例外として語幹の「な」から送る。
(3)「むずかしい」は語幹が「し」で終わる形容詞なので、「し」から送る。
(4)「よろこばしい」は語幹が「よろこばし」で「し」の付いた形容詞だが、「よろこぶ」が元になってできた言葉なので、元の語の送り仮名《がな》の付け方によって「ば」から送る。
(5)「あきらかだ」は、活用語尾の前に「らか」がある形容動詞なので、「らか」から送る。
(6)「おごそか」は、「おごそかだ」という形容動詞の語幹だが、活用語尾の前に「か」が付いているので「か」から送る。
(7)「いそがしい」は語幹が「し」で終わる形容詞なので、「し」から送る。
(8)「なぐさめる」は下一段活用の動詞なので、活用語尾の「める」を送る。
(9)「つくろう」は五段活用の動詞なので、活用語尾の「う」を送る。
(10)「とどこおる」は五段活用の動詞なので、活用語尾の「る」を送る。

3 (1) ① イ ② ウ ③ ウ
(2) ① a ア b イ ② a エ b ウ
③ a カ b オ

解説 (1) ①アは「職場に着く」、ウは「板に付く」。イ「職業に就く」は「就職する」と言い換《か》えることができることに注目。
②アは「言い分を聞く」、イは「腕《うで》利き」。ウ「薬の効き目」は「薬の効能」と言い換えられることに注目。
③アは「体を表す」、イは「姿を現す」。ウは本を書いた人を「著者」ということから考える。
(2) ①「尋《たず》ねる」は「質問する」という意味なので「道を尋ねる」、「訪ねる」は「おとずれる」という意味なので「恩師の家を訪ねる」となる。
②「究める」は「深いところまで知る」という意味なので「真理を究める」、「極める」は「限界まで行く」という意味なので「困難を極める」となる。
③「断つ」は「縁《えん》を切る・遮《さえぎ》る」などの意味なので「進路を断たれる」、「絶つ」は「つながりなどをなくす」という意味なので「連絡《れんらく》を絶つ」となる。

4 (1) イ (2) エ (3) ウ

解説 (1)「開放」は「開け放すこと・自由にできること」という意味。アは束縛《そくばく》を解いて自由にすることなので「解放」、ウは病気などがよくなることなので「快方」、エは病人などを世話することなので「介抱《かいほう》」と書く。
(2)「精算」は「最終的に細かく計算する」という意味。アは債務《さいむ》などを整理・処分することなので「清算」、イは物などを作り出すことなので「生産」、ウは成功の見込《みこ》みのことなので「成算」と書く。
(3)「態勢」は「状態・身構え」という意味。アは体の姿勢のことなので「体勢」、イは立派になるということなので「大成」、エは組織などのしくみのことなので「体制」と書く。

5 (1) **鑑賞** (2) **観賞** (3) **補償** (4) **保障**
(5) **追求** (6) **追究**

解説 (1) 美術品などを深く味わう場合は「鑑賞《かんしょう》」、(2) 熱帯魚などを見て楽しむという場合は「観賞」。(3) 損害を埋《う》め合わせるという意味の場合は「補《ほ》償《しょう》」、(4) 保護することを表す場合は「保障」。責任をもって受け合うという意味の「保証」と書かないように注意。(5) 追い求めるという意味の場合は「追求」、(6) 突《つ》き詰めてはっきりさせる場合は「追究」。犯人や責任を追うという意味の「追及」と書かないように注意。

3 熟語の構成／熟語の読み方

Step 1 基礎力チェック問題 (69ページ)

1 (1) **ウ・ア** (2) **ウ・ウ** (3) **イ** (4) **イ** (5) **ア**

解説 (5) イ「左右」は上下が反対の意味、ウ「上陸」は下が上の目的や対象になっている。

2 (1) **イ** (2) **ウ** (3) **イ**

解説 (1)「幸不幸」は「幸」と「不幸」に分けられ、対義語の関係になっていることに注目。

3 (1) **ウ・ウ** (2) **ウ・ア** (3) **イ・ウ**

解説 (2) ア「単独」は音＋音、イ「見事」は訓＋訓、あとのイ「類似」、ウ「消費」は音＋音。

Step 2 実力完成問題 (70〜71ページ)

1 (1) ① **エ** ② **ウ** ③ **イ**
(2) ① **ウ・エ** ② **ア・キ** ③ **イ・カ** **〈各順不同〉**
(3) **イ**

解説 (1) ① エ「都立」は、「都が立てる」と言えるので、主・述の関係。ほかの熟語はすべて上が下を修飾《しゅうしょく》している。② ウ「酸化」だけ、「化」という接尾語《せつびご》が付いており、ほかは下が上の目的や対象になっている。③ イ「砕石《さいせき》」は「石を砕《くだ》く」と言い換《か》えられるので、下が上の目的や対象になっている。ほかは、上下が似た意味。
(2) ①「大小」は上下が反対や対の意味。②「樹木」は上下が似た意味。③「着席」は下が上の目的や対象になっている。
(3)「曇天《どんてん》」は「曇《くも》っている天（空）」という意味であることからとらえる。

2 Ⅰ (1) **ウ** (2) **イ** (3) **ア** (4) **ア** (5) **イ**
Ⅱ (1) **A** (2) **B** (3) **D** (4) **C** (5) **E**

解説 (2)「近代化」は下に接尾語が、(3)「非公式」は上に接頭語が付いていることに注目。

3 (1) **ウ** (2) **エ**

解説 (1)「独立独歩」は「独立」と「独歩」の二字熟語に分けられることに注目。ア「冠婚葬祭《かんこんそうさい》」、イ「花鳥風月」、エ「東西南北」は四字が対等の関係。

4 (1) ① **イ** ② **ア** ③ **エ** ④ **イ** ⑤ **ウ**
⑥ **ア** ⑦ **ウ** ⑧ **エ** ⑨ **イ** ⑩ **ア**
⑪ **ア** ⑫ **イ** ⑬ **イ** ⑭ **エ** ⑮ **ウ**
(2) ① **しじょう** ② **いちば**
③ **うわて** ④ **じょうず**
(3) ① **足** ② **相** ③ **土** ④ **気**
⑤ **砂** ⑥ **木** ⑦ **雪**

解説 (1) ウ「音＋訓」を重箱読み、エ「訓＋音」を湯桶《ゆとう》読みということも押《お》さえておく。
(2) ①・②「市場」、③・④「上手」は、読み方によって意味が異なる熟語である。①「市場《しじょう》」は「品物の売買・取引が行われるところ」、②「市場《いちば》」は「定期的に多くの小売業者が集まり、品物を売り買いするところ」の意味。③「上手《うわて》」は「学問や技能などが人より優れていること」、④「上手《じょうず》」は「物事に優れていてうまいこと」の意味。このほか、「上手《かみて》」と読むと「川上・舞台《ぶたい》で客席から見て右のほう」の意味。
(3) 熟字訓は、一字一字の音訓に関係なく、熟語単位で特別な読み方をするものなので、一つの単語として覚えておくことが大切である。ただし、意味の上から漢字を推測できるものもあることに注目。①「たび」…足に履《は》くもの。②「すもう」…相対する。③「みやげ」…その土地のもの。⑤「じゃり」…砕けた小さな石＝砂でできている。⑦「なだれ」…雪が崩《くず》れ落ちてくること。

5 **ウ・オ〈順不同〉**

解説 アは「上陸（陸に上がる）」と「陸上（陸の上）」、イは「水温（水の温度）」と「温水（温かい水）」、エは「製鉄（鉄をつくる）」と「鉄製（鉄でつくられたもの）」で、意味が変わっている。

定期テスト予想問題 （72〜73ページ）

1 (1)**ウ** (2)**エ** (3)**ウ** (4)**ア**
(5)**イ** (6)**ア** (7)**カ** (8)**オ**

解説 (1)「位」は「人」と「立」を組み合わせた字、(3)「森」は三つの「木」を組み合わせた字なので、ウの会意文字。
(2)「悲」は音を表す「非」と意味を表す「心」を組み合わせた字なので、エの形声文字。

2 (1)**ごんべん・12** (2)**そうにょう・12**
(3)**けものへん・13** (4)**さんずい・12**
(5)**くるまへん・17**
(6)**こころ（したごころ）・16**
(7)**あみがしら（あみめ・よこめ）・13**
(8)**とりへん・12**

解説 (6)「憲」の部首は「うかんむり」と間違《まちが》えやすいので注意。「宀丰（上からかぶせるもの）」と「罒（目）」と「心」を合わせた字で、目や心の勝手な働きを抑《おさ》える枠《わく》（＝きまり）の意味を表している。

3 (1)**エ・A** (2)**ウ・D**
(3)**ウ・B** (4)**ウ・C**

解説 (1)ア「傷跡《きずあと》」とウ「横綱《よこづな》」は訓＋訓。イ「座敷《ざしき》」は音＋訓。
(2)ア「小僧《こぞう》」は訓＋音。イ「流行」は音＋音。エ「真綿」は訓＋訓。
(3)ア「自由」とエ「承認」は音＋音。イ「歩合」は音＋訓。
(4)ア「雑煮《ぞうに》」は音＋訓。イ「政権」とエ「文句」は音＋音。

4 (1)**○** (2)**砕ける**
(3)**膨らむ** (4)**○**

解説 (1)「顧《かえり》みる」は上一段の動詞で、活用語尾《ごび》から送っているので正しい。
(2)「砕《くだ》ける」は下一段活用の動詞なので、活用語尾「ける」から送る。
(3)「膨《ふく》らむ」は「膨れる」という言葉が元になっているので「らむ」から送る。
(4)「鮮《あざ》やかだ」は活用語尾《ごび》の前に「やか」がある形容動詞なので、「やか」から送っていて正しい。

5 (1)**沈** (2)**静** (3)**差** (4)**指**
(5)**測・量** (6)**図**

解説 (3)「差す」は、「赤みや影《かげ》が差す」というときのほか、「傘《かさ》や刀を差す」というときにも使う。

6 (1)**イ** (2)**ウ** (3)**カ** (4)**ク** (5)**コ**

解説 (1)ア「非難」は「責めとがめること」、イ「避難《ひなん》」は「災難から逃《のが》れること」の意味。
(2)ウ「最後」は「終わり」、エ「最期《さいご》」は「死ぬまぎわ」の意味。
(3)オ「脅威《きょうい》」は「力によって脅《おど》すこと」、カ「驚異《きょうい》」は「不思議さやすばらしさに驚《おどろ》くこと」の意味。
(4)キ「以前」は「それより前」、ク「依然《いぜん》」は「元のまま」の意味。
(5)ケ「乾燥《かんそう》」は「乾《かわ》くこと」、コ「歓送《かんそう》」は「喜んで送ること」の意味。

7 (1)**さみだれ** (2)**かわせ** (3)**ふぶき**
(4)**びより** (5)**あずき** (6)**しぐれ**

解説 (1)「五月雨」は「五月頃《ごろ》に降り続く長雨（梅雨《つゆ》）」のことである。
(4)「日和」は「ひより」と読むが、上に言葉が続いているので「びより」と濁《にご》ることに注意。「小春日和」は、秋から冬に移り変わる時期に春のように暖かい陽気が続くこと。
(6)「時雨《しぐれ》」は晩秋から初冬頃にかけて断続的に降る雨のことで、ひとしきり続くもののたとえとして「せみ時雨」のようにも使われる。

8 (1)①**エ** ②**オ** ③**ア** ④**ウ** ⑤**イ**
(2)①**エ・オ** ②**ア・ウ** ③**イ・カ**
〈各順不同〉

解説 (2)①三字が対等の関係、②二字熟語の上に一字が付く構成、③は二字熟語どうしの組み合わせ。

1 和語・漢語・外来語／類義語・対義語・多義語

Step 1 基礎力チェック問題 （75ページ）

1 (1) ア・ア・イ (2) イ・ア
(3) イ・ア・ア・イ
(4) ウ・イ (5) イ・イ

解説 (3) 訓読みの言葉が和語、音読みの言葉が漢語であることを押《お》さえる。
(5)「ふきん」は「布巾」と書く漢語、「たけのこ」は「竹の子」や「筍」と表記されることがある和語である。

2 (1) ア (2) イ (3) ア (4) ア

解説 (2)「誘導《ゆうどう》」は「進む方向を示し、ある場所や状態に人や物事を導くこと」の意味であることから考える。
(3) イ「全体で対立している関係」の対義語とは、「安全↔危険」のようなものである。

3 (1) ウ (2) イ

解説 (1) アの意味では「カレンダーをかける。」、イの意味では「気にかける。」などのように使う。

Step 2 実力完成問題 （76〜77ページ）

1 (1) B (2) A (3) A (4) A
(5) B (6) B (7) A (8) A

解説 和語は漢字を訓読みする言葉か、仮名《かな》でしか書けない言葉、漢語は漢字を音読みする言葉であることを押《お》さえる。

2 (1) ① コ ② ケ ③ エ ④ カ ⑤ ウ
⑥ ク ⑦ イ ⑧ キ ⑨ サ ⑩ ア
(2) ① オ ② カ ③ イ ④ ア ⑤ ウ

解説 (1)・(2) 中国以外の外国から入り、日本に定着した言葉が外来語で、一般《いっぱん》的には片仮名で表記する。(1)の例の文と、④・⑦・⑨の文、(2)のすべての文では、日常的に――線部を外来語に言い換《か》えて使うことができる。

3 (1) ク (2) オ (3) イ (4) キ

解説 当てはまらなかった選択肢《せんたくし》で、類義語をもつものは以下のとおり。
ア「関心」＝興味
ウ「丁寧《ていねい》」＝入念
カ「信頼《しんらい》」＝信用

4 (1) イ (2) ア (3) イ (4) ウ (5) ウ

解説 正解以外の熟語で対義語があるものは、以下のとおり。
(1) ア「分離《ぶんり》」↔結合
ウ「分解」↔組立・合成
(2) イ「破壊《はかい》」↔建設
ウ「虚構《きょこう》」↔事実
(3) ア「単純」↔複雑
ウ「特別」↔普通《ふつう》・一般《いっぱん》

5 (1) イ (2) エ

解説 (1) **ミス対策** 「弾《はず》む」には、「はね返る」「勢いづく」「うきうきする」「激しくなる」などの意味がある。「勢いづく」の意味では、イのように「会話が弾む」や、「議論が弾む」のように使う。アは「はね返る」の意味、ウは「うきうきする」の意味。このほか、「激しくなる」の意味で「息が弾む」、「お金などをたくさん出す」の意味で「チップを弾む」のようにも使う。
(2) エだけが「腕《うで》」のそのままの意味で、ア・イ・ウは「腕前・能力」の意味で使われていることに注目。

6 (1) イ (2) イ (3) ア

解説 (1) ア「摂取《せっしゅ》」は、「水分を摂取するように心がける。」のように使う。
(2) ア「基本」は、「基本的な知識を身につける。」のように使う。
(3) イ「納得」は、「納得がいくまで話し合う。」のように使う。

2 慣用句・ことわざ・故事成語

Step 1 基礎力チェック問題 （79ページ）

1 (1)ウ (2)イ (3)ウ (4)イ

解説 (1)「手を打つ」は「話し合いなどに決着をつける」、「手を回す」は「必要な手配をひそかに行う」の意味。

(3)「しっぽを巻く」は、「降参する」という意味。

(4)「猫《ねこ》をかぶる」は、「猫かぶり（を）する」などともいう。

2 (1)イ (2)ウ (3)ウ (4)ア

解説 (3)「弘法《こうぼう》にも筆の誤り」「猿《さる》も木から落ちる」と似た意味のことわざには、ほかに「上手の手から水が漏《も》る」「かっぱの川流れ」などがある。

(4)「立つ鳥跡《あと》を濁《にご》さず」は、「去るものはあとが見苦しくないように始末すべきだ。」という意味。

3 (1)イ (2)イ

解説 (1)「杞憂《きゆう》」は、「杞人の憂《うれ》い」「杞人天を憂う」ともいう。

(2)「呉越同舟《ごえつどうしゅう》」は、「敵対する者どうしであっても、共通の困難や利益があれば、協力し合うということ。」という意味でも使われる。

Step 2 実力完成問題 （80～81ページ）

1 (1)①カ ②エ ③イ ④ア ⑤ウ

(2)①ウ ②オ ③エ ④ア ⑤イ

(3)①ア ②ウ

解説 (1)①「足元」は身近なことや歩き具合を表し、そこから弱点を見透《みす》かし、つけこむという意味になる。②「顔」は対面や面目を表している。③驚《おどろ》いたり感心したりしたときの、目を大きく開いた表情を表している。⑤「鼻先であしらう」ともいう。

(2)①「肝《きも》」は肝臓《かんぞう》のことで、心や度胸、気力などの意味を表している。

(3)①「二歩目をためらって足踏《あしぶ》みする」という意味から、ためらう様子を表している。

2 (1)①ウ ②ア ③カ ④イ ⑤オ

(2)①エ ②ウ ③イ ④ア ⑤オ

解説 (1)⑤ことわざではないが、「踏《ふ》んだり蹴《け》ったり」も「泣きっ面《つら》に蜂《はち》」と同じ意味を表す言葉。

(2)④「柳《やなぎ》の下のどじょう」ともいう。

3 (1)①ア ②ウ

(2)①エ ②ウ ③オ

解説 (1)①「塞翁《さいおう》が馬」は、塞《とりで》の近くに住む老人が馬に逃《に》げられてしまったが馬は別の良馬を連れて戻《もど》り、その馬に乗った息子が落馬して骨折してしまったが戦争で徴兵《ちょうへい》されずに済んだという故事から生まれた。②「傍若無人《ぼうじゃくぶじん》」は、昔の中国で、街中で友人どうしで酒を飲み、盛り上がると楽器を演奏したり共に泣いたりして、まるで傍《かたわ》らに人がいないかのように振《ふ》る舞《ま》ったという話から生まれた。

(2)①「蛍雪《けいせつ》の功」は、貧しいために、明かりを灯《とも》す油を買えず、蛍《ほたる》の光や雪明かりで勉学に励《はげ》んだ人たちが、のちに大成したという話から生まれた。②「他山《たざん》の石」は、ほかの山から取れたつまらない石でも、自分の玉（宝石）を磨《みが》くことに使えるという話から生まれた。③「蝸牛角上《かぎゅうかくじょう》の争い」は、蝸牛（かたつむり）の左右の角の上にある二つの国が争ったという話から生まれた。

4 (1)水・エ (2)神・ウ

(3)背・イ (4)問屋・ア

解説 (1)「焼け石に水」は、焼けた石に少しの水をかけても何の効果もないことからのたとえで、ちょっとやそっとでは効果がないということを表している。

(2)「捨てる神あれば拾う神あり」は、世の中はいろいろで、相手にしてくれない人もあれば引き立ててくれる人もあるので、困ったことがあってもあまり心配することはないということを表している。

(3)「背に腹は代えられぬ」は、内臓が入った腹のほうが大切だから、しかたなく背中を犠牲《ぎせい》にするということから、大事なことのためには、ほかのことが多少犠牲になってもやむをえないことを表している。

(4)「そうは問屋が卸《おろ》さない」は、そんな安い値段では問屋は品物を売ってくれないということから、そうやすやすと相手の望みには応じられない、世の中はそう簡単に自分の思いどおりにはならないということを表している。

3 敬語

Step 1 基礎力チェック問題 （83ページ）

1 イ

解説 敬意を表す対象を押《お》さえておく。

2 (1) エ (2) ウ

解説 (1) ア「お持ちする」、イ「伺《うかが》う」、ウ「申す」の動作主は自分や自分の身内なので謙譲《けんじょう》語。エは「原《はら》さんのお父様」について使われているので、尊敬語。

(2) ウは、「先生の話」に対して使われているので、尊敬語。それ以外は、物事を丁寧《ていねい》に柔《やわ》らかく言うときに使う丁寧語（美化語）。

3 ア

解説 イは「僧侶《そうりょ》」、エは「社長」に対する尊敬語。ウは丁寧語。

4 エ

解説 エの「貴重なご意見」とは、相手の意見のことなので、ここで使われている「ご」は、尊敬の接頭語。

5 ア

解説 アは、「僕《ぼく》（自分）」の動作に、「おっしゃる」という尊敬の意味をもつ特別な形の動詞を使っているので、誤り。

Step 2 実力完成問題 （84〜85ページ）

1 (1) イ (2) イ (3) ウ (4) ア (5) ア

解説 動作主が誰《だれ》かということのほかに、(1)「参る」、(2)「おる」は謙譲《けんじょう》語の表現、(4)「お読みになる」、(5)「なさる」は尊敬語の表現であることを押《お》さえて判断する。

2 (1) A 言われた B おっしゃった
(2) A お食べになって B 召しあがって
(3) A 来られた B いらっしゃった

解説 (2) A「食べられる」と尊敬の意味の助動詞を使うこともあるが、可能や受け身の意味と間違《まちが》えられる場合もあるので、使う場合は状況《じょうきょう》に注意して使うようにする。

3 (1) 申して (2) 差しあげたい
(3) お目にかかった (4) 拝聴した（伺った）

解説 (4)「拝聴《はいちょう》する（聞く）」「拝見する（見る）」「拝読する（読む）」などの「拝」を使った謙譲語はまとめて覚えておくこと。

4 (1) 伺う (2) ご覧になる (3) 拝見する
(4) 食べる (5) いただく（頂戴《ちょうだい》する）
(6) いたす

解説 特別な形の尊敬語と謙譲語は、まとめて覚えておくこと。

5 (1) ① 書きました ② 喜ぶでしょう
(2) ① でございます ② ございます

解説 (2)「（で）ございます」を使うことで、より丁寧《ていねい》な言い方になることを押《お》さえる。

6 オ

解説 ア〜エは謙譲語で、オのみ尊敬語。

7 例 父は、今、おりません。

解説 ミス対策 身内である父親のことを、相手に対して「お父さん」とは言わない。また、「いらっしゃる」という尊敬語を使っているので、謙譲語に直す。「留守にしております」「外出しております」などの言い方でもよい。

8 ア

解説 アは、「参られる」と、謙譲語の「参る」に尊敬語の「れる」を付けて使っているので、不適切。相手の動作なので、尊敬語「来られる」や「いらっしゃる」を使う。

9 ウ・カ〈順不同〉

解説 アは相手の動作に「お〜する」という謙譲語を、イは自分の動作に「ご〜になる」という尊敬語を使っているので不適切。また、自分の側の人間なのに、エは校長に対して「校長先生」「お外しになっていらっしゃる」「お戻《もど》りになる」と、オは「サッカー部」に対して「果たされました」と尊敬語を使っているので不適切。

定期テスト予想問題 （86～87ページ）

1 (1) **ウ** (2) **ア** (3) **イ** (4) **ア** (5) **ア**

解説 和語は漢字を訓読みし、漢語は漢字の熟語を音読みすることを手がかりにする。

(5) **ア**「手紙」は訓読みの熟語なので、和語。

2 (1) ① **漂泊** ② **遺憾** ③ **委細**

(2) ① **主観** ② **理性** ③ **軽率**

④ **故意** ⑤ **絶対**

(3) ① **イ** ② **エ** ③ **オ** ④ **ア**

解説 (1) ①「放浪《ほうろう》」「漂泊《ひょうはく》」はともに「当てもなくさまようこと」、②「残念」「遺憾《いかん》」はともに「心残りであること」、③「詳細《しょうさい》」「委細」はともに「詳《くわ》しいこと」の意味。

(2) ④「過失」は「不注意で起こした過ち」の意味で、「故意」は「知っていながらわざとすること」の意味。⑤「相対」は「ほかのものと関係して存在すること」、「絶対」は「ほかのものと関係しないで、それ自体で存在すること」の意味。

(3) ①は「互《たが》いにやりとりする調子」を表している。②は呼吸が止まって死ぬことを表している。③は「一息つく」という言い方もあり、休憩《きゅうけい》の意味を表している。④は保護されたり後ろ盾《だて》があったりする状態を表している。

3 (1) ① **投げる** ② **高い** ③ **いとま**

(2) **エ** (3) **イ** (4) **エ**

解説 (1) ①医者が諦《あきら》めて薬を調合するさじを投げ出すことにたとえて表している。②得意になって誇《ほこ》らしげな様子を表している。③「枚挙」は一つ一つ数えること。「いとま」は「暇《ひま》」を表している。一つ一つ数えている暇はないということ。

(2)「雲泥《うんでい》の差」は、天の雲と地の泥《どろ》のように「大きく違《ちが》う」ということ。同じく「月とすっぽん」が、同じ丸いものでも月とすっぽんではまったく違うということを表している。ほかに、「ちょうちんに釣《つ》り鐘《がね》」も同じ意味を表しているので、まとめて覚えておくとよい。

(3)「情けは人のためならず」は、人に情けをかけておけば、いずれ巡《めぐ》り巡って自分のためになるから、人には常に親切にしておくほうがよいという意味。これとは逆に「情けをかけることは人のためにならない」と解釈《かいしゃく》するのは誤りなので、注意。

(4)「画竜点睛《がりょうてんせい》」は、絵に描《か》いた竜《りゅう》に、仕上げにひとみ（＝睛）を描き加えたところ、絵の竜が天に昇《のぼ》っていってしまったという故事から生まれた。ちなみに、仕上げをしていないものを「画竜点睛を欠く」などと言う。

4 (1) ① **お笑いになる**

② **お話しする**

③ **拝見する**

④ **くださる**

⑤ **書かれる**

⑥ **出かけます**

(2) **エ**

解説 (1) ①・⑤は「先生」、④は「お客様」の動作なので、尊敬語を使う。②「話す」、③「見る」は自分（話し手）の動作なので、謙譲《けんじょう》語を使う。

(2) **ア**は、市長に対して尊敬語を使っているが、「お越《こ》しになる」に尊敬の意味の「れる」を重ねて使っているので不適切。**イ**は、相手の動作なのに「伺《うかが》う」という謙譲語を使っており、さらに尊敬の意味の「れる」も付けているので、不適切。**ウ**「先生と約束した」のは自分なのに、「お約束になった」と尊敬語を使っているので不適切。**オ**「ご報告を聞いた」のは相手なのに、「お聞きした」という謙譲語を使っているので不適切。

1 古文の基礎／竹取物語

Step 1 基礎力チェック問題（89ページ）

1 (1) おえ (2) え (3) ず (4) よう (5) しゅう (6) か

解説 (1) 語頭以外の「は・ひ・ふ・へ・ほ」は「わ・い・う・え・お」と読む。「おほへ」の終止形は「おほふ」なので、「ほへ」はどちらも語頭以外のハ行音である。したがって、「ほ→お」、「へ→え」と読む。

(2) 歴史的仮名遣《かなづか》いではワ行を「わ・ゐ・う・ゑ・を」と表記する。「ゐ」は「い」、「ゑ」は「え」、「を」は「お」と読む。現代仮名遣いにない「ゐ・ゑ」は読み方を覚えておくようにする。

(4) 母音が連続する「au」は「ô」と読むので、「やう（yau）」は「よう（yô）」と読む。

(5) 母音が連続する「iu」は「yû」と読むので、「しう（siu）」は「しゅう（syû）」と読む。

2 (1) イ (2) イ (3) ウ

解説 (1)「いと」は「非常に。とても。たいそう」という意味で、あとに続く言葉を強調する。

(2)「おぼえ（て）」の終止形は「おぼゆ」。この「おぼえて」は「（自然と）思われて。（おのずと）感じられて」という意味。

(3)「をかし」は「趣《おもむき》がある。風情《ふぜい》がある。すばらしい」という意味で、現代語の「おかしい」とは、主に使われる意味が異なる。「雨など降るもをかし」は「雨などが降るのも趣がある」という意味。

3 (1) ウ (2) A ア B ウ

解説 (1)(2) 古文では助詞が書かれていないことが多い。現代語訳するときは、前後の文脈から判断して、助詞を補って読む必要がある。

4 (1) 竹取の翁（翁・竹取の翁といふもの） (2) イ

解説 (1) 古文では主語が書かれていないことも多い。ここでは、直前の文に「竹取《たけとり》の翁《おきな》」とある。

(2)『竹取物語』は、今から千年以上前の平安《へいあん》時代の初期に作られたと考えられている。

Step 2 実力完成問題（90～91ページ）

1 (1) いいつたえたる (2) おかし (3) いずれの

解説 (1) 語頭以外の「は・ひ・ふ・へ・ほ」は「わ・い・う・え・お」と読むので、「ひ」は「い」、「へ」は「え」と読む。

(2)「を」は「お」と読む。

(3)「づ」は「ず」と読む。

2 (1) イ (2) ア (3) ウ

解説 (1)「ゐたり」は「ゐる（居る）＋たり」。「ゐる」は「座る。じっとしている」などの意味。

(2)「具して」は「連れて。伴《ともな》って」という意味。「百人ばかり天人具して、昇《のぼ》りぬ」は「百人ほどの天人を連れて、（天に）昇ってしまった」という意味。

(3)「士《つはもの（ワ）》どもあまた具して山へ登りける」は「兵士たちをたくさん連れて山に登った」という意味。

3 (1) a やまならん b よそおいしたる c こたえていわく d もうできたるなり

(2) A ウ B イ (3) が (4) ⑤ ア ⑦ ウ

解説 (1) bは「ほ→お」「ひ→い」、cは「へ→え」「は→わ」と二か所ずつ直す。dの「まう（mau）」は、母音が連続する「au」は「ô」と読むので、「もう（mô）」と読む。

(2) A

ミス対策 ①「さらに……なし」のように、あとに打ち消しの語がある場合、「さらに」は「まったく。全然」の意味を表す。

B「わろかり」の終止形は「わろし（悪し）」で「よくない」の意味。ここでは「見劣《みおと》りする」という意味合いで、答えはイ。くらもちの皇子《みこ》が持ってきた蓬莱《ほうらい》の玉の枝はにせものなので、出来がよくない。にせものであることを隠《かく》すために、くらもちの皇子は「わろかりしかども」と言ったのである。

(3) 古文を現代語訳するときは、「が・は・を」などの助詞を補う。ここでは、主語を示す「が」を補って現代語訳する。

(4) この文章全体（「これやわが」から「来たるなり。」まで）がくらもちの皇子の発言内容であることを押《お》さえる。⑤「取りてまうで来たりし」（＝蓬莱の玉の枝を取ってきた）人は、くらもちの皇子。⑦「のたまひし」（＝蓬莱の玉の枝を取ってくるようにと言った）人は、かぐや姫《ひめ》。

定期テスト予想問題（92〜93ページ）

1

(1) イ

(2) a なんいいける　b いたり
c いうよう　d やしなわす

(3) A ウ　B イ

(4) さぬきのみやつこ

(5) 例 野山で竹を取り、いろいろな物を作ること。

(6) 例 筒の中に三寸ほどの大きさの人が座っていたこと。

(7) ③ ア　⑤ エ　(8) 筒の中

(9) 子になりたまふべき人なめり

(10) ㋐ が　㋑ を

解説 (1)『竹取物語《たけとり》』は現在に伝わる日本最古の物語で、空想的な伝説などをもとに作られた作品（伝奇《でんき》物語）である。

(2) a「なむ」は助詞で、助詞の「なむ」の「む」は「ん」と読む。同様に、助動詞の「む」「けむ」「らむ」などの「む」も「ん」と読む。c「ふ」は「う」と読む。また、「au」は「ô」と読むので、「やう（yau）」は「よう（yô）」と読む。

(3) A見慣れている竹林の中に、その日に限って根元の光る竹があったので、竹取の翁《おきな》は「おやっ」と思い、寄っていって見たのである。場面を思い浮《う》かべながら「あやしがりて」の意味を捉《とら》える。

B「うつくしうて」の「うつくし」は、現代語の「うつくしい」とは、主に使われる意味が異なる。

ミス対策 「あやし」と「うつくし」の主な意味は次のとおりである。現代語との違《ちが》いに注意する。

あやし（古語）→不思議だ。神秘的だ。
あやしい（現代語）→気味が悪い。疑わしい。
うつくし（古語）→かわいらしい。いとしい。
うつくしい（現代語）→きれいだ。立派だ。

(4) 古文の2〜3行目に「名をば……となむいひける（名前を……といった）」とある。

(5)「竹取の翁」は、職業からつけられた呼び名だと考えられる。「野山にまじりて竹を取りつつ、よろづのことに使ひけり」に注目する。「よろづ」は「数が多いこと。すべて。いろいろ」という意味。

(6) 設問文に「竹取の翁が見たとき」とあるので、竹取の翁が根元の光る竹を見つけた日の出来事について答える。

(7) 省略されている主語を答える問題。③「寄りて見るに」は「（竹に）近寄って見ると」、⑤「ゐたり」は「座っている」という意味。③は竹に近寄って筒《つつ》の中をのぞいた人、⑤は筒の中にいた人を答える。

(8)「それを見れば」も竹取の翁の動作である。竹取の翁が見たものを――線部④の直前から探す。

(9) 竹取の翁が言った言葉に注目する。「三寸《さんずん》ばかりなる人」を見て、自分がいつも見ている竹の中にいらっしゃったのだから、自分の子になるはずのかただと思ったのである。

(10) ㋐には主語を示す「が」が、㋑には目的語を示す「を」が当てはまる。

【現代語訳】

今ではもう昔のことだが、竹取の翁とよばれる人がいた。野山に分け入って竹を取っては、いろいろな物を作るのに使っていた。名前を、さぬきのみやつこといった。

（ある日、）その竹林の中に、根元の光る竹が一本あった。不思議に思って、近寄って見ると、筒の中が光っている。それを見ると、（背丈《せたけ》が）三寸ほどの人が、とてもかわいらしい様子で座っている。

翁が言うことには、「私が、毎朝毎晩見る竹の中にいらっしゃるのでわかった。（このかたは私の）子におなりになるはずのかたのようだ。」と言って、てのひらに入れて、家に持ってきた。妻の嫗《おうな》に預けて育てさせる。かわいらしいこと、このうえない。たいへん幼いので、竹籠《たけかご》に入れて育てる。（中略）

この幼児は、育てるうちに、すくすくと大きくなっていく。三か月ほど過ぎた頃《ころ》には、一人前の大きさの人になったので、髪上《かみあ》げの祝いなどあれこれ手配して、髪を上げさせ、（成人として）裳《も》を着せる。

2 係り結び／枕草子／平家物語／徒然草

Step 1 基礎力チェック問題 （95ページ）

1 (1) なむ (2) こそ (3) ぞ

解説 (1)～(3)の係りの助詞は、すべて強調の意味を表す。

2 イ・エ〈順不同〉

解説 係りの助詞が使われている文を探す。イは「何とか申す」の「か」が疑問の意味を表す係りの助詞。エは「射よげにぞ」の「ぞ」が意味を強調する係りの助詞。

3 (1) 清少納言 (2) 兼好法師

4 (1) ①イ ②ウ ③ウ (2) ①エ ②イ ③エ

解説 (2) ①『枕草子《まくらのそうし》』と③『徒然草《つれづれぐさ》』は、鎌倉《かまくら》時代初期に鴨長明《かものちょうめい》によって書かれた『方丈記《ほうじょうき》』とあわせて、古典の三大随筆《ずいひつ》といわれる。

5 イ

解説 『平家《へいけ》物語』には、平家一門の栄華《えいが》だけでなく、その衰退《すいたい》・滅亡《めつぼう》も描《えが》かれている。

Step 2 実力完成問題 （96～97ページ）

1 (1) イ (2) 心にうつりゆくよしなし事

(3) 係り結び

解説 (1)「つれづれなるままに」は、『徒然草《つれづれぐさ》』の書名の由来にもなっている。

(2)「よしなし事」は「つまらないこと。何のまとまりもないこと」という意味。

(3) 文中に係りの助詞「ぞ・なむ・や・か・こそ」があると、文末の結びの活用形が変化する。このきまりを係り結びという。

【現代語訳】

することがなく退屈《たいくつ》なままに、一日中、硯《すずり》に向かって、心に浮《う》かんでは消えていくとりとめもないことを、何というあてもなく書きつけていると、不思議と狂《くる》おしい気分になってくるものだ。

2 (1) イ (2) ア・ウ・オ・カ〈順不同〉

解説 (1)

ミス対策 古語の「うつくし」には、現代語にはない意味があることに注意する。ここでは「うつくしきもの」として挙げられているものの共通点を考える。

(2)「ねず鳴きする」を「雀《すずめ》の子がねずみのように鳴く」と誤って解釈《かいしゃく》しないように注意する。人がチュウチュウとねずみの鳴きまねをすると、雀の子が踊《おど》るようにしてやってくるというのである。

【現代語訳】

かわいらしいもの。瓜《うり》に描《か》いてある幼児の顔。雀の子が、(人が)ねずみの鳴きまねをすると踊るようにしてやってくる(のもかわいい)。二、三歳《さい》ぐらいになる幼児が、急いではってくる途中《とちゅう》に、とても小さいごみがあったのを、目ざとく見つけて、とてもかわいらしい指でつまんで、大人たちに見せているのは、とてもかわいらしい。髪《かみ》をおかっぱにしている幼児が、目に髪がかぶさっているのをかきあげもせずに、(首を)少しかしげて、ものなどを見ているのも、かわいらしい。

3 (1) イ (2) ①ウ ② 沖には平家～よめきけり

解説 (1) 海上にいる平家《へいけ》に誘《さそ》われて、舟端《ふなばた》に立てられた竿《さお》の先の扇《おうぎ》を射たのだから、与一《よいち》は源氏《げんじ》の武士である。

(2) ① 扇が波に漂《ただよ》っている様子が描《えが》かれているのは「夕日のかかやいたるに……揺《ゆ》られければ」の部分。夕日・金の日輪を描いた真っ赤な扇・白波などが色彩《しきさい》豊かに描かれている。② 「対句《ついく》」は、用語・構造がつり合った句を並べることにより、意味を強めて、イメージを豊かにする表現技法。「沖には平家……どよめきけり」の部分では、平家と源氏の様子を並べて、与一の弓の腕前《うでまえ》のすばらしさを強調している。ちなみに、文章中の「かぶらは海へ入《い》りければ」と「扇《（オウ）あふぎ》は空へぞ上がりける」の部分にも対句が使われている。

【現代語訳】

与一は、かぶら矢を取って（弓に）つがえ、引き絞《しぼ》ってひょうと放った。小兵《こひょう》とはいいながら、（矢は）十二束三伏《そくみつぶせ》で、弓は強い、（かぶら矢は）浜辺《はまべ》一帯に鳴り響《ひび》くほど長いうなりを上げて、誤りなく扇の要から一寸ほど離《はな》れた所を、ひいふっと射切った。かぶら矢は海へ落ち、扇は空へと舞《ま》い上がった。（扇は）しばらくの間は大空にひらひら舞っていたが、春風に一もみ二もみもまれて、海へとさっと散り落ちた。夕日が輝《かがや》く中に、金の日輪を描いた真っ赤な扇が、白波に漂って、浮いたり沈《しず》んだりして揺れているので、沖では平家が、舟端をたたいて感嘆《かんたん》し、陸では源氏が、えびらをたたいてはやし立てた。

定期テスト予想問題 （98〜99ページ）

1

(1) エ　(2) 蛍　(3) あはれなり　(4) 日入り果て　(5) ア　(6) ㋒

解説 (1) 空と山とが接する辺りの、空のほうを「山ぎは（山際《やまぎは(ワ)》）」、山のほうを「山の端《は》」という。

(2) 光って動くものを――線部②より前から探す。

(3) 「をかし」と「あはれ（あはれなり）」はどちらも「趣《おもむき》がある」という意味。主に、「をかし」は風物《ふうぶつ》の色や形などを見ての客観的な感動、「あはれ」は風物全体のしみじみとした趣への情緒《じょうちょ》的な感動を表す場合に使われる。

(4) 烏《からす》や雁《かり》が空を飛ぶ様子に続いて、聴覚《ちょうかく》で捉《とら》えた風の音《おと》や虫の音《ね》について描《えが》かれている。

(5) 「つとめて」には「早朝。翌朝」の意味がある。

(6) ㋒の「の」は連体修飾語《しゅうしょくご》を示す。㋒以外の「の」は主語を示し、現代語訳する際は「が」になる。

【現代語訳】

春は明け方(がすばらしい)。だんだんと白くなっていく山ぎわが、少し明るくなって、紫《むらさき》がかっている雲が細くたなびいている(のがよい)。

夏は夜(がすばらしい)。月が出ている頃《ころ》は言うまでもないが、闇夜《やみよ》もやはり、蛍《ほたる》が多く飛びかっている(のがよい)。また、(蛍が)ほんの一匹《いっぴき》二匹《にひき》ほのかに光りながら行くのも趣がある。雨などが降るのも趣がある。

秋は夕暮れ(がすばらしい)。夕日が差して山の端にとても近くなった頃に、烏がねぐらに帰ろうとして、三羽四羽、二羽三羽など、急いで飛ぶ様子までもしみじみとしたものを感じさせる。まして雁などが列を作っているのが、とても小さく見えるのはとても趣がある。日がすっかり沈《しず》んでから(聞く)、風の音、虫の音などは、また言いようもない(ほど趣がある)。

冬は早朝(がすばらしい)。雪が降っているのは言うまでもないが、霜《しも》がとても白いのも、またそうでなくてもとても寒い朝に、火などを急いでおこして、(あちこちの部屋に)炭を持って運ぶのも(冬の朝に)とても似つかわしい。昼になって(気温が)暖かくなり、(寒さが)ゆるんでいくと、火桶《ひおけ》の火も白い灰ばかりになって趣がない。

2

(1) イ　(2) たけき者もつひには滅びぬ

解説 (1) 「諸行《しよぎやう(ショギョウ)》無常《むじやう(ジョウ)》」は、無常観（この世のすべてのものは移り変わり、はかなくむなしいものだという仏教の思想）を表した言葉である。

(2) この文章は、一文目「祇園精舎《ぎをんしやうじや(オンショウジャ)》の……響《ひび》きあり。」と二文目「沙羅《しやら(シャ)》双樹《さうじゆ(ソウジュ)》の……理《ことわり》をあらはす。」、三文目「おごれる人も……夢のごとし。」と四文目「たけき者も……塵《ちり》に同じ。」が対句《ついく》になっている。ここでは――線部②と対になる部分を探す。

【現代語訳】

祇園精舎の鐘《かね》の音には、諸行無常の響きがある。沙羅双樹の花の色は、盛者必衰《じょうしゃひっすい》の道理を表している。思い上がりわがままに振《ふ》る舞《ま》っている人(その権力)は長くは続かず、(それは)まるで(はかない)春の夜の夢のようなものだ。勢いが盛んな者も最後には滅《ほろ》んでしまうが、(それもまた)まったく風の前の塵と同じである。

3

(1) A イ　B ウ　(2) ア　(3) 神へ参るこ

(4) 極楽寺・高良（など）

(5) 例 案内者はいてほしい

解説 (1)

> ミス対策 Aは「尊《たふと(トウト)》くこそ」の「こそ」、Bは「とぞ言ひ」の「ぞ」が係りの助詞。「こそ」があると文末が已然《いぜん》形に、「ぞ」があると文末が連体形になる。

(2) 法師は山の上にある神社こそが石清水八幡宮《いわしみずはちまんぐう》だとは知らなかったので、山に登っていく人たちを見て不思議に思い、何があるのか知りたかったのである。

(3) 「山までは見ず」の直前に述べられている。

(4) 法師は、山のふもとにある極楽寺《ごくらくじ》や高良《こうら》などを拝んで、石清水八幡宮を参拝したと勘違《かんちが》いして帰ってしまったのである。

(5) 法師の失敗談に対する作者の考えが書かれている最後の一行に注目する。

【現代語訳】

仁和寺《にんなじ》にいる法師が、年をとるまで石清水八幡宮を参拝しなかったので、残念に思って、あるとき思い立って、ただ一人で、徒歩で参詣《さんけい》した。極楽寺や高良などを参拝して、これだけだと思い込《こ》んで帰ってしまった。

さて、仲間に向かって、「長年思っていたことを、果たしました。聞いていたのよりもまさって、尊いお宮でいらっしゃいました。それにしても、参拝した人がみな、山へ登っていたのは、何事かあったのだろうか、知りたかったけれど、神にお参りすることが本来の目的であると思って、山(の上)までは見ていません。」と言ったのだった。

少しのことにも、案内者はいてほしいものである。

3 万葉・古今・新古今／おくのほそ道

Step 1 基礎力チェック問題 （101ページ）

1 (1) ウ (2) イ

解説 (1) 句切れの問題では、和歌を「五・七・五・七・七」に区切ってから意味が切れる箇所《かしょ》を探すとよい。この和歌は三句目の「見えつらむ（現れたのだろうか）」で、歌の意味がいったん切れる。

2 (1) イ (2) ア (3) ウ

3 (1) ウ (2) ア

解説 (2)「月日は百代《はくたい》の過客《くわかく(カ)》にして」は「月日は永遠に旅を続ける旅人のようなもので」という意味。

4 (1) **卯の花** (2) **五月雨** (3) **蟬** (4) **天河**

解説 (4)の「天河《あまのがは(ワ)》」は秋の季語、ほかは夏の季語。

Step 2 実力完成問題 （102〜103ページ）

1 (1) **秋の風** (2) **ア** (3) **ひさかたの** (4) **イ** (5) **ウ** (6) ① **E** ② **B・D〈順不同〉**

解説 (1) 恋《こい》しい人の訪問を待っていて、秋の風にも心をときめかせたという恋心が詠《よ》まれている。

(2) 古語の「おどろく」には「はっと気づく」という意味がある。ここでは、風の音を聞いて秋が来たことに、はっと気づかされたという意味。

(3)「ひさかたの」は「光・日・空」などを導く枕詞《まくらことば》。

(4) 夏の暑い中、旅をしていた作者が、柳《やなぎ》の木陰《こかげ》の快さに思わず長居をしてしまったという、さわやかな一首である。

(5) 三句目の「なかりけり」は「ないことだ」の意味。「けり」や「かな」は感動の中心を表し、歌の途中《とちゅう》にあると、そこで意味がいったん切れる。

(6) ① 体言止めとは、歌の終わりを体言（名詞）で止める表現技法。Eの「夕暮《ゆふぐれ(ウ)》」が名詞。② 係りの助詞「ぞ・なむ・や・か・こそ」が用いられている歌を探す。Bの「ぞ」とDの「こそ」は、どちらも意味を強調する係りの助詞。

【歌意】

A あなたを待って恋しく思っていますと、私の家の戸口のすだれを動かして、秋の風が吹《ふ》いています。

B 秋が来たと、目にははっきり見えないけれど、風の音を聞いて、秋の訪れにはっと気づかされた。

C 日の光がのどかな春の日に、なぜ落ち着いた心もなく、桜の花は散っている（散り急ぐ）のだろうか。

D 道のほとりに清水が流れている柳の木陰。ほんのしばらくの間と思って立ち止まったのに、あまりに涼《すず》しいので長い時間を過ごしてしまったことだよ。

E 見渡《みわた》すと、（春の桜の）花も（秋の）紅葉《もみじ》もないことだ。海辺の苫屋《とまや》（苫で屋根をふいた粗末《そまつ》な家）辺りの秋の夕暮れよ。

2 (1) **イ** (2) ① **草むら** ② **ウ**

(3) 例 **白く咲いている卯の花〔卯の花の白い色〕**

解説 (1)「栄耀《ええう(ヨウ)》（「栄耀《えいえう(ヨウ)》」とも読む）」は、「栄華《えいが》」という意味。「一睡《いつすい(イッ)》のうちにして」は「ひと眠《ねむ》りの間に見る夢のように、はかなく消え果て」という意味。

(2)「さても」のあとに、高館《たかだち》（源義経《みなもとのよしつね》の館の跡《あと》）から眺《なが》めた光景を見て、芭蕉《ばしょう》が感じたことが書かれていることを押《お》さえる。芭蕉は、義経の館があった場所が今では草むらになっている様子を見て、人の世のはかなさを感じて涙《なみだ》を流したのである。

(3) この俳句は、白く咲《さ》く卯《う》の花に白髪《しらが》を振《ふ》り乱して戦う兼房《かねふさ》を連想して詠んだもの。

【現代語訳】

藤原《ふじわら》三代の栄華は短い時間の中ではかなく消え果てて、大門《だいもん》の跡は一里ほど手前にある。秀衡《ひでひら》の屋敷《やしき》の跡は田野になって、金鶏山《きんけいざん》だけが形を残している。まず、高館に登ると、北上川《きたかみがわ》（が見えるが、この川）は、南部地方から流れる大河である。衣川《ころもがわ》は、和泉《いずみ》が城《じょう》をめぐり流れて、高館の下で北上川に合流している。泰衡《やすひら》たちの館の跡は、衣《ころも》が関《せき》を隔《へだ》てて南部地方との出入り口を堅《かた》く守り、（敵対している）夷《えぞ》の侵入《しんにゅう》を防ぐように見える。それにしても（義経が）忠臣を選んでこの（高館の）城にこもって戦い、功名を立てたがそれも一時で跡はただ草むらとなっている。「国は戦乱によって破壊《はかい》されても山河は昔のままにあり、城は荒《あ》れ果てても春が来て草木が青々としている」と（杜甫《とほ》が詠んだ詩を思い起こし、）笠《かさ》を敷《し》いて腰《こし》を下ろし、いつまでも涙を落としました。

辺りはただ、夏草が茂《しげ》っている。功名を夢見て武士たちが戦ったことも一時の夢と消えてしまった、その跡であることよ。自然はいつも変わらないが、人の世は移り変わっていくものだなあ。

真っ白に咲いている卯の花を見ると、白髪を振り乱して奮戦している兼房の悲壮《ひそう》な姿が浮《う》かんでくることだ。　曾良《そら》

定期テスト予想問題 （104～105ページ）

1 (1) 白・緑〈順不同〉 (2) ア
(3) 例 人の心と花の香り。 (4) ウ
(5) イ (6) イ (7) A

解説 (1) 初夏を迎《むか》え、天《あま（あめ）》の香具山《かぐやま》は新緑が美しい。そこに白い衣《ころも》が干してある情景を押《お》さえる。
(2) 夜明けの光が差し始めた時間帯を詠《よ》んでいる。
(3) 昔と変わらない香りで咲《さ》いている花（梅）と、人間の心の移ろいやすさを対比させている。
(4) 夢の中で恋《こい》しい人に出会えたことに喜び、目覚めたことを残念に思っているのである。
(5) 「絶えなば絶えね」は「絶えるならば絶えてしまえ」の意味で、ここでいったん意味が切れる。
(6) この歌は恋の歌である。「忍《しの》ぶ」には「①我慢《がまん》する。②人に知られないように隠《かく》す」などの意味があり、ここでは②の意味で使われている。
(7) 最後の句が体言（名詞）で終わっている和歌を探す。Aの「香具山」は体言である。

【歌意】

A 春が過ぎて、夏が来たらしい。（夏のよそおいである）真っ白な衣が干してあるよ、天の香具山に。
B 東の野にあけぼのの光が見え、（西を）振《ふ》り返ると、月が沈《しず》もうとしている。
C 人の心はさあどうだかわからないが、昔なじみのこの土地では、（梅の）花が昔のままによい香りでにおっている。
D 恋しく思いながら寝《ね》たので、あの方が夢に現れたのだろうか。夢とわかっていたなら、（私は）目を覚まさなかったのに。
E （私の）命よ、絶えるならば絶えてしまえ。このまま生きながらえていると、（恋心を人に知られないように）秘めている力が弱ってしまうかもしれないから。

2 (1) イ (2) 船頭・馬子〈馬方〉〈順不同〉
(3) イ・ウ・エ・カ〈順不同〉
(4) 例 旅に出たくて、何も手につかない様子。
(5) 予 (6) 季語 雛 季節 春 (7) ア

解説 (1) 「月日は百代《はくたい》の過客《くわかく（カ）》にして」と「行きかふ年もまた旅人なり」が対句《ついく》になっている。
(2) 「舟《ふね》の上に生涯《しやうがい（ショウ）》を浮《う》かべ」は舟に乗る職業＝船頭、「馬の口とらへて」は馬を引く職業＝馬子《まご》。
(3) 李白《りはく》・杜甫《とほ》・宗祇《そうぎ》・西行法師《さいぎようほうし》は、芭蕉《ばしょう》が慕《した》った詩人や歌人。人生の多くを旅先で過ごし、詩歌《しいか》の道を究め、旅先で死んだとされる人々である。
(4) 「そぞろ神」は人の心をそわそわさせる神、「道祖神《だうそじん（ドウ）》」は道行く人を守る神である。芭蕉は旅に出たくて落ち着かない気持ちを、比喩《ひゆ》的な表現（たとえ）を用いて表現している。
(5) **ミス対策** 連体修飾《しゅうしょく》を示す「が」に注意する。
連体修飾を示す「が」は、現代語訳すると「の」になる。「杉風《さんぷう》が別墅《べつしよ（ベッショ）》に移るに」の「が」は連体修飾を示す。「杉風の別荘《べっそう》に移る」のは「予（私）」である。
(6) 「雛《ひな》」は雛人形のこと。ちなみに「雛の家」は芭蕉が住んでいた家のことで、この文章や俳句の中の「江上《かうしやう（コウショウ）》の破屋《はをく（オ）》／住めるかた／草の戸／雛の家／庵《あん》（「庵《いほり（オ）》」とも読む）」は、すべて同じ家を指している。
(7) この世のすべては移り変わっていくもので、その中に生きる人の一生もあてのない旅のようなものである。だから、人は旅の中に生きるのが理にかなった生き方なのだ、というのが芭蕉の人生観であり、この文章の主題でもある。

【現代語訳】

月日は永遠に旅を続ける旅人のようなもので、やってきては去ってゆく年もまた旅人である。一生を舟の上で暮らす船頭や、馬のくつわを取って老いを迎える馬子などは、毎日が旅であって旅そのものを自分のすみかにしている。昔の人も旅の途中《とちゅう》で死んだ人は多い。私もいつの頃《ころ》からか、ちぎれ雲が風に誘《さそ》われるように、あてのない旅に出たいという思いがやまず、（近年はあちこちの）海岸をさすらい歩き、去年の秋、川のほとりにあるあばらやに（帰り）蜘蛛《くも》の巣をはらって、やがて年も暮れ、新春になって霞《かすみ》の立ち込める空の下で白河《しらかわ》の関《せき》を越《こ》えようと、（心を惑《まど》わす）そぞろ神が取りついて心をおかしくさせ、（道行く人を守る）道祖神が招いているようで、何も手につかない。股引《ももひき》の破れを繕《つくろ》い、笠《かさ》のひもを付けかえて、三里に灸《きゅう》をすえるなどの旅の支度を始めた。すると、松島の月（の美しさ）がまっ先に気になって、今まで住んでいた家は人に譲《ゆず》り、杉風の別荘に移るのにあたって、

元の草庵《そうあん》にも、新しい住人が越してきて、私の住んでいた頃とは違《ちが》い、華《はな》やかに雛人形などを飾《かざ》っている。

面《おもて》八句を（門出の記念に）庵の柱にかけておいた。

【7章】漢文

1 漢文の基礎／故事成語

Step 1 基礎力チェック問題 （107ページ）

1
(1) ①× ②× ③× ④○ ⑤○
(2) ①1 3レ 2レ 4。 ②2レ 1 7二 3 4 5 6一。 ③1 9下 2 6二 3 4 5一 7 8上。 ④4二 1 3レ 2。 ⑤1 2 9下 7二 3 4 6㆑ 5 8上。

解説 (1) ①これは書き下《くだ》し文のこと。②訓点《くんてん》は、漢文を日本語として読むために付けたもの。③送り仮名《がな》は片仮名で書く。
(2) ①レ点《れてん》の下の字から上の字に返って読む。②まずレ点に従って読んでから、一《いち》・二点《にてん》に従って読む。③一・二点が付いた部分を先に読んでから、上《じょう》・下点《げてん》に従って読む。④㆑点《いちれてん》は、レ点に従って読んでから、一・二点に従って読む。⑤㆑点は、レ点に従って読んでから、一・二点→上・下点の順に読む。

2
(1) イ (2) オ (3) ウ

解説 アの意味の故事成語は「虎穴《こけつ》に入《い》らずんば虎児《こじ》（虎子）を得《え》ず」、エの意味の故事成語は「覆水盆《ふくすいぼん》に返《かえ》らず」。

Step 2 実力完成問題 （108〜109ページ）

1
(1) ①イ ②ウ ③ア
(2) 予 助ケテレ 苗ヲ 長ゼシム 矣。
(3) ①馬を走らせて西来天に到らんと欲す。
②牀前月光を看る。
③西のかた陽関を出づれば故人無からん。
④百聞は一見に如かず。
⑤客に能く狗盗を為す者有り。
⑥貧にして常には油を得ず。

解説 (2) 最後の「矣」は置き字といい、書き下《くだ》し文には書かないことに注意。
(3) ③一《いち》・二点《にてん》が二か所出てきたら、上の一・二点を先に読む。⑤一・二点→上《じょう》・下点《げてん》の順に読む。⑥㆑点《いちれてん》は、レ点《れてん》に従って読んでから、一・二点に従って読む。

2
(1) イ (2) エ (3) ア (4) ウ

解説 それぞれの故事も併《あわ》せて覚えておく。
(1) 「四面楚歌《しめんそか》」は、中国の楚の国の項羽《こうう》が、宿敵である漢《かん》の国の劉邦《りゅうほう》の軍勢に囲まれたとき、漢軍の中で盛んに楚の歌が歌われるのを聞いて、楚の民衆は既《すで》に漢に降参したのだと嘆《なげ》いたという故事からできた言葉。
(2) 「背水《はいすい》の陣《じん》」は、漢の国の王の劉邦のもとにいた、名将として名高い韓信《かんしん》が趙《ちょう》の国と戦ったときに、わざと川を背にして逃《に》げ場がないようにして兵士を必死になって戦わせたことで、見事に勝利を収めたという故事からできた言葉。
(3) 「五里霧中《ごりむちゅう》」は、後漢《ごかん》の時代に、道術を好み五里にわたって霧《きり》を発生させることができた張楷《ちょうかい》という人物に、三里にわたる霧を発生させることができた者が弟子入りしたいと思ったが、張楷はこの術を使って姿を隠《かく》して面会しようとしなかったという故事からできた言葉。
(4) 「百発百中《ひゃっぱつひゃくちゅう》」は、楚の国にいた弓の名人、養由《ようゆう》基《き》が百歩（日本の二百歩）離《はな》れた場所から柳《やなぎ》の葉を射たところ、弓を百回射て百回とも当てたので、見物している人々を感心させたという故事からできた言葉。

3
(1) 賈 島 赴キテレ 挙ニ 至リレ 京ニ
(2) 例 まだ決まらない
(3) a 賈島 b（大尹）韓愈 c 僧は推す月下の門 d 推 e 敲
(4) 敲の字佳し。
(5) イ (6) ウ

解説 (1) レ点を二つ付けて順に返って読むことに注意する。
(3) ——線部③の前から、賈島《かとう》が、出会った韓愈《かんゆ》とやりとりしていることをとらえる。
(6) 賈島が一つの句を完成させるために悩《なや》み、さらに出会った韓愈にまで相談したことから、ウが適切。アの「外出中も常に考え続ける」、イの「より多くの人の意見を聞いて検討するべき」、エの「ともに語り合う友の存在が不可欠」とは書かれていないことに注意。

【現代語訳】

賈島は科挙の試験のために都にやってきて、ろばに乗りながら詩を作っていると、「僧《そう》は推す月《げつ》下《か》の門」という句を考えついた。「推す」を改めて「敲《たた》く」という語にしようとした。手まねをして推したり敲いたりするしぐさをしてみたが、まだ決まらない。うっかり首都の長官である韓愈の行列に突《つ》き当たった。賈島は韓愈に事情をくわしく説明した。韓愈は「『敲く』の語のほうがよい。」と言った。とうとう二人は、ろばを隣《となり》どうし並べて、詩についてしばらく論じ合った。

定期テスト予想問題（110～111ページ）

1
(1) ① 例 盾の、堅くてどんなものも突き通さないこと。
② 例 矛の、鋭くてどんなものも突き通せること。
(2) 以テ二子 之 矛ヲ一、陥サバ二子 之 盾ヲ一
(3) ウ
(4) a矛盾　bイ

解説 (1) まず「之《これ》（＝盾《たて》）」について述べ、そのあとに矛《ほこ》について述べていることを押《お》さえる。
(3) 楚人《そひと》は、自分の売っている盾も矛も、どちらも最強だと宣伝したので、それを疑問に思った人がその疑問をぶつけると、楚人は答えられなかったのである。
(4) どんなものも突《つ》き通さない盾と、どんなものも突き通す矛は同時には成り立たないことから、「矛盾《むじゅん》」が「つじつまが合わない。」という意味で使われるようになったことをとらえる。

【現代語訳】

楚の国の人で、盾と矛を売る者がいた。その人が盾を褒《ほ》めて言うことには、「私の盾の堅《かた》いことといったら、これを突き通せるものはない。」と。また、その矛を褒めて言うことには、「私の矛の鋭《するど》いことといったら、どんなものでも突き通せないものはない。」と。そこで、ある人が言うことには、「あなたの矛をもって、あなたの盾を突き通したら、どうなるか。」と。その人は答えることができなかったのである。

2
(1) 数 人 飲マバレ之ヲ不レ足ラ
(2) ②酒　④蛇
(3) A蛇
B 例 一人で酒を飲む（酒を独り占めする）
(4) ウ　(5) イ

解説 (2) ②は酒をもらったことを受けた発言、④は蛇《へび》を描《か》き上げたことに対する発言であることに注目。
(3) Aは「地にゑ《(エ)》がきて蛇を為《つく》り」、Bは「先《ま》づ《(ズ)》成る者酒を飲まん」の部分から答える。
(4) 「いづくんぞ……ん」で、「なぜ……だろうか」、「よく」は「～できる」という意味であることから、ウが適切。
(5) 最後の一文に注目。蛇の足を描いた者は、酒を失ったとあることから、最初に蛇の絵を描き上げた者は、余計なものを付け足したことで、酒を飲む機会を失ったことをとらえる。また、ここから、「蛇足《だそく》」が「あとから付け加えられた、余計なもの。」という意味で使われるようになったことも押さえておく。

【現代語訳】

楚の国に祭りをつかさどる者がいた。その者は、その門人たちに大きなさかずき一杯《いっぱい》の酒をお与《あた》えになった。門人たちが互《たが》いに話し合って言うには、「数人でこれを飲んだら足りないが、一人でこれを飲んだら余りあるくらいだろう。どうだろうか、地面に蛇の絵を描《か》いて、最初にできた者が酒を飲むことにしよう。」と。（みんな描き始め、）一人の蛇が、まず描き上がった。（その男は）酒を引き寄せて、今にも飲もうとしている。そこで左手に大きなさかずきを持ち、右手で蛇を描いて言うには、「私はこれの足だって描ける。」と。まだ足が描き上がらないうちに、もう一人の蛇が仕上がる。その男が、（最初の男から）そのさかずきを奪《うば》って言うには、「蛇には初めから足はない。あなたは、なぜこれの足が描けるのだろうか。」と。結局、その男がその酒を飲んだ。（最初に）蛇の足を描いた者は、とうとうその酒を失った。

2 漢詩

Step 1 基礎力チェック問題 （113ページ）

1 (1) ア・イ・イ・イ

(2) ①エ ②イ ③ア ④ウ

解説 (1)漢詩は「句数が四句か八句か」「一句の字数が五字か七字か」によって分類されることと、その名称《めいしょう》を覚えておこう。

(2) 絶句《ぜっく》の場合、第二句までに情景や状況《じょうきょう》をうたい、第三・四句で主題につながる内容をうたうことが多い。また、律詩《りっし》の場合は、二句ずつでひとまとまりの聯《れん》（連）となり、それぞれが起承転結《きしょうてんけつ》の構成になっていることも併《あわ》せて覚えておく。

2 (1) ア・イ (2) イ・ア

解説 (1) 特に律詩には、第三句と第四句、第五句と第六句を対句《ついく》にするという原則がある。

(2) 絶句・律詩は、五言詩では偶数《ぐうすう》句末、七言詩では第一句末と偶数句末で押韻《おういん》するのが原則である。

3 (1) ①イ ②オ

(2) ①ウ ②エ

(3) ①ア ②カ

解説 (2) 杜甫《とほ》の代表作品は、「春望《しゅんぼう》」のほかに「絶句《ぜっく》」も覚えておく。

Step 2 実力完成問題 （114〜115ページ）

1 (1) ア

(2) 山ハ青クシテ花ハ欲スレ然エント

(3) A碧 B白 C青 D例 赤（紅・朱）

(4) 対句

(5) イ・エ〈順不同〉

(6) ウ

解説 (1) 句数が四句で、一句が五字であることに注目する。

(3) 「碧《みどり》」は「緑」の意。江《こう》（＝川）の「碧」と山の「青」、鳥の「白」と花の「赤」を対比していることを押《お》さえる。花の「赤」は「然《も》えんと欲《ほっ》す（今にも燃え出しそうだ）」とうたわれていることから考える。

(5) 押韻《おういん》する箇所《かしょ》の原則や、漢字の音読み（「然（nen）」「年（nen）」）をヒントに探すとよい。

(6) 絶句《ぜっく》では、第三・四句で主題につながる内容を詠《よ》むことが多いことから、この詩でも第三・四句に注目するとよい。第三句で「今年の春もまた過ぎていく」、第四句で「いつになったら故郷に帰れるのか」とうたっていることを押さえる。

【現代語訳】

長江《ちょうこう》の流れの深緑に、水辺に遊ぶ鳥の白さがいっそうきわ立ち、

山の青々とした新緑に映えて、花は今にも燃え出しそう（に赤い）。

今年の春も、見ている間に過ぎてゆく。

いったい、いつになれば故郷に帰れる日が来るのだろうか。

2 (1) イ

(2) ①イ ②ウ

(3) 渾べて簪に勝へざらんと欲す

(4) A詩聖 B三・四

C心 D長安

解説 (1) 句数が八句で、一句が五字であることに注目する。

(2) ② 「家書《かしょ》」はウ「家族からの手紙」の意で、それは「万金《ばんきん》に抵《あた》る（貴重である）」とうたわれている。よって、①「別れ」もイ「家族との別れ」の意だとわかる。

(4) A杜甫《とほ》は「詩聖《しせい》」、李白《りはく》は「詩仙《しせん》」とよばれていた。B律詩には第三・四句、第五・六句を対句《ついく》にするという原則があるが、「春望《しゅんぼう》」では第一・二句も対句になっている。D中国の唐《とう》の時代、国力が全盛を迎《むか》えた玄宗皇帝《げんそうこうてい》の時代に、杜甫は活躍《かつやく》するが、やがて玄宗皇帝は30年の治世に飽《あ》き、美女楊《よう》貴妃《きひ》を愛し、次第に政治を顧《かえり》みなくなっていく。やがて社会不安が広がり、安禄山《あんろくざん》の乱（安史《あんし》の乱）が起き、戦乱の時代を迎《むか》える。「春望」は、この安禄山の乱の中で詠《よ》まれた詩である。

【現代語訳】

首都（長安《ちょうあん》）は破壊《はかい》されても、山や河は以前のまま存在している。

戦争で破壊された長安の街の中は春になり、草

木が青々と茂《しげ》っている。

戦争の絶えない時世に悲しみを感じては、心なごむはずの花を見ても涙《なみだ》を流し、(家族との)別れを恨《うら》んでは、楽しいはずの鳥の鳴き声を聞いても心が乱される。

戦争ののろしは三か月の間上がり続け、家族からの手紙は大金に値するほど貴重だ。

白髪《しらが》だらけの頭を掻《か》くと抜《ぬ》けて更《さら》に薄《うす》くなり、もはやかんざしで冠《かんむり》を留めるのも難しくなりそうだ。

定期テスト予想問題 (116〜117ページ)

1

(1) ①ア ②イ ③ウ ④エ

(2) ①イ ②ウ

解説 (1)・(2) 漢詩の形式や表現技法として出題される内容は多くないので、しっかり押《お》さえておこう。

2

(1) a五言絶句 b起承転結

(2) 暁・鳥・少〈順不同〉

(3) イ

(4) 処処聞ク㆓啼鳥ヲ㆒

(5) ウ

解説 (1) a句数が四句で、一句が五字であることに注目。b絶句《ぜっく》では、第一句が起句《きく》、第二句が承《しょう》句《く》、第三句が転句《てんく》、第四句が結句《けっく》となる。

(2) 五言《ごごん》絶句では第二・四句末で押韻《おういん》するのが原則だが、「春暁《しゅんぎょう》」では第一句末も押韻している。

(3)「暁《あかつき》」は「夜明け」、「覚えず」はここでは「わからない。気づかない」の意味。

(5)「多少」は、ここでは量を尋《たず》ねる疑問を表す言葉。前の第三句の「昨夜は風雨の音がしていた」ことを承《う》けて、「花はどれほど散ってしまったことだろう」とうたっている。

【現代語訳】

春の眠《ねむ》りは、うとうとと気持ちがよく、夜が明けたのも気がつかなかった。

あちらこちらで鳥のさえずる声が聞こえる。

昨夜は、風や雨の音がしていたが、咲《さ》き誇《ほこ》っていた花は、どれほど散ってしまったことだろう(たくさん散ったことだろう)。

3

(1) aウ
b孟浩然
c1黄鶴楼 2広陵(揚州)

(2) 煙花三月揚州に下る

(3) イ

(4) ウ

解説 (1) aここでの「故人」は「昔なじみ・親友」という意味。b・c詩の題名にも注目。c2の孟《もう》浩然《こうねん》の行先は、題名では「広陵《こうりょう》」だが、詩の本文では「揚州《ようしゅう》に下る」とあるので、どちらを答えてもよい。

(3)「孤帆《こはん》」とは孟浩然が揚州に下っていくときに乗っている舟《ふね》のこと、それを見守っているのは作者(李白《りはく》)であることを押《お》さえる。

(4) 題名と第一・二句から、作者が古くからの友人・孟浩然が黄鶴楼《こうかくろう》から去って揚州に行くのを見送っている場面であることを押さえる。続いて、第三・四句から、旅立っていく親友との別離《べつり》に対する作者の深い悲しみを、雄大《ゆうだい》な風景に重ねてうたっていることをとらえる。

【現代語訳】

古くからの友人(孟浩然)が、ここ西の地にある黄鶴楼に別れを告げ、花が一面に咲き、春がすみの立つ三月に、揚州へと長江《ちょうこう》を下っていく。

黄鶴楼の楼上《ろうじょう》から見ると、遠くにぽつんと見える帆《ほ》の姿も青空の中に消えていき、

私が見るものは、長江が天の果てまで流れゆく風景ばかりである。

3 論語

Step 1 基礎力チェック問題 （119ページ）

1 (1) ①× ②○ ③×

(2) ウ・エ〈順不同〉

解説 (1) ①『論語《ろんご》』をまとめたのは、孔子本人ではなく、孔子の弟子たち。③孔子《こうし》は儒家《じゅか》の始祖。道教は老子《ろうし》などを始祖とした宗教・思想。

(2) ア「非攻《ひこう》」、イ「兼愛《けんあい》」は墨子《ぼくし》を始祖とする墨《ぼっ》家《か》の思想。孔子の思想は「仁《じん》（思いやり）」と「礼《れい》（社会的な作法・きまり）」で表され、人としての生き方が説かれている。

2 (1) ①エ ②イ ③ア ④ウ

(2) ア

解説 (2) 送り仮名《がな》も入れると次のようになる。

不ㇾルヲ 知ラ 為ㇾス 不ㇾト 知ラ

Step 2 実力完成問題 （120〜121ページ）

1 (1) イ

(2) aウ b温故知新

(3) 可ニシ 以テ 為ㇾル 師 矣

解説 (1) 漢文では、「子《し》」は「あなた・君」の意味で使われることが多いが、『論語《ろんご》』では孔子《こうし》を指していることを押《お》さえる。

(2)「故《ふる》きを温める」とは、過去の学説などを繰《く》り返し研究するということ。「新しきを知る」は、新しい意義や道理を悟《さと》ることができるようになるということ。

(3) 最後の「矣」は、置き字なので訓読しないことに注意。

【現代語訳】

先生がおっしゃるには、「過去の学説などを繰り返し研究して新しい意義を悟ることができるようになれば、（そのことによって）人の師である資格ができる。」と。

2 (1) 子

(2) 置き字

(3) 五十にして天命を知る。

(4) ウ

(5) aウ bオ cア dイ eカ fエ

(6) ① A十五 B七十 C四十 D六十

② 例 それぞれの年代になったときに、自分がどのような境地に至るのかの目安になるのではないかととらえている。

解説 (1) 孔子が、自分の発言の中で自分のことを「吾《われ》」と述べていることを押《お》さえる。

(4) 送り仮名《がな》も入れると次のようになる。

七 十ニシテ 而 従ニヒテ 心ノ 所ㇾニ 欲スル

(5) それぞれの年齢《ねんれい》についてどのようなことが述べられているかを、書き下《くだ》し文を参考にして押さえる。また、解説の【現代語訳】も参照のこと。

(6) ① B「立派な人物になるまで」と述べていることから、最後の七十歳《さい》であることをとらえる。孔子は七十二、三歳で亡《な》くなっているので、それまでの自分の人生を振《ふ》り返って思いを述べているといえる。C・Dそれぞれ、その年齢について述べられた言葉から作られていることに注目。

【現代語訳】

先生がおっしゃるには、「私は十五歳にして学問を志した。三十歳にして学問で身を立てる自信がついた。四十歳にしてあれこれ迷うことがなくなった。五十歳にして天から与《あた》えられた使命を知った。六十歳にして人の意見が素直に聞けるようになった。七十歳にして心の思うままに振《ふ》舞《ま》っても、人の道から外れることがなくなった。」と。

定期テスト予想問題 （122〜123ページ）

1 (1) ① 例 先生がおっしゃるには

② 例 及ばない

(2) ウ

(3) イ

(4) 思ひて学ばざれば

(5) イ・エ〈順不同〉

解説 (2)「之《これ》を知る者」は「之を好む者」に、「之を好む者」は「之を楽しむ者」に「如《し》かず（＝及《およ》ばない）」と述べていることをとらえる。

(3)「楽しむ」という言葉は含《ふく》まれてはいないものの、イ「好きこそものの上手なれ」は、「好きでやっていることは一生懸命《けんめい》になるものなので、自然に上達するものだ。」という意味を表すので、Ａの漢文に最も意味の近いことわざであるといえる。ア「下手の横好き」は「下手ではあるが、その物事が好きであること。」、ウ「苦あれば楽あり」は「苦しいことのあとには楽しいことがある。苦労は報われて安楽となる。」という意味。

(4)「而」は置き字なので、書き下《くだ》し文には入れないことに注意。

(5)「学びて思は《(ワ)》ざれば」は「学問をする（知識を得る）ばかりで、思索《しさく》することがない」ということで、これについて「罔《くら》し（物事の道理が明らかにならない）」と述べているので、大切なのはイ「自分自身で考えること。」である。後半の「思ひ《(イ)》て学ばざれば」は「思索《しさく》するばかりで、学問をすることがない」ということで、これについて「殆《あやう》し（独断に陥《おちい》り危険である）」と述べているので、大切なのはエ「書物などから知識を得ること。」である。この考えることと学ぶことの両方が必要だと述べていることを押《お》さえる。

【現代語訳】

Ａ先生がおっしゃるには、「あることを知っている者は、そのことを好む者には及ばない。そのことを好む者は、そのことを楽しむ者には及ばない。」と。

Ｂ先生がおっしゃるには、「学問をする（知識を得る）ばかりで思索することがなければ物事の道理が明らかにならない。思索するばかりで学問をすることがなければ独断に陥り危険である。」と。

2

(1) 人 不レシテ 知ラ 而 不レ 慍ミ

(2) 例 なんとうれしいことではないか

(3) ①ウ　②イ

(4) ③ウ　④オ

(5) イ

(6) エ

解説 (2)「また〜ずや」は「なんと〜ではないか」と詠嘆《えいたん》を表す言い方。

(3)①「学ぶ」は「教わる・学習する」の意味で、②「習ふ《(ウ)》」は「教わったことを繰《く》り返し復習する」の意味。

(4)③「朋《とも》」は同じ先生のもとで学ぶ友のことで、ここでは志を同じくする友という意味も含《ふく》まれている。④「君子」は、前の「人知らずして慍《うら》みず」という状態の人物を指して、徳の高い人格者だと述べている。

(5)「人知らずして」の「人」は、世間の人々、または君主など政治を行う者のことを指す。「知らず」とは、自分の学問を認めて重要な地位に取り立ててもらえないことを表している。「慍みず」は「誰《だれ》かを恨《うら》む」という意味ではなく、「不平・不満を抱《いだ》く」という意味。

(6) 最後の一文で「人知らずして慍みず、亦《また》君子ならずや。」と述べていることから、学問をすることは世間や周囲から評価されたり権力を得たりするためにあるのではないと考えていることをとらえる。

【現代語訳】

　先生がおっしゃるには、「教わったことを繰り返し復習するのは、なんとうれしいことではないか。友人が遠くから訪ねて来て（学問の話をすることは）、なんと楽しいことではないか。世間の人々が自分を理解してくれなくても不満はもたない、それでこそ君子ではないか。」と。

高校入試対策テスト（124～127ページ）

1 (1) 8 (2) エ

解説 (1) 文節に区切ると、「では、／人間を／他者と／区別する／最も／大きな／特徴《とくちょう》は／なんだろうか。」となる。

(2)「待っていた」の部分は、「待っ（動詞「待つ」連用形）／て（助詞）／い（動詞「いる」連用形）／た（助動詞「た」終止形）のように区切れる。

2 (1) エ (2) エ

解説 (1) 選択肢《せんたくし》のうち、「ひとえに」に続けてみて、自然に意味がつながるものを選ぶ。

(2) 補助の関係の、補助的な意味を補う文節は、「～て（で）」の形に続いていることが多い。

3 (1) ウ (2) ウ (3) エ (4) ウ

解説 (1) **ウ**「変化する」は、名詞「変化」にサ行変格活用の動詞「する」が付いてできた複合動詞。**ア**「怒《おこ》る」、**イ**「違《ちが》う」、**エ**「思う」は、すべて五段活用の動詞。

(2) 活用形は、それぞれの活用形の主な用法に基づき、下に続く語によって判断する。**ウ**「思う」は、「こと」という体言（名詞）に続いているので連体形になっている。そのほかの、**ア**「歩ん（だ）」、**イ**「あり（ます）」、**エ**「なっ（た）」は、すべて連用形。

(3)「痛かっ（た）」は、形容詞「痛い」の連用形。同じく、**エ**「痛けれ（ば）」も形容詞「痛い」の仮定形。**ア**「痛み」は名詞、**イ**「痛ま（ない）」は動詞「痛む」の未然形、**ウ**「痛がる」は動詞「痛がる」の終止形。

(4) **ウ**「とんだ」は、「災難に」という体言（名詞）を含《ふく》む文節を修飾《しゅうしょく》している連体詞。**ア**「いきなり」、**イ**「とても」、**エ**「なにしろ」は、すべて副詞。

4 (1) イ (2) エ (3) ウ (4) イ

解説 (1)「振《ふ》る舞《ま》いに」の「に」と、**イ**の「に」は、どちらも、体言（名詞）に接続している格助詞。**ア**は、形容動詞「きれいだ」の連用形「きれいに」の活用語尾《ごび》。**ウ**は、助動詞「そうだ」の連用形「そうに」の一部。**エ**は、接続助詞「のに」の一部。

(2)「大丈夫《だいじょうぶ》だろうと思うが」の「が」と、**エ**の「が」は、どちらも、前の内容に対して、その流れに反する内容をあとにつなぐ関係（逆接）を示す働きの接続助詞。**ア**、**ウ**は、主語を示す格助詞。**イ**は、前後の内容を対等につなぐ関係（並立）を示す接続助詞。

(3)「縛《しば》られる」の「れる」と、**ウ**の「れる」は、どちらも受け身の助動詞「れる」。「～ことをされる」と言い換《か》えることができる。**ア**は、自発の助動詞「れる」。**イ**、**エ**は、尊敬の助動詞「れる」。

(4)「何もない」の「ない」と、**イ**の「ない」は、どちらも、「存在しない」という意味を表す形容詞。**ア**、**ウ**、**エ**は、否定（打ち消し）の助動詞「ない」。

5 (1) ウ (2) エ

解説 (1)「活」の部首は「氵（さんずい）」。選択肢の行書で書かれた漢字は、それぞれ、**ア**「補」、**イ**「伯」、**ウ**「演」、**エ**「絡」。このなかで、同じ「氵（さんずい）」が部首なのは、**ウ**「演」。

(2)「飛」の総画数は9画。選択肢の行書で書かれた漢字は、それぞれ、**ア**「班」、**イ**「孫」、**ウ**「筆」、**エ**「祝」。このなかで、総画数が9画なのは、**エ**「祝」。**ア**「班」、**イ**「孫」は10画、**ウ**「筆」は12画。

6 (1) イ (2) エ (3) ア (4) ウ

解説 (1)「背景」と**イ**「温泉」は、上の漢字が下の漢字を修飾する構成。**ア**「悲喜」は、意味が反対や対になる漢字を重ねた構成、**ウ**「観劇」は、下の漢字が上の漢字の動作の目的や対象になる構成。**エ**「仁愛」は、意味が似た漢字を重ねた構成。

(4)「不機嫌《ふきげん》」と**ウ**「不手際」は、二字熟語の上に否定の意味の「不」が付いた構成（「不＋機嫌」、「不＋手際」）。**ア**「不審者」（「不審＋者」）、**イ**「不可欠」（「不可＋欠」）、**エ**「不燃物」（「不燃＋物」）はすべて二字＋一字の構成。

7 (1) ウ (2) ア

解説 (1)「創造」は「自分の力で独自なものを作り出すこと」という意味。その対義語の「模倣《もほう》」は「ほかのものをまねること」という意味。

(2)「能動」は「自分から積極的に働きかけること」という意味。その対義語の「受動」は「ほかからの働きを受けること」という意味。

8 ウ

解説 ①「ご覧になる」は、「見る」の意味の特別な形の尊敬語。②「差し上げる」は、「与《あた》える・やる」の意味の特別な形の謙譲《けんじょう》語。③「ございます」は丁寧《ていねい》語。ここでは補助動詞として用いられている。④「申し上げる」は、「言う・話す」の意味の特別な形の謙譲語。

9 (1) **おもうようありける** (2) **ウ** (3) **イ**

解説 (1)「思ふ」の「ふ」は、語頭以外にあるハ行音なので、現代仮名遣《かなづか》いでは「う」となる。また、「やう (yau)」は、連母音 (au) を含むので、現代仮名遣いでは「よう (yô)」となる。

(2) 後京極摂政《ごきょうごくのせっしょう》と宮内卿《くないきょう》とのやりとりを正確にとらえよう。後京極摂政が宮内卿に「歌詠《うたよ》みの中で誰《だれ》がすぐれていると思うか。」と尋《たず》ねたが、宮内卿は「どの方も甲乙《こうおつ》つけがたい。」と返した。しかし、それでも後京極摂政は「どうだ、どうだ。」と、強引に尋ねているのである。——線部②は、その、後京極摂政が重ねて尋ねている部分である。

(3) ——線部③「かかる御尋ね (このようなお尋ね)」とは、後京極摂政が宮内卿に尋ねた内容を指している。

【現代語訳】

近年の和歌の名人としては、民部卿定家《みんぶきょうていか》と宮内《くない》卿家隆《きょういえたか》を (甲乙つけがたいものとして) 一組にして言われているということだ。その頃《ころ》は、「我も、我も。」と (和歌作りに) 精を出す者が多かったが、いずれも、この二人には (才能が) 及《およ》ばなかったということだ。

あるとき、後京極摂政が宮内卿をお呼びになって、「この世で歌詠みとして多く知られている (歌人の) 中で、誰がすぐれているのか。(あなたが) 心に思うようなことを、ありのままにおっしゃれ。」というお尋ねがあったということだが、「どの方も甲乙つけがたく (思います)。」と申し上げて、(しかしながら) 思うことがあるようなので、(後京極摂政が)「どうだ、どうだ。」と強引に問いなさったところ、(宮内卿は) ふところから畳《たた》んだ紙を落として、そのまま退出したので、(後京極摂政がその紙を) ご覧になったところ、「明けばまた……(この十五夜の夜が明ければ、秋も半ばを過ぎてしまうのだろう。傾《かたむ》く月をただ惜《お》しむだけであろうか。いや、過ぎゆく秋が惜しいのだ。)」と (いう和歌が) 書いてあったということだ。

これは、民部卿 (定家) の和歌である。あらかじめ、このような (歌詠みの中で、誰がすぐれているのかという) お尋ねがあるだろうとは、どうしてわかるだろうか、いや、わからないだろう。(宮内卿は) もともとおもしろいと感じていて、(その和歌を) 書いてお持ちになっていたのであるようだ。

これなどは心用意のしっかりしていた例である。

10 (1) **七言絶句** (2) **辞** (3) **ウ**
(4) ①**イ** ②**ア** ③**ウ** ④**エ**

解説 (1) 漢詩の形式は、詩全体の句数 (行数) とそれぞれの句の字数によっている。【漢詩Ⅰ】、【漢詩Ⅱ】は、どちらも四句でそれぞれの句の字数は七字なので、七言絶句。

(2)「辞」には「いとまごいをする。別れを告げる」という意味がある。この意味で用いられている熟語には、「辞去」がある。

(3)【漢詩Ⅰ】は四句「及ばず汪倫《おうりん》の我を送るの情に」、【漢詩Ⅱ】は四句「惟《た》だ見る長江《ちょうこう》の天際に流るるを」の部分に倒置《とうち》が用いられている。

(4)【漢詩Ⅰ】では、作者である李白《りはく》が舟《ふね》に乗って旅立つにあたり、友人である汪倫に見送られている。それに対して、【漢詩Ⅱ】では、立場が逆になり、舟に乗って旅立つ、古くからの友人である孟浩然《もうこうねん》を李白が見送っている。それぞれの漢詩には、見送られる側、見送る側における作者の心情が、川の深さや広がりに重ね合わせて描《えが》かれている。

【現代語訳】

【漢詩Ⅰ】

私、李白が舟に乗って今にも出発しようとしていると／突然《とつぜん》、岸の上から足で地を踏《ふ》んで調子をとって歌う歌が聞こえてきた／ 桃花潭《とうかたん》の水の深さは千尺もあるが／ 汪倫が私を送ってくれる情の深さにはとても及ぶまい

【漢詩Ⅱ】

古くからの友人 (孟浩然) は、西方にあるこの黄《こう》鶴楼《かくろう》に別れを告げ／春のかすみ立つ三月に揚州《ようしゅう》へと下って行く／一そうの帆《ほ》かけ舟の遠ざかる姿が真っ青な空に消えてゆき／あとにはただ長江が空の果てまで流れているのが見えるだけだ